"福建省'十三五'中小学名师名校长培养工程丛书"编委会
（福建教育学院培养基地）

丛书主编：郭春芳
副 主 编：赵崇铁　朱　敏
编 委 会：（按姓氏笔画排序）
　　　　　于文安　杨文新　范光基　林　藩　曾广林

名校长卷

主　　编：于文安
副 主 编：简占东
编　　委：陈　曦　林文瑞　林　宇

名 师 卷

主　　编：林　藩
副 主 编：范光基
编　　委：陈秀鸿　唐　熙　丛　敏　柳碧莲

福建省『十三五』
名校长丛书

启悟教育

陈长兴 著

国家一级出版社
全国百佳图书出版单位

图书在版编目(CIP)数据

启悟教育/陈长兴著.—厦门:厦门大学出版社,2021.6
(福建省"十三五"名校长丛书/郭春芳主编)
ISBN 978-7-5615-8234-3

Ⅰ.①启… Ⅱ.①陈… Ⅲ.①中学—校长—学校管理—文集 Ⅳ.①G637.1-53

中国版本图书馆 CIP 数据核字(2021)第 106270 号

出 版 人	郑文礼
责任编辑	郑 丹

出版发行　厦门大学出版社

社　　址	厦门市软件园二期望海路 39 号
邮政编码	361008
总　　机	0592-2181111　0592-2181406(传真)
营销中心	0592-2184458　0592-2181365
网　　址	http://www.xmupress.com
邮　　箱	xmup@xmupress.com
印　　刷	厦门集大印刷有限公司
开　　本	720 mm×1 020 mm　1/16
印　　张	18.25
插　　页	2
字　　数	318 千字
版　　次	2021 年 6 月第 1 版
印　　次	2021 年 6 月第 1 次印刷
定　　价	58.00 元

本书如有印装质量问题请直接寄承印厂调换

厦门大学出版社
微信二维码

厦门大学出版社
微博二维码

◎ 总　序

"百年大计，教育为本；教育大计，教师为本。"教师队伍建设是教育质量提升的关键。2018年，中共中央、国务院印发《关于全面深化新时代教师队伍建设改革的意见》，吹响了新时代教师队伍建设改革的集结号，提出教师队伍建设改革的目标是"到2035年，教师综合素质、专业化水平和创新能力大幅提升，培养造就数以百万计的骨干教师、数以十万计的卓越教师、数以万计的教育家型教师"。福建省委、省政府牢记习近平总书记"福建没有理由不把教育办好"的殷切嘱托，以高度责任感、使命感，坚持教育优先发展，始终将建设一支师德高尚、业务精湛、结构合理、充满活力的高素质专业化教师队伍作为基础工作，出台了一系列政策措施，激发广大教师投身教育综合改革的积极性、主动性、创造性。福建省教育厅为打造基础教育高层次领军人才队伍，实施"强师工程"核心项目——中小学名师名校长培养工程，旨在培养一批在省内外享有盛誉的名师名校长，促进我省教育高质量发展。

"十三五"期间，福建教育事业紧紧围绕"新时代新福建"发展战略，坚定不移走以提升质量为核心的内涵发展之路，着力推动规模、质量和效益的协调发展，努力让教育改革发展成果更多地惠及民生，让人民群众有更多的获得感。2017年，省教育厅会同财政厅启动实施了"十三五"中小学名师名校长培养工程，在全省遴选培养100名名校（园）长、培训1000名名校（园）长后备人选、100名教学名师和1000名学科教学带头人。通过全方位、多元化的综合培养，造就一批师德境界高远、政治立场坚定、理论素养深厚、教学能力突出（治校能力突出）、教学风格鲜明（办学业绩卓越）、教育视野宽阔、富有开拓创新精神、在省内外有较大影响力的名师名校长,为培育闽派教育家型校长和闽派名师奠定基础,带动和引领全省中小学教师队伍建设,为推进我省基础教育优质均衡发展、办好人民满意教育,为"再上新台阶、建设新福建"提供有力的人才保障。

为扎实推进福建省"十三五"中小学名师名校长培养工程,保障实现预期培养目标,福建教育学院作为本次名师名校长培养工程的主要承担单位,自接到任务起,就精心研制培养方案,系统建构培训课程,择优组建导师团队,不断创新培养方式,努力做好服务管理,积极探索符合名师名校长成长规律的培养路径,确保名师名校长培养培训任务高质量完成,助力全省名师名校长健康成长,努力将培养工程打造成全省乃至全国基础教育高端人才培养示范性项目。

在培养过程中,我们从国家战略需求、学校发展需求和教师岗位需求出发,积极探索实践以"五个突出"为培养导向,以"四双""五化"为培养模式的基础教育高端人才培养路径。其中"五个突出":一是突出培养总目标。准确把握目标定位,所有培养工作紧紧围绕打造教育家型名师名校长而努力。二是突出培养主题任务。2017年重点搞好"基础性研修",2018年重点突出"实践性研修",2019年重点突出"个性化研修",2020年重点抓好"辐射性研修"。三是突出凝练教学主张(办学思想)。引导培养对象对自身教学实践经验(办学治校实践)进行总结、提炼、升华,用先进科学理论加以审视、反思、解析,逐步凝练形成富含思想和实践价值,具有鲜明个性的教学主张(办学思想)。四是突出培养人选的影响力与显示度。组织参加高端学术活动,参与送培送教、定点帮扶服务活动,扩大名师名校长影响。五是突出研究成果生成。坚持研训一体,力促培养人选出好成果,出高水平的成果。

"四双":一是双基地培养。以福建教育学院为主基地,联合省外高校、知名教师研修机构开展联合培养、高端研修、观摩学习。二是双导师指导。按照理论联系实际原则,为每位培养人选配备学术和实践双导师。三是双渠道交流。参加省内外及境外高端学术交流活动,积极承办高水平的教学研讨活动,了解教育前沿情况,追踪改革发展趋势。四是双岗位示范。培养人选立足本校教学岗位,同时到培训实践基地见学实践、参加送培(教)活动。

"五化":一是体系化培养。形成"需求分析—目标确定—方案设计—组织实施—效果评估"的培养链路,提高培养专业化、精细化、科学化水平。二是高端化培养。重视搭建高端研修平台,采取组织培养人选到全国名校跟岗学习、参加国内高层次学术会议和高峰论坛、承担省级师训干训教学任务等形式,引领推动名师名校长快速成长。三是主题化培养。每次集中研修,都做到主题鲜明、内容聚焦,坚持问题导向和结果导向,努力提升培养的针对性和实效性。四是课题化培养。组织培养对象人人开展高级别课题研究,以提升理性思维、学术素养和科研水平,实现从知识传授型向研究型、从经验型向专家型的转变。五是个性化培养。坚持把凝练教学主张(办学思想)作为个性化培养的核心抓手,引导培养人选提炼形成系统的、深刻的、清晰的教育教学"个人理论"。

通过三年来的艰苦努力,名师名校长培养工作取得了显著成效,积累了丰硕成果,达到了预期目标。名校长培养人选队伍立志有为、立德高远的教育胸襟进一步树立,办学理念、政策水平和管理能力进一步提升,立功存范、立论树典的实践引领能力进一步提高,努力实现名在信念坚定、名在思想引领、名在实践创新、名在社会担当。名师培养人选坚持德育为先、育人第一的教育思想进一步树立,教书育人责任感、使命感和团队精神进一步强化,教育理论素养进一步提升,先进教育理念进一步彰显,教育教学实践和创新能力进一步增强,独特教学风格和教学主张逐步形成,教育科研和教学实践均取得了丰硕成果。一是专项研究深。围绕教学主张或教学模式出版了38部专著。二是成果级别高。84位名校长人选主持课题130项,其中国家级6项;发表CN论文239篇,其中核心16篇;53位名师培养人选主持省厅级及以上课题108项,其中国家级7项;发表CN论文261篇,其中核心81篇。三是奖项层次高。3位获2018年教育部基础教育国家级教学成果奖二等奖;15人获得2017年、2018年福建省基础教育教学成果奖,其中特等奖3位、一等奖7位、二等奖5位;1位评上国家级"万人计划"教学名师;34位培养人选评上正高级职称教师;13位获"特级教师"称号;2位获"福建省优秀教师"称号。四是辐射引领广。开设市级及以上公开课、示范课203节;开设市级及以上专题讲座696场;参加长汀帮扶等"送培下乡"活动239场次;指导培养青年骨干教师442人。

教育是心灵的沟通,灵魂的交融,思想的碰撞,人格的对话,名师名校长应该成为教育的思想者。在我省名师名校长培养对象即将完成培养期时,福建教育学院培养基地组织他们把自己的教学(办学)思想以著作的形式呈现给大家,并资助出版了"福建省'十三五'名校长丛书""福建省'十三五'名师丛书",目的就是要引领我省中小学教师进一步探究教育教学本质,引领我省中小学校长进一步探究办学治校的规律,使名师名校长培养对象成为新时代引领我省教师奋进的航标,成为办人民满意教育的先行者。结束,是下一阶段旅程的开始,希望我省名师名校长培养对象不忘立德树人初心,牢记为党育人、为国育才使命,积极投身新时代新福建建设,为福建教育高质量发展再建新功。是为序。

福建教育学院党委书记、教授、博士

郭春芳

2020 年 8 月

序一

走向未来的当下使命

一所走向未来的学校,其校长要做的最重要的事是什么?

有多种说法,我也一直在思考和探索这个问题。

当我收到厦门市同安实验中学陈长兴校长的书稿《启悟教育》时,我受到"启悟",似乎找到了最佳答案,那就是对学校办学思想的回顾、凝思和展望。

回顾、凝思、展望,好似昨天、今天、明天,也似过去、现在、未来。学校发展,不能没有昨天的积累,不能没有今天的思考,更不能没有明天的新探索。

办学思想是一种观念上的、高层次的、带有领导性的方法。学校传统是学校在长期的教育教学和管理工作过程中形成的较为稳定的行为方式、价值观念及学校的办学特点。学校传统是通过一任任校长、一批批教师、一代代学子参与建设、继承与发展的。

"启悟教育"是厦门市启悟中学的办学思想,也是这所老校的传统。启悟中学后来更名为厦门市同安实验中学,面临新的发展机遇和挑战。陈校长是历经更名前后的校长,他意识到承前启后是他的历史重任。

作为校长,永远要铭记苏霍姆林斯基的那句名言:"领导学校,首先是教育思想的领导,其次才是行政上的领导。"校长,要自觉肩负起办学思想的研究与实践的使命。这样才能让办学思想具有更丰富的内涵并能更深入人心,这是一个具有教育家风范的学校领导必须思考的问题。

校长是学校办学思想的继承者、领导者、设计者、弘扬者和创新者。对于一所历史老校来说,新校长不会推翻学校原有的办学思想,对学校原有办学思想的溯源、辨析、诠释、融合、创新、前瞻,就显得十分必要和重要。

在"启悟之源"章节,我们读到了"启悟"的"一路走来";读到了"启思明德,悟理达行"的释义;读到了"启悟教育"的历史传承与创新发展;读到了启悟学校的历史沿革和办学积淀;读到了启悟教育与时代需求密切关联;读到了启悟教育与国际教育思潮高度一致。

在"启悟之义"章节,我们读到了启悟教育的目的——启思明德,悟理达行;读到了"启思明德,悟理达行"的内涵;读到了"启思明德,悟理达行"各要素之间的关系;读到了启悟教育的特征——时代性、深刻性、逻辑性、稳定性、创新性和独特性。

在"启悟之体"章节,我们读到了启悟教育办学思想是以自己独特的教育价值观、学校文化观、课程观、教学观、学生观、教师观、教育质量观、学校治理观和教育评价观等为支撑,科学构建了其理论体系。

在"启悟之用"章节,我们读到了启悟的价值体系,那是学校的教育宗旨;读到了启悟的治理体系,有治有理,治而理之,理而治之;读到了启悟的课程体系,品质求高,内容求丰,体系求佳,运行求活;读到了启悟的教学体系,聚焦课堂,发展能力,达成素养;读到了启悟的学生发展,就是学生的全面发展和自由发展;读到了启悟的教师发展,就是点燃教师专业激情和促进教师自由发展。

在"启悟之思"章节,我们读到了学校发展之思——合理的资源取向的学校发展,正确的升学取向的学校发展,有效的改革取向的学校发展;读到了教师管理之思——思探由效率化向现代化发展、由功利化向人性化发展、由封闭化向生态化发展的教师管理之道。

这是一幅清晰的启悟教育的回顾、凝思、展望的画卷,这是一个深度的办学思想的回顾、凝思、展望的探究。

未来已来,将至已至。"未来已来"告诉我们,未来教育不在未来,而在当下,在今天正在发生的每一个超越现代教育特征的教育变革,这正是内涵发展的持续。学校要持续内涵发展,既要"面向未来"去构建,营创一所未来学校的样态;也要"回顾溯源"去深悟,悟出"初心之始",悟出"启悟之道",悟出"发展之需";还要"聚焦当下"去践行,在反思中践行,在创新中践行,在超越中践行。

在回顾中凝思,在凝思中展望。我以为,这就是一所学校走向未来的当下使命。陈校长的新著,给了我们一个生动的样本。

2021 年 3 月

(任勇,厦门市教育局原副局长、巡视员,特级教师,享受国务院政府特殊津贴专家,当代教育名家)

融古通今，知行合一

"启思明德，悟理达行"，明里是讨论学校的校训，实际表达的是教育理念，阐述的是办学的整体构想，挖掘的是古代教育主张，串起是新中国教育方针，融合的是现代世界教育思想。这里，有一所学校的前世今生，有启悟教育理念的衍化发展；有内涵释义，有据典引证，有体系构建，有实操设计，有前景预判；有政策导向，有价值取向，有教师指向，有学生方向。凡此种种，虽见仁见智，但关注教育之士，均可从中寻得自己的参考内容，实现开卷有益。

"启思明德，悟理达行"，八个汉语一类常用字，四个动宾结构词，构建了严密的递进关系。一启二明三悟四达，将老师的主导作用，学生的主体地位诠释到位。教师启动启发，促进学生思考。学而不思则罔，思而不学则怠，唯有积极思考，方可有效学习，这是根本。明德，遵守良好的品德规范，融合中华传统文化传承和世界文明规范；悟理，掌握事物发展的规律，懂得事理。二者足以体现德育、智育并举。读书是学习，使用也是学习，而且是更重要的学习。学以致用，用而得理，谓之达行。

"启思明德，悟理达行"作为同安实验中学校训，缘于同安实验中学前身是厦门启悟中学，而启悟中学又有启悟轩之源。启悟轩校训是"启迪身心，悟通造化"，这校训直指目的。启迪的是身心，已经包含道德修养方面内容。悟通，相对于悟理，似有同义。能造化，更类似于实践。与"启思明德，悟理达行"相比，原校训目标指向比较宽泛，体现民国时期教育的探索性、启蒙性特征。现校训以思维能力为核心，德智双轮互动，突显实践和创新能力，时代性、创新性更为鲜明。书中论述校训衍变过程，涉及各时期教育方针，20世纪80年代后时兴的校训等内容。以往校训，多为罗列具体内容，大凡内容采用罗列的、确指的，都难周全，所以需要重新整合，重新确立。

感慨于全书精巧的结构,作者竟然以启始动,促思推、明德、悟理,而致达行,一气呵成,形象诠释教育方针。更想不到的是以一校校训,回忆了新中国教育改革历程,吸纳了世界流行的教育主张,展示了作者教育理想模式。或者有些理想化,但我们深知,理想是将来的现实。当然,我们知道凡事有个度,知道历史发展阶段有时不可逾越,知道现实的某些骨感,但心若在,梦就在!让历史检验"启悟教育"。

从接到为本书作序的任务到基本读完全书,脑中一直蹦出两个字:"考问"。

考问一词素有"一文一武"之本义,文者提出问题让人回答;武者拷打审问,直至拷问一词独立。又因考者除考试之外,还衍生出考察、考查、考虑等等义条,诸词中的考,均含审慎、细致、探究等义,均需认真探寻,细心观察,慎密思考,主动创新,善于总结。这也是做学问的基本态度。因此,《启悟教育》一书当是考问的结果。

人们普遍认为,校园文化是一所学校师生共同认可、长期坚持、予以沉淀、具有特色的教育教学活动,包括理念引领、制度保证、硬件支撑三个层面。如今,"启悟教育"理论已成书,硬件没问题,制度再完善,正果将可成!

2021 年 3 月

(叶子青,同安教育学会会长,同安区教育局原局长)

◎ 前　言

任职近二十年来，每逢校长同行著作，我便如获至宝，拜读学习之余，总有收获提升。不想自己成为福建省"十三五"中小学名校长培养人选后，便接到了著书立说的任务。诚惶诚恐之际，竟也追求着"合理合规、易读易用"的著书目标。

"合理"意味着讲求学理。作为教育实践者，理论研究是我的诸多弱项之一。虽然工作之余也读了些理论书籍文章，但总是蜻蜓点水、浅尝辄止，既不成体系，更谈不上深度、广度和厚度。直至参加名校长培训，在专家及导师的"威迫"下，三年中从读孔子、朱熹到读陈玉琨、余文森；从学夸美纽斯、赫尔巴特到学泰勒、加德纳，对教育理论脉络终于窥见一斑，也更惶恐于自身的无知与渺小。知耻而后勇，支撑着敢于追求学理的力量不是我的水平，而是勇气。

"合规"意味着讲究规范。著书要求的规范众多，思索良久，本书勉强称得上规范者有二。一是办学思想研究与实践的规范。"启悟之源"是理论背景，"启悟之义"是理论核心，"启悟之体"是理论体系，"启悟之用"是理论研究的产物，是实践体系，"启悟之思"是理论的延伸与拓展。二是办学治校研究与实践的规范。"价值体系"是核心，"治理体系"是基础，"课程体系"是根本，"教学体系"是关键，"学生发展"与"教师发展"是目标。

"易读"意味着强调表达。原本指文笔优美、文采华丽、文章生动，内容通俗易懂、妙趣横生、引人入胜。但不幸的是，语言表述也是我的弱项。所以这里的"易读"指的是读者可以跳过书中的废话与谬论，直接寻找兴趣点。如一线老师可以看看第三章的各种观点和第四章的课程、教学、学生发展和教师发展的相关内容；学校中层无论是哪个岗位，都能在书中找到相应的章节。

"易用"意味着强调价值。据我乐观估计,本书的实践价值在于其能使教育实践者利用书中内容充实工作计划、总结之类文稿,至多稍微改进教育教学方式与方法;其能使教育研究者将书中谬误作为反面教材加以批判,至多顺带了解学校教育实际状况与需求;其能使教育管理者从书中描述看清本人工作的不足之处,至多厘清学校教育的复杂性与系统性。

陈长兴

2021 年 2 月

目 录
CONTENTS

第一章 启悟之源 ········· 1
  第一节 历史溯源 ········· 1
  第二节 学校办学积淀 ········· 4
  第三节 时代需求 ········· 14
  第四节 国际教育潮流 ········· 22

第二章 启悟之义 ········· 31
  第一节 启悟教育的内涵 ········· 31
  第二节 启悟教育的特征 ········· 39

第三章 启悟之体 ········· 50
  第一节 启悟的教育价值观 ········· 50
  第二节 启悟的学校文化观 ········· 58
  第三节 启悟的课程观 ········· 67
  第四节 启悟的教学观 ········· 80
  第五节 启悟的学生观 ········· 91
  第六节 启悟的教师观 ········· 100
  第七节 启悟的教育质量观 ········· 108
  第八节 启悟的学校治理观 ········· 121
  第九节 启悟的教育评价观 ········· 135

第四章　启悟之用 ··· 153
第一节　启悟的价值体系 ······························· 153
第二节　启悟的治理体系 ······························· 164
第三节　启悟的课程体系 ······························· 185
第四节　启悟的教学体系 ······························· 204
第五节　启悟的学生发展 ······························· 223
第六节　启悟的教师发展 ······························· 234

第五章　启悟之思 ··· 251
第一节　学校发展之思 ·································· 251
第二节　教师管理之思 ·································· 258

参考文献 ·· 266

后　记 ··· 277

第一章

启悟之源

理念思想的诞生自有其来源，或来源于历史，或来源于现实，或来源于积淀，或来源于实践，或来源于时代需求，或来源于国际潮流。以"启思明德，悟理达行"为核心概念的启悟教育办学思想，也必须从源头追溯其生命诞生所在。

第一节　历史溯源

我国文化源远流长，积淀着人民最深层的精神追求，代表着中华民族独特的精神标识，为中华民族生生不息、发展壮大提供了丰厚滋养，为各种理论模式提供了思想来源。

一、启悟释义

启，从户，从口。甲骨文字形，左边是手（又），右边是户（单扇门）；用手开门，即开启的意思。后繁化加"口"，或省去手（又）而成"启"。本义为开，打开。引为启发，教育。《论语》："不愤不启。"《左传·定公四年》："皆启以商政。"《礼记·祭统》："启古献公。"《孟子》："佑启我后人。"

悟，从心，从吾，吾亦声。理解，明白，觉醒，觉悟之意，通"寤"。王充《论衡·问孔》："行事，适有卧厌不悟者，谓此为天所厌邪？"《说文》："悟，觉也。"《文选·谢混游西池诗》："悟彼蟋蟀唱。"《素问·八正神明论》："慧然独悟。"《后汉书·张酺传》："未悟见出，意不自得。"晋代陶渊明《归去来兮辞》："悟已往之不谏。"明代刘基《诚意伯刘文成公文集》："闻而悟之。"清代蒲松龄《聊斋志异·狼三则》："悟前狼假寐。"清代全祖望《梅花岭记》："悟大光明法。"

启悟，亦作"啟寤"。寤，通"悟"。启发使觉悟。《后汉书·宦者传·曹节》："近者神祇启悟陛下。"《晋书·陆喜传》："始闻高论，终年启寤矣。"北齐颜之推《颜氏家训·勉学》："此事遍于经史，吾亦不能郑重，聊举近世切要，以启寤汝耳。"卢文弨补注："启，开也；寤，觉也，与悟通。"宋代沉揆《〈颜氏家训〉跋》："辨析援证，咸有根据，自当启悟来世。"许地山《东野先生》(二)："一般人既习非成是，最好的是能使他们因理启悟，去非归是。"

二、"启思明德，悟理达行"释义

启思，启发思维，又解让学生思考后再启发。《论语》："不愤不启，不悱不发，举一隅不以三隅反，则不复也。"宋代朱熹对其解释说："愤者，心求通而未得之意；悱者，口欲言而未能之貌；启，谓开其意；发，谓达其辞。"《论语》："学而不思则罔，思而不学则殆。"《学记》："故君子之教，喻也。道而弗牵，强而弗抑，开而弗达。道而弗牵则和，强而弗抑则易，开而弗达则思。和易以思，可谓善喻矣。"其中，"喻"也是启发觉悟之意。

明德，光明之德，弘扬高尚品德。《大学》："大学之道，在明明德，在亲民，在止于至善。"《尚书·咸有一德》中指一德，又称天德、乾德、大德、俊德、正德、元德、上德，在于弘扬精一之德、专一之德、唯一之德、纯一之德。《逸周书·本典》："今朕不知明德所则，政教所行，字民之道，礼乐所生，非不念而知，故问伯父。"《史记·五帝本纪》："天下明德皆自虞帝始。"宋代曾巩《谢雨文》："吏无明德，但知告其困急於神。神既赐之，其尚终惠。"清代孙枝蔚《春木》诗之四："愿崇明德，以娱高年。"《左传·宣公三年》："天祚明德，有所底止。"《管子·君臣下》："此先王所以明德圉奸，昭公灭私也。"《荀子·成相》："明德慎罚，国家既治四海平。"唐代李德裕《授张仲武招抚使制》："兵者，所以明德除害也。"

悟理，领悟原理，追求真理。唐代苏颋《授吴升太子左赞善大夫制》："吴升悟理明达，用心微妙，博以才艺，精於谈吐。"明代陈子龙《萧山寺作》诗："悟理尘网超，蕴真玄赏契。"

达行，勇于实践，强调知行合一。《论语·述而》："子以四教，文、行、忠、信。"四教之中，"文"是"行"的基础，"行"是"文"的目的，"文"是为"行"

服务的,理论学习为实践服务。宋代张栻《论语解·序》:"行之力则知愈进,知之深则行愈达。"明代王阳明《传习录》:"知者行之始,行者知之成,圣学只一个功夫,知行不可分作两事。"《中庸·第二十章》:"博学之,审问之,慎思之,明辨之,笃行之。"

三、启悟教育的历史传承

"启思明德,悟理达行"传承于我国古代教育思想中的"德才兼备,知行合一"的价值取向和培养模式。重视启发式教学,强调以德为先,注重身体力行。如春秋时期的曾子《礼记·大学》:"古之欲明明德于天下者,先治其国;欲治其国者,先齐其家;欲齐其家者,先修其身;欲修其身者,先正其心;欲正其心者,先诚其意;欲诚其意者,先致其知,致知在格物。物格而后知至,知至而后意诚,意诚而后心正,心正而后身修,身修而后家齐,家齐而后国治,国治而后天下平。"

春秋时期,孔子主张"礼让为国",提倡培养"君子"的人格。他秉持"有教无类",认为教育是培养士族阶级的"君子"型的领袖人才,其教育内容分为"文""行""忠""信"四项。"文"即礼乐诗书;"理"即是"悟理达行"中的"理";"行"即小至洒扫应对,大至致君泽民;"行"对应"悟理达行"中的"行"。忠和信即修身的道理,属于"启思明德"中的"明德"。孟子的教育论根据他的性善论展开,认为教育的目的就是要培养人格完全的"大丈夫",既要"明德",也得"达行"。颜之推的《颜氏家训》,涉及读书、习礼、为人处世、治家、交友等方面,论述教育以儒家为中心,提出教育的意义在于诵习古人的嘉言懿行,以启发知识,指导行为。"启思明德,悟理达行"正是受此启发而得。

唐宋时期,韩愈的教育思想在"明先王之教",也就是"仁义道德",载之于文,就是《诗》《书》《易》《春秋》;施之于法,就是礼、乐、刑、政;见之于事,就是君臣、父子、师友、宾主、昆弟、夫妇以及饮食、衣服、宫室等。载之于文、施之于法、见之于事,就是"明德"及"达行"了。王安石不仅是政治家,也是教育家,他认为教育目的在陶冶通经致用的人才,即治术之才,而陶冶的方法不外"教之、养之、取之、任之"。这"通经致用",正是"悟理达行"的另一种说法。主张教育目的不是要培养一个忠臣孝子,而是要培养一个完人,即能"明万事而奉天职"的人。这与"启思明德,悟理达行"的价值取向不谋而合。在学习方法方面,朱熹沿用"格物致知"。在修养方面,朱子以

"心地纯一而不杂,精神凝聚而不散,神奇清明而不昧"为修养的目。这也是"启思明德,悟理达行"所体现的教育方法和培养目标。

明朝影响最大的思想家是王阳明,他认为"心即理""良知即天理",则"心即良知",则心无不善,而心性为一,故性无不善,于是心、性、理、良皆为一物。他主张教育宗旨在"致良知",教育目的在学为圣人,即恢复各人固有的良知推行于人伦日用上。可以看出,王阳明的教育宗旨和教育目的正是"启思明德"。在方法上,他主张知是行的主义,行是知的实践,知是行之始,行是知之成。即知行合一,也就是"悟理达行"了。

清时黄宗羲的教育主张是要博通经史,明之于心,致之于实用,所谓"读书不多无以证斯理之变化,多而不求诸心则为俗学"。顾炎武的思想集于《日知录》,他的教育主张在于以"博学于文,行己有耻"的原则,养成"成德达材,明先王之道,通当时之务,出为公卿大夫,与天子分猷共治"的治术人才。二者的教育主张隐约体现在"启思明德,悟理达行"之中。

从上面分析可见,"中国古代教育造就了中国传统社会形成了'德性'的世界观,即将人与世界、人与人的伦理作为理解世界的根本依据,强调教育之于人的内在性建构价值,正所谓'德之不修,行之不远',从而把'人'对'德'的体悟以及'德'对'人'的完善——即'人德共生'作为教育根本任务"。[①] 启悟教育正是从古代教育传承中诞生,并不断吸取营养,成长壮大。

第二节 学校办学积淀

作为教育实践者,学校校长办学思想的诞生源泉除了自己的教育背景、教育经历、专业理解、时代需求和国际源流外,很大程度上依赖于任职学校的历史积淀。办学思想源于实践、源于学校,才能适应学校、发展学校,才能理论自洽,才能实践检验,也才能指导实践。

"启悟教育"的提出,从字面上来看,直接来源于学校的发展历史。

[①] 曾云.立德树人:中国古代教育思想嬗变的视角[J].当代教育与文化,2019(1):7-11.

1890年,学校创建,取名"启悟轩";1908年,更名为"启悟学堂";①1912年,更名为"启悟学校";1934年,学校开办中学,取名"福建省同安县私立启悟初级中学";②1952年,更名为"福建省同安第三中学";2002年,更名为"厦门市启悟中学";2019年,更名为"厦门市同安实验中学"。悠久的办学历史、曲折的办学历程、合适的办学思想、丰硕的办学成效及良好的办学声誉,赋予了"启悟教育"丰富的思想内涵。

一、学校创建:教会小学(1890—1934年)

"启悟教育"起源于"启迪身心,悟通造化",完善于"启思明德,悟理达行"。在启悟小学发展过程中,校训或办学宗旨等办学思想因应时局和政府教育方针略有变化,但是"启悟"二字一直是学校名称,所以办学思想的核心不变。学校前身是教会小学,1890年创办新式小学开启了同安近代教育先河。虽然学校经历晚清和民国的兵荒马乱,但因当时西方强盛,教会势力强大,办学过程受时局影响不大。从1890年到1934年,启悟小学历经晚清的洋务教育改革、维新教育改革、新政教育改革、民国政府初期的教育宗旨和蒋介石上台后的教育宗旨,发展平稳顺利,办学成效良好,在闽南地区颇有影响。

(一)启悟轩(1890—1908年)

晚清两次鸦片战争以后,帝国主义对华侵略不断加深,西方科学文化渐次东进,同西方文化教育制度相比,中国传统教育的重仕轻学、不切实用的弊病日益显露,迫于洋务事业发展的人才需要,洋务派开始了对传统教育的改革。19世纪60年代到90年代,晚清进行以"中学为体、西学为用"作为指导思想的洋务教育改革。

1840年后,基督教在福建省广泛活动起来。至1887年,同安县东山村双圳头以其独特地理位置,成了厦门鼓浪屿万国公地基督教会在闽南广大乡村的一个活动据点。后来中华基督教会同安堂会(原是美国归正教公会)在双圳头建造了礼拜堂,有了美国人的传教礼拜活动。光绪十六年(1890年),归正教会华人牧师林至诚(林语堂之父)和美国传教士李文斯登

---

① 同安县地方志编纂委员会.同安县志[M].北京:中华书局,2000:1051.
② 同安县地方志编纂委员会.同安县志[M].北京:中华书局,2000:1065.

在此创办了教会学校"启悟轩",校舍在教会礼拜堂右厢房。启悟轩创办后,学校有不少美籍教师,师资力量雄厚,主要教授几何、美术、音乐。当时的启悟轩办学规模虽不大,全校两个班,每班学生17～18人,不过在闽南地区颇有影响力,来自金门、长泰、安溪、南安、龙海等地的学子纷纷慕名而来。在办学过程中,启悟轩凝练的校训为"启迪身心,悟通造化"。

(二)启悟学堂(1908—1912年)

从1901年到1911年清朝最后十年,统治阶级被迫进行包括改革教育在内的新政措施,新政教育改革取得全面进展。1902年清政府颁布《钦定学堂章程》,即"壬寅学制";1904年清廷又颁布《奏定学堂章程》,即"癸卯学制";1905年废除了科举制度;1906年第一次明确提出了"中体西用"的教育宗旨;1907年制定与公布了我国第一个女学章程;1909年学部又颁布了《视学官章程》,确定了近代化的教育体制。

光绪三十四年(1908年),基督教会在双圳头设立启悟学堂。① 杨清廉(又名杨孟让,同安县祥桥较场人,基督教徒)任校长,学堂实行《奏定学堂章程》,即"癸卯学制"。小学五年,课程设修身、读经、讲经、国文、算术、体操、图画、手工、乐歌等。启悟学堂校训是"爱、敬、忠、勤"。

(三)启悟学校(1912—1934年)

1912年,民国第一个教育宗旨发布:"注重道德教育,以实利教育、军国民教育辅之,更以美感教育完成其道德。"这一宗旨的颁布使得民国初期的教育有章可循,是针对当时社会的"愚、贫、弱、私"以及国家满目疮痍和百废待举的社会现实所提出的有利方针,它明确了民国教育目标是培养具有民主共和精神的健全国民,提倡以自由、平等、博爱精神为主旨的公民道德教育,在一定时期内为促进早期资产阶级教育的发展起到了领航和掌舵的作用,为当时社会的经济和政治的发展提供了支持。

1912年,按民国政府规定,启悟学堂改称"启悟学校";同年,双圳头礼拜堂牧师、美国归正教传教士益和安(美籍荷兰人)回美国为启悟学校进行募捐。1913年,由第一任校长杨清廉主持建筑校舍,先建西楼,继而东楼,最后建校长楼。当时教会派美国人伊理雅为学校总监,也曾聘美国人担任英语、音乐教师。1924年,杨清廉离职后由陈春服、陈神赐、林育人、麦帮镇

---

① 同安县地方志编纂委员会.同安县志[M].北京:中华书局,2000:1051.

相继任校长。

1912—1922年,启悟学校根据1912—1913年颁布的《壬子癸丑学制》,实行小学4年,高等小学3年。1923年起,根据1922年颁布的《壬戌学制》,实行初级小学4年,高级小学2年。启悟学校校训还是"爱、敬、忠、勤"。

二、学校扩容:私立初中(1934—1952年)

1927年"四一二"反革命政变后,南京国民政府教育部将教育宗旨修改为"中华民国之教育,根据三民主义,以充实人民生活,扶植社会生存,发展国民生计,延续民族生民为目的;务期民族独立,民权普遍,民生发展,以促进世界大同"。它摒弃了孙中山所提出的"联俄、联共、扶助农工"的三大政策,是蒋介石一党专政的体现。

1934年,启悟学校增设初中部,并向省政府申请创办"私立同安启悟初级中学",但未获批准。1935年,启悟学校初中部又以"私立同安启悟农业职业学校"为名,报省备案,由麦邦镇任校长。此时,学校办学规模较大,有200多位学生。学校注重勤工俭学,办学成绩较为突出,在闽南地区民众中颇有名气,吸引了不少各地的学子,当年就读启悟的除本地同安人外,还有来自安溪、长泰、金门等地的学生。

1950年初,校董会研究决定,中小学正式分设,中学正式命名"福建省同安县私立启悟初级中学",由麦邦镇继任校长,选址在元培德女子学校(东山村山兜)办学。学校实行《壬戌学制》,初中3年,开设公民、国文、英语、算术、代数、几何、生理、动物、植物、化学、物理、历史、地理、劳作等课程。此时的启悟初级中学办学宗旨为:"发达青年身心、培养健全国民,为各种职业服务作准备。"

三、学校改制:公办中学(1952—2002年)

从时间维度来看,"福建省同安第三中学"这个校名维存最久,长达50年。学校经历了新中国刚成立时的政府接收转为公办、新中国成立初期的迁址、国家前三个五年计划的平稳发展、1971年的增设高中、"文革"时期的质量滑坡、改革开放初期的艰难办学、21世纪前后的逐步强大。虽然这50年中与"启悟"无直接关联,但"转为公办"与"迁址阳翼"对学校办学理念的深化与扩展带来了深刻的影响。转为公办后,学校与国家同呼吸共命运,从1952年起,依次贯彻执行了"教育的主要任务是提高人民文化水平""使受教育者在德育、智育、体育几方面都得到发展,成为有社会主义觉悟的有文化的劳动者""培养有社会主义觉悟的有文化的劳动者""大力发展高中教育""提高教育质量、加强革命秩序和纪律、造就具有社会主义觉悟的一代新人""培养'三个面向'和'四有新人'""培养德智体全面发展的建设者和接班人""培养德智体美等全面发展的社会主义事业建设者和接班人"等八个教育方针或教育目标,使学校的办学思想内涵逐步深刻、逐渐科学。而迁址阳翟后,学校吸收了陈延香先生热爱家乡、热爱祖国的思想情怀及不畏艰难、倾力办学的崇高精神。同时,革命先辈在中共闽粤赣边区厦门市委机关旧址(学校内阳翟图书馆)开展的革命宣传、组织发展和革命斗争等感人至深的红色故事,是滋养学校师生的宝贵精神财富,是激励学校前行的强大精神力量,它让学校的办学思想注入理想信念和革命精神,使学校的办学目标有了历史担当和初心使命。

(一)改制迁址(1952—1971年)

新中国成立后,党和国家面临着如何改造旧中国教育,建设新中国教育的重要问题。具有临时宪法作用的《共同纲领》强调:"中华人民共和国的文化教育为新民主主义的,即民族的、科学的、大众的文化教育。"[①]1949年12月召开了第一次全国教育工作会议,会议确定了新中国教育的新民主主义性质,强调教育的主要任务是提高人民文化水平。1957年2月,毛泽东同志在《关于正确处理人民内部矛盾的问题》中提出:"我们的教育方针,应该使受教育者在德育、智育、体育几方面都得到发展,成为有社会主义觉悟的有文化的劳动者。"[②]1958年9月颁布的《中共中央、国务院关于教育工作的指示》明确指出:"教育的目的,是培养有社会主义觉悟的有文化的劳动者,这是全国统一的,违反这个统一性,就破坏了社会主义教育的根本原则。"[③]

---

① 中共中央文献研究室编.建国以来重要文献选编(1921—1949):第26册[M].北京:中央文献出版社,2011:766.

② 毛泽东.关于正确处理人民内部矛盾的问题[M].北京:人民出版社,1957:23.

③ 中共中央档案馆,中共中央文献研究室.中共中央文件选集(1949.10—1966.5):第29册[M].北京:人民出版社,2013:37.

1949年9月19日同安县解放,县政府成立后即有步骤地接管旧学校。1952年11月,县政府接办私立同安启悟初级中学,改称"福建省同安第三中学"。1954年春,学校迁到阳翟原同安中学校舍。① 阳翟校舍由同安现代教育的开拓者陈延香先生创建,校园面积51亩。

陈延香(1887—1960)又名树坛,字澄怀,同安阳翟人。清宣统二年(1910年)在灌口石头亭乡加入同盟会。受派遣回同安,组建青年自治研究会,任副会长。辛亥革命中,陈延香与陈仲赫等人发动青年自治会会员,打出同安革命军旗号,与庄尊贤率领的灌口革命军里应外合,光复同安县城。陈延香怀着教育救国的思想,于辛亥革命后致力于兴办家乡教育。民国二年(1913年),创办阳翟小学,民国十三年(1924年)创办同安公立中学。先后4次出洋,历经东南亚80多埠头,劝募教育基金10多万元。民国六年(1917年),陈延香任同安县劝学所所长。民国九年至十一年(1920—1922年),应陈嘉庚之聘,任集美学校总务主任兼女子小学校长,代理集美中学和师范学校校长,参与筹建厦门大学。现厦门市同安实验中学内的阳翟图书馆,是同安近代文化启蒙运动兴起的重要标志,正是由陈延香先生创办。

1946—1947年,中共闽粤赣边区在阳翟图书馆设立厦门市委机关,开展卓有成效的革命宣传和组织发展活动,掀起整个闽南地区革命运动的高潮。阳翟图书馆是当年中共厦门市委(闽西南)主要领导工作、活动的场所,也是抗日战争胜利后厦门地区第一支部(闽西南)所在地。中共闽粤赣边区厦门市委机关旧址于1991年被定为县级文物保护单位;2003年厦门市启悟中学和厦门市闽粤赣边区革命史研究会联合将其开辟为"革命活动陈列室";2004年定为厦门市"爱国主义教育基地";2017年确认为"福建省党史教育基地";2019年定为厦门市"不忘初心、牢记使命"主题教育基地即"使命馆"。

1953—1966年,福建省同安第三中学的学制、课程设置按照福建省教育厅颁布的教学计划执行。初中学制3年,开设课程为政治、语文、俄语、算术、代数、几何、物理、化学、中国历史、世界历史、地理、生物、体育等。1966—1969年停课。1969年春起,初中恢复招生,学制2年,开设政治、语文、数学、工业基础知识、农业基础知识、军体、美术、音乐、英语等课程。此期间,苏和盛、黄子佳分别担任学校校长,蒋白天、王汉隆、吴绍忠分别担任党支部书记。此阶段,同安三中的校训为"诚、勤、敏、瑞"。

---

① 同安县地方志编纂委员会.同安县志[M].北京:中华书局,2000:1072.

(二)增设高中(1971—2002年)

1971年,《全国教育工作会议纪要》提出争取在第四个五年计划期间,在农村普及小学五年教育,有条件的地区普及七年教育,要"大力发展高中教育"。"文革"期间,整个教育的重心降到基础教育,而基础教育的重心却上升为高中教育,普通高中成为发展最快的部分。1976年全国中学生数是1965年的6.25倍,初中生数是1965年的5.4倍,高中生的增长尤其迅速,共增加到原来人数的11.3倍。[①] 1978年4月,第四次全国教育工作会议召开。此次会议可以看作是十年"文革"后在教育战线上的拨乱反正,它明确了新时期的教育方针和主要任务是提高教育质量、加强革命秩序和纪律、造就具有社会主义觉悟的一代新人。1985年5月,改革开放以来第一次(全国第五次)全国教育工作会议召开。此次会议围绕教育体制改革展开,将"三个面向"和"四有新人"作为教育体制改革的指导方针和基本目标写入会议文件,并且明确提出"教育体制改革的根本目的是提高民族素质,多出人才,出好人才"。[②] 1994年6月召开了第六次全国教育工作会议,动员全党全社会认真实施该纲要。该纲要提出"教育必须为社会主义现代化建设服务,必须与生产劳动相结合,培养德、智、体全面发展的建设者和接班人"的教育方针[③],从而绘制了世纪之交教育改革和发展的蓝图。1999年6月召开的第七次全国教育工作会议在"四有新人"的基础上,进一步提出实施"素质教育",以培养"德智体美等全面发展的社会主义事业建设者和接班人"为教育目标。

1971年春,同安三中增设高中部。[④] 1971—1981年,高中学制两年,1981年后,学制3年。1971—1977年,高中开设课程有政治、语文、数学、工业基础知识、农业基础知识、军体、英语等;1978—1981年,执行教育部《全日制十年制中小学教学计划试行草案》;1986年起执行省颁《全日制普通中学教学计划》。1995年,学校增设职业高中部,2001年停办。学校于2000年被确认为福建省普通高中三级达标学校。

---

① 杨东平.中国教育公平的理想与现实[M].北京:北京大学出版社,2006:38.
② 中共中央文献研究室.改革开放三十年重要文献选编(上)[M].北京:中央文献出版社,2008:381.
③ 中共中央文献研究室.十四大以来重要文献选编(上)[M].北京:人民出版社,1996:77.
④ 同安县地方志编纂委员会.同安县志[M].北京:中华书局,2000:1072.

学校于1985年和1999年分两次翻建春华楼（初中教学楼）；1986年新建面积为873平方米的教师宿舍楼；1999年和2000年分两次新建面积为4350平方米格物楼（初中实验楼）；2000年建设面积为2346平方米的勤政楼（办公楼）；2002年新建面积为3275平方米的博学馆（图书馆）。校园面积还是51亩。

1971年后历任学校领导有吴绍忠、颜清风、郑文炳（革委会主任）、杨重光、苏柳森（先后两次任校长）、林清潮等人。1971—1995年同安三中的校训为"诚、勤、敏、瑞"，1995—2002年校训为"诚、勤、敏、毅"。

四、学校更名：发展壮大（2002—2019年）

党的十六大以来，以胡锦涛为总书记的党中央提出科学发展观，坚持以人为本，全面实施素质教育，推动教育事业和人才培养科学发展。2005年，胡锦涛指出："全面贯彻党的教育方针，坚持学校教育、育人为本，德智体美、德育为先。"[1]2010年7月召开的全国教育工作会议正式宣布我国开辟了中国特色社会主义教育发展道路，这就为"培养中国特色社会主义事业的合格建设者和可靠接班人"进一步提供了理论支撑。[2] 2012年，党的十八大首次正式提出"把立德树人作为教育的根本任务"。[3] 党的十九大报告中不仅再次强调要落实立德树人的根本任务，而且首次提出了"时代新人"的概念，将培养担当民族复兴大任的时代新人作为培育和践行社会主义核心价值观的着眼点。2018年9月在全国教育大会上，习近平总书记指出："培养德智体美劳全面发展的社会主义建设者和接班人，加快推进教育现代化、建设教育强国、办好人民满意的教育。"[4]

2001年至2003年，教育部相继颁发了一系列有关基础教育新课程的国家政策和文件，构建了第八轮课程改革的总体政策框架。2001年颁布了

---

[1] 中共中央文献研究室编.十六大以来重要文献选编（中）[M].北京：人民出版社.2006：640.

[2] 王学俭，王君.新中国成立70周年中国共产党立德树人的历史回顾、基本经验与时代展望[J].新疆师范大学学报（哲学社会科学版），2020(1)：27-36.

[3] 中共中央文献研究室编.十八大以来重要文献选编（上）[M].北京：中央文献出版社，2014：27.

[4] 习近平在全国教育大会上强调 坚持中国特色社会主义教育发展道路 培养德智体美劳全面发展的社会主义建设者和接班人[N].人民日报，2018-09-11.

《基础教育课程改革纲要(试行)》,同时印发了《义务教育阶段课程设置方案(试行)》和语文等 21 个学科课程标准(实验稿)。2002 年,印发了《教育部关于积极推进中小学评价与考试制度改革的通知》。2003 年,印发了《普通高中课程方案(试行)》和语文等 15 个学科课程标准(实验)以及《中小学环境教育实施指南(试行)》,并相继形成不同的教材。2011 年修订了义务教育 21 个学科课程标准。2014 年,印发的《教育部关于全面深化课程改革落实立德树人根本任务的意见》标志着第八轮课程改革进入第二阶段。这个阶段的重点内容是构建基于学生发展核心素养的课程体系。2017 年印发了《普通高中课程方案》,同时发布了以学科核心素养为目标的普通高中 20 个学科课程标准。2019 年启动了义务教育学科课程标准的研制工作。课程改革的后继方案或者说是配套方案是高考综合改革,2014 年国务院发布了《关于深化考试招生制度改革的实施意见》,目标是到 2020 年基本建立中国特色现代教育考试招生制度,形成分类考试、综合评价、多元录取的考试招生模式,健全促进公平、科学选才、监督有力体制机制的全国高考改革方案。2019 年,福建省政府发布《福建省高等学校考试招生综合改革实施方案》,标志着我省高考综合改革全面展开。

2002 年,根据厦门市政府相关规定,学校更名为"厦门市启悟中学",学校名称再次直接以"启悟"命名。同年,福建省义务教育阶段开始实施第八次课程改革,2006 年高中阶段开始新课程改革。随着福建省新课程改革的推进和同安社会经济的快速发展,学校进入发展壮大阶段。2004 年征地 57 亩,校园面积达到 108 亩;2005 年建造建筑面积 5502 平方米的秋实楼(高中教学楼),2006 年被确认为"福建省普通高中二级达标学校";2008 年建设 400 米 8 跑道标准操场;2008 年、2009 年分两次建造总面积 6982 平方米的学生食堂宿舍楼(尚德楼与博雅楼);2009 年建造面积为 1162 平方米的元弘馆(体育馆);2010 年被确认为"福建省一级达标高中";同年建造面积为 6618 平方米的致知楼(高中实验楼);2012 年整体搬迁阳翟图书馆(中共闽粤赣边区厦门市委机关旧址);2019 年顺利通过省一级达标高中复评。学校一跃成为当地最好的教育资源之一,社会声誉日益响亮。时任学校领导分别是,2002—2004 年:校长苏法昭,书记康斌;2004—2014 年:校长兼书记杨发展;2014—2015 年:校长蔡忠仁,书记杨发展;2015—2017 年:校长蔡忠仁,书记张益群;2017—2019 年:校长陈长兴(笔者),书记张益群。

在学校管理、办学质量、办学效益逐步发展壮大的同时,学校领导也在深入思考探讨办学价值取向、办学目标、办学模式的系统化、科学化和时代化。在价值取向方面,由原先的国家取向(社会主义觉悟的有文化的劳动者)为重转向社会取向(三个面向,四有新人)为重,课程改革后,逐步转向个人取向(育人为本,德育为先,素质教育),十八大后,又转向国家、社会和个人三者并重(立德树人)。这体现在学校办学核心表述,2006年之前,校训"诚、勤、敏、毅",校风"忠诚、团结、严谨、活泼、勤奋、创新";2006—2019年,办学理念为"以人为本,全面发展",办学宗旨为"一切为了学生的发展",办学策略为"以质量求生存,以改革促发展,以科研兴学校",校训为"修德、立志、勤奋、坚毅",校风为"忠诚、团结、严谨、活泼、求实、创新",教风为"敬业、博学、协作、求真",学风为"勤学、善思、合作、进取"。在办学目标方面,从关注学校发展(质量、内涵、精细、特色)转向关注学生发展(核心素养)。在育人模式方面,由大一统的育人标准(统一教材、统一目标)转向个性化发展(校本课程、选课走班)。学校更加关注每个学生的个性发展和每位教师的专业成长,更加关注创新精神与实践能力的培养,更加重视生本化和校本化。

五、校名再更:谋求突破(2019年至今)

2019年2月,中共中央、国务院印发《中国教育现代化2035》,这是我国第一个以教育现代化为主题的中长期战略规划,是我国加快推进教育现代化的行动纲领和贯彻落实党的十九大和全国教育大会精神的重要举措,为我国实现教育现代化架构了顶层设计,明确了实施路径。《中国教育现代化2035》提出了八大理念:更加注重以德为先,更加注重全面发展,更加注重面向人人,更加注重终身学习,更加注重因材施教,更加注重知行合一,更加注重融合发展,更加注重共建共享。同年,教育部考试中心发布"中国高考评价体系",作为深化新时代高考内容改革和命题工作的理论支撑和实践指南。高考评价体系的基本内涵是"一核四层四翼",其中:"一核"为高考的核心功能,回答为什么考的问题,即"立德树人、服务选才、引导教学";"四层"为考查内容,解决考什么的问题,即"核心价值、学科素养、关键能力、必备知识";"四翼"为考查要求,解决怎么考的问题,即"基础性、综合性、应用性、创新性"。同是2019年,福建省政府发布《福建省高等学校考试招生综合改革实施方案》,方案提出,福建省按照2018年启动高等学校考试招生综合改革的部署安排,2020年实施新的高职院校分类考试招生制度,2021年实施新的普通高等学校考试招生制度,逐步形成分类考试、综合评价、多元录取的高等学校考试招生模式，健全促进公平、科学选才、监督有力的高等学校考试招生体制机制。

为适应教育改革发展趋势，推进学校优质特色发展，2019年9月，在社会各界人士的关心支持和时任同安区委书记黄燕添先生的直接推动下，学校再次更名，改为"厦门市同安实验中学"。同年，学校顺利通过省一级达标高中复评。学校领导陈长兴、张益群主动应对高考综合改革和学校教育现代化需求，制订实施新高考高中课程方案和高中选课走班方案，并从教育优质化、教师专业化、校园信息化和治理现代化等方面入手，加强办学治校。同时，为了更好地发展学校，校长陈长兴主持进一步完善了学校办学思想核心体系，其中，办学理念为"启思明德，悟理达行"，办学目标为"兴贤育才"，培养目标为"德才兼备"，校训为"守正出新"，校风为"知行合一"，学风为"成德达材"，教风为"敬业乐群"。

第三节　时代需求

党的十八大以来，以习近平同志为核心的党中央高度重视教育的根本问题，即"为谁培养人""培养什么人""怎样培养人"三个问题。"为谁培养人"是教育价值问题；"培养什么人"是教育目的问题；"怎样培养人"是教育规律问题。习近平总书记指出，坚持把立德树人作为根本任务，并且在其关于教育的重要论述中，用教育价值论、教育使命论、教育本位论回答了教育的根本问题。启悟教育必须以习近平总书记关于教育的重要论述为指导，正视教育的根本问题，从微观层面、学校层面进行阐释。

教育是国家发展和民族振兴的基石，对中华民族的复兴起着关键作用。为保障新时代中国特色社会主义建设事业的顺利进行，党和国家把教育作为优先发展的战略性事业，近年来，密集出台多项改革方案，包括考试招生制度改革、体制机制改革、育人模式改革、教师队伍建设改革等。除了教育管理者的改革方案外，教育研究者纷纷将目光投向教育改革发展中出现的新理念、新思想、新方案，包括习近平总书记关于教育的重要论述、立德树人根本任务、高考综合改革、高考评价体系、中国教育现代化和中国学生发展核心素养等，推出众多的理论成果。这些改革方案和研究成果充实了启悟教育的思想内涵和理论体系。

一、习近平总书记关于教育的重要论述

习近平总书记关于教育的重要论述是习近平新时代中国特色社会主义思想的重要组成部分，是其治国理政新理念、新思想、新战略的重要内容。习近平总书记站在治国理政的高度，以世界发展大局的视野，论述了我国教育的重大理论与实践问题，高瞻远瞩，理清了社会主义教育的使命任务、价值追求、辩证逻辑、实践系统，具有政治性、思想性、科学性、时代性、系统性，不仅丰富了我国教育理论宝库，而且指导着我国教育现代化的改革和发展方向，形成了具有中国特色、富有民族气息、体现时代特征，丰富深刻、新颖完整、系统全面的教育思想，发展完善了中国特色教育理论。

从理论角度看，习近平总书记关于教育的重要论述主要包含了着眼国际竞争格局和国家发展大势，实现"两个一百年"奋斗目标和中华民族伟大复兴中国梦的"教育战略论"；契合实现人的全面解放与终极关怀哲学旨趣、基于事物普遍特征与发展规律、尊重学生个性特点和认知发展规律的"教育本体论"；为人民、为中国共产党治国理政、为巩固和发展中国特色社会主义制度、为改革开放和社会主义现代化建设服务的"教育使命论"；超越个体经济理性，将知识的创造、萃取与运用面向全社会公民开放的"教育公平论"；直面新时代中国特色社会主义教育实践的主客体矛盾、强调多要素逻辑关联性的"教育实践论"；立社会主义核心价值观之德，树中国特色社会主义建设者和合格接班人之人的"教育价值观"，形成了以"九个坚持"为标志的教育思想体系。

习近平总书记关于教育的重要论述闪耀着哲学光芒，是唯物主义和辩证法在教育改革实践中的"时代之思"，是历史逻辑、价值逻辑、实践逻辑、辩证逻辑的统一，为我国教育领域综合改革提供了重要方法论指导[①]，其对当代中国教育理论、教育思想、教育体系、教育政策、教育机制、教育实践等领域进行了全方位、深层次的思考，蕴含着关于现实的人及其历史发展的哲学。

相对于习近平总书记关于教育的重要论述，启悟教育属于下位思想、

---

① 彭寿清.习近平新时代中国特色社会主义教育思想的哲学基础[J].西南大学学报（社会科学版），2018(1):12-21.

从属思想、微观思想。启悟教育汲取了习近平总书记关于教育的重要论述中"本位论""使命论""实践论""价值观"等的精华要义,在学生本位、培养目标、育人模式和价值取向等方面加以阐述展开,形成"启思明德,悟理达行"的办学思想。

二、立德树人根本任务

我们党首次提出立德树人是在 2006 年 8 月,胡锦涛同志指出:"要坚持育人为本、德育为先,把立德树人作为教育的根本任务,努力培养德、智、体、美全面发展的社会主义建设者和接班人。"次年,胡锦涛再次提出:"要坚持育人为本、德育为先,把立德树人作为教育的根本任务,努力培养德智体美全面发展的社会主义建设者和接班人。""加强爱国主义教育,深入开展理想信念教育,引导学生树立正确的世界观、人生观、价值观、荣辱观。"[①]2012 年党的十八大首次正式提出"把立德树人作为教育的根本任务"。[②] 2017 年党的十九大报告再次强调:"要全面贯彻党的教育方针,落实立德树人根本任务。"[③]这标志着新时代我国教育的总方向和总目标的确定,体现着将立德树人提升到新的战略性高度。2018 年习近平总书记在全国教育大会上又提出"坚持把立德树人作为根本任务"[④],明确了立德树人的地位作用、使命任务、工作重点、基本要求,具有重要的理论价值。

立德树人由"立德"和"树人"构成,"立德"和"树人"是一个问题的两个方面,它涉及"培养什么人""怎样培养人""为谁培养人"等根本问题。立德树人强调的是教育要以树人为核心,以立德为根本。

教育所"树"之"人",必须是社会发展所需要的、德才兼备的高素质的人,就是要培养社会发展、知识积累、文化传承、国家存续、制度运行所要求

---

① 中共中央文献研究室编.十六大以来重要文献选编(下)[M].北京:中央文献出版社,2008:617.

② 中共中央文献研究室编.十八大以来重要文献选编(上)[M].北京:中央文献出版社,2014:27.

③ 习近平.决胜全面建成小康社会 夺取新时代中国特色社会主义伟大胜利——在中国共产党第十九次全国代表大会上的报告[M].北京:人民出版社,2017:70.

④ 习近平在全国教育大会上强调 坚持中国特色社会主义教育发展道路 培养德智体美劳全面发展的社会主义建设者和接班人[N].人民日报,2018-09-11.

的合格人才。① 首先,我国是中国共产党领导的社会主义国家,这就决定了我们的教育必须把培养社会主义建设者和接班人作为根本任务,培养一代又一代拥护中国共产党领导和我国社会主义制度、立志为中国特色社会主义奋斗终身的有用人才。其次,要培养具有理想信念、爱国主义情怀、品德修养、知识见识、奋斗精神、综合素质的德智体美劳全面发展的人。最后,要培养有理想、有本领、有担当,具有奋斗精神、实干精神、创新精神的时代新人。

教育所"立"之"德",首先要"明大德",就是要树立正确的政治信仰。正确的政治信仰体现在对国家政治理想、政治目标以及政治制度的理性认识。坚持以马克思主义为指导,全面贯彻党的教育方针,为人民服务,为中国共产党治国理政服务,为巩固和发展中国特色社会主义制度服务,为改革开放和社会主义现代化建设服务。坚持党对教育工作的全面领导,坚持走中国特色社会主义教育现代化之路。其次是"守公德",就是将社会主义核心价值观内化于心、外化于行,转化为情感认同和行为习惯,对中华优秀传统文化沉淀与精髓的执着坚守,对中国特色社会主义所要求的公民道德价值的自觉践履。最后是"严私德",就是要严格约束自身的操守与行为,培养和强化自我约束、自我控制的意识和能力。要强化理想信念,提升自身修养,锤炼担当品格,固化成一种精神的追求,体现自身作为,彰显自身价值。

启悟教育作为个人办学思想体系,必须着眼于落实立德树人根本任务这个教育的总方向和总目标,要从学校教育层面尝试探索"树"什么"人"、"立"什么"德"这个教育的核心与根本,进而思考"为谁培养人""培养什么人""怎样培养人"这个教育的根本问题。于是,就有了"启思明德,悟理达行"核心概念的提出和表达。

三、《中国教育现代化 2035》

教育现代化是教育高水平的发展状态,是对传统教育的超越,是教育发展理念、发展方式、体系制度等全方位的转变。2018 年 9 月 10 日,党中央召开全国教育大会,习近平总书记在大会上发表重要讲话,系统回答了

---

① 武东生,宋怡如,刘巍.立德树人是新时代中国特色社会主义教育发展的根本任务[J].思想理论教育导刊,2019(1):68.

关系教育现代化的重大理论和实践问题,对加快教育现代化、建设教育强国、办好人民满意的教育作出了全面部署,向全党全国全社会发出了加快教育现代化的动员令,为新时代教育发展提供了根本遵循。2019年2月,中共中央、国务院印发《中国教育现代化2035》,这是我国第一个以教育现代化为主题的中长期战略规划,是我国加快推进教育现代化的行动纲领和贯彻落实党的十九大和全国教育大会精神的重要举措,为我国实现教育现代化架构了顶层设计,明确了实施路径。

《中国教育现代化2035》提出了八大理念:更加注重以德为先,更加注重全面发展,更加注重面向人人,更加注重终身学习,更加注重因材施教,更加注重知行合一,更加注重融合发展,更加注重共建共享。这八大理念体现我国独特的历史、文化、国情和传统教育所积累的丰富教育经验与智慧,是习近平总书记关于教育的重要论述的延伸和阐释。同时,积极借鉴国际先进经验,科学地回答了"什么是教育现代化""如何理解教育现代化",是我国进入新时代教育现代化建设努力的方向。

学校教育现代化是中国教育现代化的基础和重要组成部分。就中小学来说,学校教育现代化主要体现在教育优质化、教师专业化、校园信息化和治理现代化。其中,最重要的是教育优质化,表现为培养目标、课程建设、教学模式和评价体系的超越和转变。

"启思明德"就是德才兼备,以德为先,全面发展,"悟理达行"就是知行合一,因材施教,学用结合。启悟教育几乎涵盖了中国教育现代化的关于学校教育的五大理念,反映了启悟教育的时代特征和现代化倾向。

四、高考综合改革和高考评价体系

2014年国务院发布了《关于深化考试招生制度改革的实施意见》,提出了到2020年基本建立中国特色现代教育考试招生制度,形成分类考试、综合评价、多元录取的考试招生模式,健全促进公平、科学选才、监督有力体制机制的全国高考改革方案的大框架和总体目标,构建衔接沟通各级各类教育、认可多种学习成果的终身学习"立交桥"。

2014年,上海、浙江率先启动高考综合改革试点;2017年,北京、天津、山东、海南启动第二批改革试点;2019年,第三批试点河北、辽宁、湖北、湖南、江苏、福建、广东、重庆公布高考综合改革方案,我国新一轮高考综合改革从试点阶段迈入了逐步推广阶段。

2019年，福建省政府发布《福建省高等学校考试招生综合改革实施方案》，全面推进部署我省高考综合改革实施工作。方案提出，福建省按照2018年启动高等学校考试招生综合改革的部署安排，2020年实施新的高职院校分类考试招生制度，2021年实施新的普通高等学校考试招生制度，逐步形成分类考试、综合评价、多元录取的高等学校考试招生模式，健全促进公平、科学选才、监督有力的高等学校考试招生体制机制。

根据方案，福建省高考将实行"3+1+2"模式。"3"为全国统考科目语文、数学、外语，所有学生必考；"1"为首选科目，考生须在物理、历史两科中选择一科；"2"为再选科目，考生可在化学、生物、思想政治、地理4个科目中选择两科。新方案强调物理和历史学科的基础性地位，选考科目组合为12种，降低了学校选课走班教学的难度。改进了前两批试点的选考科目赋分办法，物理、历史科目采用原始分计分、分列招生计划、分开划线；另外4门选考科目实施等级赋分，增加了考试区分度。从2021年起，普通本科高校招生实行"院校+专业组"录取模式，考生志愿由"院校+专业组"组成，采取一所院校的一个招生专业组为一个志愿单位。调整选考科目考试安排，选考科目的考试时间安排在6月夏季高考同期举行，并且将考试次数确定为1次，外语科目笔试只考1次，听力2次，保证高中教学秩序，减轻教学工作负担。

就学校层面来说，高考综合改革强调落实立德树人根本任务，促进公平公正和科学选才。通过增加学生选择权、实行选考加学考的科目设置、改革高考评价体系并深化考试内容改革，以及将综合素质评价信息纳入高校招生录取体系，作为考生升学的重要参考依据等，建立综合评价、多元录取的考试招生模式，引导素质教育，促进学生全面而有个性的发展。

为落实国务院《关于深化考试招生制度改革的实施意见》精神，教育部考试中心历时3年组织研制，于2019年发布"中国高考评价体系"，作为深化新时代高考内容改革和命题工作的理论支撑和实践指南。高考评价体系以习近平新时代中国特色社会主义思想为指导，坚持方向性、科学性、时代性、民族性和公共性原则。[1] 高考评价体系全面贯彻党的教育方针，突出对学生德智体美劳全面发展的要求，同时依据高校人才选拔要求和国家课程标准，从深化高考内容改革、助推高中育人方式改革进行顶层设计。高考评价体系将为深化高考内容改革和指导命题实践提供长效机制，同时其

---

[1] 张开,单旭,峰巫阳,等.高考评价体系的研制解读[J].中国考试,2019(12):13-20.

核心理念将促进高中育人方式改革。

高考评价体系的目的就是落实立德树人根本任务,助力人才全面发展,使之成为德智体美劳全面培养教育体系的有机组成部分。高考评价体系明确了高考内容改革的方向、着力点和要求,是制定命题标准的重要依据,是评价试题试卷、考生水平和考试目标达成度的量尺。① 基于高考评价体系,高考命题提出"价值引领、素养导向、能力为重、知识为基"的理念。

高考评价体系的基本内涵是"一核四层四翼","一核"蕴含着高考的引领作用,包括"立德树人、服务选才、引导教学",其中,"立德树人"是教育的根本任务,决定高考的价值取向,后两者是高考实现这一任务的现实要求。"四层"是实现"一核"的具体路径,其中,"核心价值"是引领作用的高度凝练、"学科素养"是育人价值的集中体现、"关键能力"是涵育素养的必要前提、"必备知识"是能力素养的基础支撑。"四翼"就是联结"四层"高考考查内容与高考命题实践的纽带,包括"基础性、综合性、应用性、创新性"。高考评价体系是一个以价值为引领的、系统的、科学的、创新的理论体系和实践指南。其中,核心价值是学生的政治素质、道德品质和思想方法的综合体现,是学生面对现实的问题情境时表现出来的情感态度和价值观,包括政治立场和思想观念、世界观和方法论、道德品质。学科素养是学生在面对生活实践或学习探索问题时,能够在正确的思想价值观念指导下,合理运用科学的思维方式方法,有效地整合学科相关知识,运用学科相关能力,高质量地认识问题、分析问题和解决问题的综合品质,包括学习掌握、实践探索和思维方法。关键能力是学生在面对与学科相关的生活实践或学习探索问题情境时,能够有效地认识问题、分析问题和解决问题所必须具备的能力,包括知识获取能力群、实践操作能力群和思维认知能力群。必备知识是学生在面对与学科相关的生活实践或学习探索问题时,有效地认识问题、分析问题和解决问题所必须具备的知识,包括陈述性知识和程序性知识。

可以看出,高考综合改革和高考评价体系的目的都是落实立德树人根本任务,促进育人方式改革,培养全面而有个性发展的,有奋斗精神、实干精神、创新精神的时代新人。启悟教育理应从高考综合改革和高考评价体系的价值观念、目标任务出发,考虑如何表达独特化的思想理念、培养目标和育人方式,于是就有"启思明德,悟理达行"的提出。

---

① 于涵,郑益慧,程力,等.高考评价体系的实践功能探析[J].中国考试,2019(12):1-6.

五、中国学生发展核心素养

2016年,《中国学生发展核心素养》发布,学生发展核心素养界定为学生应具备的,能够适应终身发展和社会发展需要的必备品格和关键能力。核心素养是关于学生知识、技能、情感、态度、价值观等多方面要求的综合表现;是学生获得成功生活、适应个人终身发展和社会发展都需要的、不可或缺的共同素养;其发展是一个持续终身的过程,可教可学,最初在家庭和学校中培养,随后在一生中不断完善。其总体框架以培养"全面发展的人"为核心,分为文化基础、自主发展、社会参与三个方面,综合表现为人文底蕴、科学精神、学会学习、健康生活、责任担当、实践创新等六大素养,具体细化为国家认同等18个基本要点。各素养之间相互联系、互相补充、相互促进,在不同情境中整体发挥作用。

中国学生发展核心素养有以下几个特性:

(1)整体性。学生核心素养是学生知识、能力和态度等的综合表现,侧重点在品格和能力。核心素养不是单纯的能力或技能的发展,而是知识、能力和态度的整体发展。这意味着学生发展中把知识和素养对立起来,把素养作为遗忘掉所学的具体知识和内容后留下来的能力和品格即素养的说法不成立。(2)情境功能性或养成性。学生核心素养的发展不是先天本能的发展,而是后天复杂社会生活情境中需要的知识、能力和态度的发展,这意味核心素养是可教可学的。(3)可持续性。学生核心素养发展贯穿学校学习的全部阶段和成人生活,具有连续性和阶段性,体现了终身学习或终身发展的理念。(4)普遍性。学生核心素养适应于一切情境,具有普遍性、一般性或跨学科、跨领域性,不是特殊职业能力或学科能力的发展,旨在为学生未来发展打下全面的基础。(5)全体性或共同性。核心素养不是少数学生才能达成的高级能力,而是全体学生都应达到的必备知识、能力或态度,体现了公民共同素养的发展要求。(6)关键性或价值选择性。学生核心素养的核心不是领导核心,不具有唯一性或排他性。而是要在学生众多的发展要求中做出价值选择,突出学生终身发展和社会发展必备的知识、能力和态度的发展。这有利于减轻学生发展的负担和压力,避免用过多的发展要求来压制学生的自主发展。①

我国学生发展核心素养既顺从国际教育发展趋势,同时又与我国的教育目标具有连贯性,进一步细化了全面育人的目标,体现了我国当代教育的独特诉求。这种国际化、本土化和人本化相互整合、相互借鉴的主张与思路,对启悟教育内涵特性和整体表达极具启发作用。

党的十八大以来,我国社会经济高速发展,社会主要矛盾已经转化为人民日益增长的美好生活需要和不平衡不充分的发展之间的矛盾。在教育方面,人民迫切需要更加公平、更高质量的教育。教育部门顺势而为,在习近平新时代中国特色社会主义教育思想的引领下,积极进取,不断改革创新,密集出台了多份关于教育改革的文件,为今后的教育发展规范了政治方向和实践道路。同时,研究者和管理者陆续推出了"立德树人根本任务"、《中国教育现代化2035》、"高考综合改革"、"高考评价体系"和《中国学生发展核心素养》等理论体系和行动方案,体现了教育党之大计、国之大计的战略地位,为我国教育强国的远期目标打下良好的政策基础和理论指南。

在此背景下,启悟教育的提出、丰富和实践具有本体认、认识论和价值论方面的哲学基础,并且有了方法论的实践期望。

第四节　国际教育潮流

教育是各国在国际竞争中获得经济和政治权力的重要工具,在全球化进程不断加速的过程中,教育思想、教育改革和教育项目在提升各国教育水平和教育成效中发挥着重要的作用。世界各国教育领域之间的合作日益紧密,相互学习和分享,成为全球教育治理的新模式。个人教育思想的诞生提出与发展成熟不可避免地受到国际上教育思想发展、教育改革实施和教育项目推进的影响。

---

① 胡定荣.学生发展核心素养的发展观及其教学变革[J].课程·教材·教法,2017(10):56-62.

一、国外现代教育思潮

（一）赫尔巴特

赫尔巴特是 19 世纪德国哲学家、心理学家,科学教育学的奠基人。他致力于把教育学建设成为一门独立的科学,并形成了自己的教育思想体系。他在实践哲学的基础上提出了"内心自由""完善""仁慈""正义""公平或报偿"的德育目的,在心理学的基础上提出了教育性教学的德育原则,管理、训育和教学的德育手段,回归儿童的生活世界和人类历史文化的德育内容。赫尔巴特倡导的"教育的最高目的就是德性的养成"主张,直接影响了启悟教育的形成。

（二）杜威

约翰·杜威,美国实用主义教育家。他认为,教育即生活,学校即社会,教育即生长,教育即经验(实践)的改造。杜威主张儿童中心,注重生活在教育中的作用。他呼吁在学校中进行"以学生为中心"的学习活动,在学校中应将中心从教师转向学生。强烈反对填鸭式灌输知识的学校教育,代之以鼓励发展学生的思考技巧和独立性,要追求生长和成长。启悟教育思想借鉴了杜威的"儿童中心论"、"教育即生活"和"思考技巧"等主张。

（三）皮亚杰

让·皮亚杰是当代杰出的儿童心理学家,日内瓦学派创始人。"皮亚杰对建构主义进行了系统而经典的阐述,并在其认识论思想的基础之上,发展出了个人(认知)建构主义,即指关注个体是如何建构某种认知方面或情感方面的素质的。"[①]皮亚杰认为教学不仅要使儿童掌握知识,更重要的是促进他们智力的发展,提高他们思维的能力。认为教学工作必须考虑儿童的年龄特点,符合儿童心理的发展水平。主张让学生自己动手动脑动口主动地学习。认为让儿童互相交谈,进行讲座或辩论是获得知识的重要手段。"启思明德,悟理达行"中的先"启"后"明",先"悟"后"达",体现了建构

[①] 周觅.皮亚杰与维果茨基儿童观比较研究[J].教学与管理,2012(9):158-160.

主义的要义。

（四）布鲁纳

杰罗姆·S.布鲁纳是美国著名认知派心理学家和教育家，布鲁纳的学习理论被称为认知结构理论或认知发现理论。布鲁纳认为，教学是要促使学生心智或认知能力的生长，学习不仅仅是掌握一般原理和原则，重要的是发展探索新情境的态度，发展通过推测和应用已有能力解决新问题或发现新事物的态度。教育工作者的任务是要把知识转换成一种适应发展的学生形式，促进学生自主探究知识，让学生进行发现学习。发现学习既是教的方法，也是学的方法，是以培养探究式思维方法为目标、利用特定编排的教材通过一定的发现步骤进行学习的一种学习方式，其主要特点是强调学生自主进行探究，注重学生学习过程中的自我发现。布鲁纳强调发现学习的实质就是使学习者能够在学习过程中锻炼心智，根据教师提供的材料和启发按照自己特有的观察和思考方式来掌握知识的基本结构，发现未知事物及其规律，并且学会在头脑中接受知识的特有方式。这种自身特有的学习方式一经学习者掌握，会帮助学习者轻松地学习大量知识和建立自身特有的认知结构。① 发现学习强调的"探究、发现"，便是"启悟"。

（五）苏霍姆林斯基

苏霍姆林斯基教育思想的核心是人道主义，相信人、相信每一个孩子是他的教育信条。苏霍姆林斯基非常重视学生个性的充实发展。② 他认为，学生都是具体的，没有抽象的学生。学生的禀赋、才能、爱好和特长是各不相同的，要让他们充分发展，就要提供良好的条件。苏霍姆林斯基设计的教育目标是要培养人的和谐全面发展。他认为，我们要培养的人，不只是要有知识、有职业、会工作的人，而是要培养大写的人，即有高尚的精神生活，有理想、有性格、关心别人、关心集体的人。他说："我们时刻都不要忘记有一样东西是任何教学大纲和教科书、任何教学方法和教学方式都没有做出规定的，这就是儿童幸福和充实的精神生活。"他说："我认为教育的理想就在于使所有的儿童都成为幸福的人，使他们的心灵由于劳动的幸

---

① 李晓丽.布鲁纳学习理论及其对教学工作的启示[J].教育探索，2015(11):5-8.
② 顾明远.把爱全部献给了孩子——纪念苏霍姆林斯基诞辰一百周年[J].比较教育研究，2018(11):3-11.

福而充满快乐。"启悟教育办学思想借鉴了苏霍姆林斯基个性发展和全面发展理论。

二、国外教育改革趋势

(一)美国

2009 年 2 月,美国发布《2009 美国复苏与再投资法案》,为教育领域投入巨资。为了强化联邦政府在教育管理中的主导作用,2009 年 7 月,奥巴马政府启动了"竞争卓越"计划,并颁布了美国首部《州共同核心课程标准》。同时,基于实现美国成为数学与科学世界强国的目标,加强了 STEM 教育。在教育政策内容方面呈现出如下四个方面的特征:一是政府对教育投入的经费数额巨大。二是注重加强数学和科学等核心课程。三是课程标准的推行与 SAT 考试改革相结合。四是管理体制在联邦集权和地方自治中摇摆。[①] 后来,特朗普政府也加大对 STEM 教育的支持,尤其注重计算机科学和编程方面的学校教育。

(二)英国

2009 年 6 月,英国儿童、学校与家庭部(DCSF)审时度势,在既有的国家课程与资格局(QCA)的一系列报告的基础之上,从英国学校体系和学生正在面对的挑战出发,发表了题为《你们的孩子,你们的学校,我们的未来:建立 21 世纪的学校制度》的教育白皮书。白皮书明确指出,随着变革的步伐不断推进,更广泛的技能和素质、思考的能力、学习、团队合作、创造力和弹性等,变得越来越重要。所以,教育制度必须设法使每个年轻人——不仅仅是他们的大多数人成功和成才。学校必须教授给学生对他们未来生活来说最重要的东西,有机会去了解人类曾经思考过、记录过与经历过的最重要的东西。在课程的顶层设计层面,英国国家课程标准明确了困扰学校教学和学生学习的几个基本的核心问题,即"教什么"、"学什么"、"怎样学"与"怎样教",并向学生展示了人类社会文明发展的精华,提供了一种广

---

① 杨光富.美国近年来基础教育政策述评[J].全球教育展望,2019(9):12-21.

泛的、平衡的、一以贯之的课程,来促进学生的认知、理解、技能等方面的发展。①

（三）芬兰

2016年,芬兰推出以跨学科素养为核心的整体化课程改革方案。其突出特点包括将七项跨学科素养渗透至成为一名学生、发展为学习者和成长为社会成员三大学段任务以及更为具体的学科目标,通过增加科目选择性并弹性化分配课时给予地方更多权力空间,采用整合教学的同时为学生提供多层次的学习支持,发挥基于目标与标准的多元评价的促学功能。七项跨学科素养包括"思考与学会学习、文化素养和沟通表达、管理日常生活与照顾自己他人、多元素养、信息素养、职业生活与创业素养、参与和构建可持续未来"。目标革新需要课程、教学与评价保持良好的一致性。为避免素养脱离课程实践,芬兰将跨学科素养转化为课程与教学各环节必须坚守的目标与标准,起到统领课程要素、规约教学方向的作用,使课程体系中各要素能够协同一致,成为整体。

（四）日本

日本新《学习指导要领》于2017年3月正式颁布,标志着日本新一轮课程改革的大幕已经拉开。为了应对复杂的、难以预测的未来社会,本次日本课程改革以"核心素养"与《教育基本法》《学校教育法》为改革出发点,在课程目标上更重视学生"资质与能力"的培养,在课程内容上强调"面向社会的课程",教学方式上重视"主体性、对话性"的深度学习。具体过程要求教师有目的、有计划、有组织地引导学生积极主动地掌握各学科的基础知识和基本技能,发展智力,养成良好的学习习惯,使其意志、品质、情感和行为能力等得以发展。

纵观西方国家的基础教育改革,都是以课程改革为重心,从课程目标、课程标准、课程内容、课程实施和课程评价入手,力图培养具有全球竞争力的高素养人才。在课程目标方面,几乎都是建立各自的"核心素养"体系。提高数学和科学的课程标准,提升科学素养。兴起以STEAM教育为代表的跨学科整合课程,使课程内容更加广泛、平衡。首先,课程实施方面,将

---

① 李凯.走向核心素养为本的英国基础教育课程改革——一种课程结构视角的评述[J].外国教育研究,2018(9):80-92.

素养目标依据不同阶段学生的身心特点,提出各年段培养任务,并结合学段培养任务对课程目标进行具体、详细的阐述,实现素养的"学段分解"。其次,围绕不同学段各科目所要实现的每条教学目标,逐一明确其所对应的跨学科素养,完成素养的"科目渗透"。由此,创设素养与学科课程的对应与关联,在各学段、多学科中指向某一项或相同几项素养,从而实现跨学科素养与已有课程目标相融合。[①] 课程评价大都采用基于目标、内容和多元评价,促进改革平衡进行。启悟教育办学思想的提出从西方课程改革受到了启发,它隐含了目标(德、行)、内容(思、理)、实施(启、悟、明、达)及评价(德、行)等课程模式。

三、国际教育项目

(一)STEAM

STEAM 是一种教育理念,也一套课程体系。有别于传统的单学科、重书本知识的教育方式,STEAM 是一种重实践的超学科教育概念。STEAM 最早是美国政府提出的教育倡议,为加强美国 K12 关于科学、技术、工程、艺术以及数学的教育。STEAM 的原身是 STEM 理念,即科学(Science)、技术(Technology)、工程(Engineering)、数学(Mathematics)的首字母。鼓励孩子在科学、技术、工程和数学领域的发展和提高,培养孩子的综合素养,从而提升其全球竞争力。近期加入了 Arts,也就是艺术,变得更加全面。STEAM 教育在美国的重要性不亚于中国的素质教育,这五个学科是技术和工程结合、艺术和数学结合,打破常规的学科界限。

STEAM 教育作为一种课程来说,它有三类价值取向:

1.创新价值取向

"创新"既是 STEAM 课程的主旨,也是其得以在众多课程中脱颖而出的重要原因。STEAM 课程的创新价值取向主要体现在其独特的课程建构上:STEAM 课程将五个学科整合在一起,着力解决由于学科分化所产生的各种问题。在特定的历史条件下,学科分化曾大大提高了人才培养质量,但其知识碎片化、封闭化的弊端也在一定程度上阻碍了学生综合实践能力

---

① 王奕婷,吴刚平.芬兰基于跨学科素养的基础教育课程改革与启示[J].教育理论与实践,2019(2):40-43.

的提升。在社会生活中,单一的学科知识与技能对于解决涉及面较窄的问题也许能奏效,但要解决涉及面较广的复杂问题,多学科知识与技能的结合更能碰撞出新的解决办法。此外,STEAM课程中的艺术学科具有其他学科所无法比拟的创新能力培养优势,它以自身特有的设计性思维打通了与其他学科联结的脉络,可帮助学生借助直觉、识别、想象与创造等能力,不断进行功能性反思,从而获得分析思维、审辨式思维与创造性思维的发展。

2. 整合价值取向

"整合"和"制作"是STEAM课程的两个哲学观点,制作的重要意义在于整合知识。"整合"偏重于将五个学科内容进行关联融合,而"制作"倾向于将"做"贯穿学习的全过程,两者指向内容与方法的融会贯通:(1)在内容上,STEAM课程试图从实证论视角出发,在学科分化和互联网切割所导致的碎片化知识与信息之间建立起联系,以真实项目、生活问题或社会实践为驱动,强调相关领域知识的结合及其综合运用。其中,大概念是STEAM课程整合的关键内容,"是指向学科中的核心概念,是基于事实基础上抽象出来的深层次的、可迁移的概念"。(2)在方法上,STEAM课程以项目学习、问题学习、具身体验与翻转课堂等形式开展,融合了讲授法、演示法、讨论法、实验法等多种方法。与传统课程不同的是,STEAM课程以学生为中心,围绕具体项目或社会问题展开教学。在STEAM教学过程设计中,学生会经历准备、实施、改进与反思四个阶段。在这一系列学习活动中,教学方法往往以交叉结合的形式进行,如讲授法与自主学习法相结合、实验法与行动研究法相结合、讨论法与演示法相结合等,来自不同学科的教学方法随着课程内容的推进而不断碰撞融合,推动学生走向深度学习。

3. 实践价值取向

相较于传统课程仅仅止步于"是什么""为什么",STEAM课程更重视"做什么""怎么做"。知识的学习必不可少,它是保障学生顺利开展实践的基础;但实践也不可或缺,它是检验、优化和创造知识的重要途径。STEAM课程巧妙地将两者结合起来,用于社会实际问题的解决。值得一提的是,科学技术因为强调工具崇拜和技术至上而带有强烈的工具理性色彩,STEAM课程则强调科学技术运用的社会动机——将"冰冷"的科技用于人类现实生活问题的解决而使其变得"有温度"。作为STEAM课程的主要实施方式,"做"是指包括学生的动作、举措、行为与活动在内的一切行动。杜威基于实用主义哲学提出的"做中学"观点与STEAM课程的"项目学习/问题学习"理念交相辉映,它们都洞悉了知识与行动的天然联系,强调经验与知识源于探究活动,鼓励学生以合作的形式在实践中应用各种模式,如项目教学模式(Project-based Learning,PBL)、工程设计流程模式(Engineering Design Process,EDP)和"6E"(Engage,Explore,Explain,Elaborate,Engineering,Evaluate)探究式教学模式等。①

以"启思明德,悟理达行"为核心概念的启悟教育积极吸取STEAM教育的理念精髓和价值取向,直面学生及学习,注重方法思想,增强孩子的理工科学素养,提高核心竞争力。首先,"启"和"悟"促进逻辑思维、发散思维与创造性思维的发展,体现了"创新"价值取向。其次,若将"启思明德,悟理达行"作为方法论,其本身没有学科指向,并且融合了启发法、体验法、讨论法、实验法等多种教学方法,与STEAM教育"整合"价值取向的方法融会贯通不谋而合。最后,"启思明德,悟理达行"强调知行合一,注重理论与实践联系、知识与行动结合,直接与STEAM教育的"实践"价值取向相统一。

(二)PISA测试

PISA(Program for International Student Assessment,国际学生评估项目的缩写)是一项由经济合作与发展组织(Organization for Economic Cooperation and Development,OECD)统筹的学生能力国际评估计划,主要对接近完成基础教育的15岁学生进行评估,测试学生们能否掌握参与社会所需要的知识与技能。PISA的出发点是把教育作为培养为经济发展服务的人力资本的重要手段,它甚至把技能视为21世纪经济中的"全球货币"(global currency)。

从2000年至今,PISA测试的一个重要贡献就是提出并发展了四个素养定义。一是阅读素养,指学生理解、运用、反思文本,以达到个人目标,丰富个人知识、发挥潜能,并且参与社会活动的能力。二是数学素养,指个人能够识别、理解和参与以及能够很好地判断数学在多种不同情境中所扮演的角色的能力,并且能够满足个人现在和未来的日常生活、职业生活以及同其他人的社会交往的需要,使个人成为一个具有完整价值判断体系、同理心和反思能力的公民。三是科学素养,指的是解释科学现象,设计评估

---

① 李义茹,彭援援.STEAM课程的发展历程、价值取向与本土化建设[J].现代教育技术,2019(9):115-120.

科学推断以及科学地解释数据和证据的能力。四是全球素养,定义为青少年能够分析当地、全球和跨文化的问题,理解和欣赏他人的观点和世界观,与不同文化背景的人进行开放、得体和有效的互动,以及为集体福祉和可持续发展采取行动的能力。

上述素养"由知识、技能、态度和价值观四个紧密联系的要素所支撑",①可以这样说,四个素养的提出及多国参与的PISA测试实施,将有利于引领基础教育阶段的学校课程建设、课堂教学和评价改革,在一定程度上具有世界引领和全球示范的作用,当然,对启悟教育一样有启发和借鉴作用。

启悟教育"启思明德,悟理达行"中,"启思"和"悟理"指向识别、理解、解释、运用、反思和分析,属于"知识"要素。"达行"是执行一种复杂而有组织的思维模式的能力(认知技能)或为实现某一特定目标而采取的行动(行为技能),是"技能"要素。"明德"不仅是将信念、评价、情感和倾向结合在一起的思维方式,即态度,并且是追求人生目标时的一种自然的信念和判断是非中有意或无意使用的标准,即"技能"和"价值观"要素。

---

① 占小红,温培娴.PISA2018 全球素养测试述评[J].比较教育研究,2018(9):95-102.

第二章

启悟之义

内涵和特征是办学思想的基础与核心。启悟教育办学思想内涵将从教育本质、教育政策和教育现实等三个层面展开论述。启悟教育包含时代性、深刻性、逻辑性、稳定性、创新性和独特性等特征。

第一节 启悟教育的内涵

启悟教育的基本概念或者说逻辑起点是"启悟"。首先,"启悟"是启悟教育最基本的范畴,这是显而易见的,因为启悟教育是直接以"启悟"命名的;同时,"启悟"正是启悟教育的研究对象,保持了逻辑起点与研究对象的一致性。其次,对即将展开的启悟教育这个办学思想体系来说,"启悟"是它的唯一的不可或缺的客观根据和实在基础,或者说是它的"胚芽"。最后,就理论体系本身而言,历史从哪里开始,理论逻辑也从哪里开始,历史进程与理论逻辑进程具有同一性。恩格斯说:"历史从哪里开始,思想进程也应当从哪里开始,而思想进程的进一步发展不过是历史过程在抽象的、理论上前后一贯的形式上的反映。"[1]作为启悟教育逻辑起点的"启悟",同时也是启悟教育的历史起点。

启悟教育的核心概念或者说逻辑基项是"启思明德,悟理达行"。"启悟"到"启思明德,悟理达行"是个最抽象到次抽象的过程,"启思明德,悟理达行"是"启悟"的首个逻辑推论。作为逻辑基项,"启思明德,悟理达行"在

---

[1] 马克思恩格斯选集:第2卷.北京:人民出版社,2012:122.

办学思想体系中占有奠基石的地位和作用,它将贯穿于体系的始终,构成体系的中枢和轴心。

一、启悟教育核心概念的演化

19世纪末,学校刚创办时,它的办学理念核心还不是"启思明德,悟理达行",而是"启迪身心,悟通造化"。这反映了当时社会文化对教育的客观需求,也是清朝末期教育改革和"西学东渐"的直观表现。洋务运动之前,中国科举制度盛行不衰,教育虽然有"长善救失"之类的提法,但其真实目的是培养只懂经书、四体不勤、五谷不分的维护封建等级制度的愚忠之辈。第一次鸦片战争后,洋务派引进了西方现代教育思想,进行了以"中学为体、西学为用"作为指导思想的教育改革。这次改革在教育理念、教育目的、教育内容、教育方式和教育体制等方面进行革新。不仅重视社会公德、个人修养等精神方面的培育,更是注重自然科学知识和基本技能等教养方面的培养。"启迪身心,悟通造化"办学思想直接面向孩子,重视学生的身心健康发展,加强自然科学知识的传授和内化,在当时是颇为先进的教育理念。"启悟"办学思想正是从"启迪身心,悟通造化"开始,历经一个多世纪,直至"启思明德,悟理达行"告了个段落。在其100多年历史中,历任学校领导从实践层面对办学思想进行了朴素无华的探索。

办学核心概念的提出和发展不仅受管理者对教育本质、教育规律、教育价值的理解程度和接受程度的影响,也受到当时政治、经济、社会和文化的约束。当然,最直接的影响是国家政府的教育指导思想、教育宗旨或教育方针。

从创办开始至今,学校接受过多个国家层面的教育指导思想。从晚清洋务派的"中学为体、西学为用",维新派的"体用结合,中西会通",新政派的"中体西用";到民国初年蔡元培的"五育并举"(军国民教育、实利主义教育、公民道德教育、世界观教育和美感教育),南京国民政府(蒋介石)的"三民主义教育";再到新中国成立初期的"提高人民文化水平",前三个"五年计划"的"培养有社会主义觉悟的有文化的劳动者","文革"时期的"加强革命秩序和纪律、造就具有社会主义觉悟的一代新人",改革开放初期的"培养'三个面向'和'四有新人'",20世纪末实施"素质教育"提出的"德智体美等全面发展的社会主义事业建设者和接班人",十八大后的"立德树人"。尽管国家教育指导思想变化了十几次,但作为教育实践者,校长的工作重心在于办学和管理,以至于无法将学校办学核心概念随着国家教育指导思想的变化而及时发展完善。所以,从1890年创办至2019年,办学核心概念只发展变化六次,从1890年的"启迪身心,悟通造化"到1908年的"爱、敬、忠、勤"、1934年的"发达青年身心、培养健全国民,为各种职业服务作准备"、1952年的"诚、勤、敏、瑞"、1995年的"诚、勤、敏、毅"、2006年的"以人为本,全面发展"。直到2019年,才由校长陈长兴(作者)根据时代需求和教育发展趋势,将学校办学理念回归到与启悟教育直接相关的"启思明德,悟理达行"。

二、启悟教育的内涵

办学思想是校长对学校"办什么样的学""如何办学""为谁办学"的系统性思考和哲思性表达,是学校核心价值观。[①] "办什么样的学"即为学校层面的教育目的,这是一个历久弥新的教育哲学问题,或者说是教育基本问题,是所有的办学思想必须回答的第一个问题,对这个问题的回答即是办学思想内涵的阐述。那么,启悟教育办学思想关于教育基本问题的答案是什么?"启思明德,悟理达行"又是如何阐述说明教育目的呢?

(一)启悟的教育目的

"目的"作为人的自觉活动与行为的要素之一,是指行为主体根据一定需要,借助于价值观念的中介作用,对行动目标或后果的预想。教育目的是一种主体指向的学术范畴,它总是与特定的教育主体相互联系。教育主体在行动之初对于行动目标或后果的预想,既因面临的不同情况与对行动进程的不同估计而不同,更与教育主体的价值追求相关。

由于承担角色以及对教育价值追求不同,在人类教育事业演进的过程中,形成了若干代表不同认知格局的教育主体。教育主体可以分为研究者、管理者、实践者三类。研究者以专家学者为代表,关注人类对教育行为的根本诉求;管理者以国家和政府为代表,作为特定政治利益的代言人;而实践者以学校为代表,作为具体教育活动的组织者和执行者。在历史条件、政治经济、社会文化和教育规律的共同作用下,三类主体分别形成了各

---

① 陈长兴,基于立德树人的办学思想凝练——以"启思明德,悟理达行"为例[J].福建基础教育研究,2019(4):18-20.

不相同的教育目的取向。

对研究者来说,人类教育活动从一开始就承载着人类对自我生活和未来社会的美好向往,并执着和不懈地探索着各种不同的教育理想。[①] 如我国儒家文化的早期代表人物孔子、孟子、荀子等的典籍和著述中,很早就形成了一以贯之的教育价值观念,如教育在于"化民成俗""使人为善""涵养德性"等。西方教育家一样不断追问着教育精神的本质内涵,赫尔巴特的"教育的最高目的就是德性的养成";杜威则认为"教育即生活、教育即成长";布鲁纳的"促使学生心智或认知能力的生长";蒙台梭利的"促进生命——让它自由地发展,展开";杰弗里斯的"教育的宗旨是个人完全和均衡的发展"等。研究者认为,教育要致力于人的成长和改进人的生活质量,这也就构成了人类教育精神的根本命题。总体来说,研究者更倾向于"个人价值取向"。

与研究者追求的教育目的不同,管理者的教育目的更多是在特定历史背景之下一个国家政府政治意志在教育领域的集中体现,是一个国家教育制度的有机组成部分,也是政府教育政策的重要内容。如日本的"资质与能力"教育目的;芬兰的"成为一名学生、发展为学习者和成长为社会成员";英国的"每个年轻人成功和成才";美国的"竞争卓越"等。教育目的在管理者眼中表现为具体的"人才规格",换言之,人才规格反映了国家政府教育活动的具体目标指向。当然,管理者的教育目的有时代性,不同时代有着不同的"人才规格"。现阶段,我国的教育目的是"培养德智体美劳全面发展的社会主义建设者和接班人"。一般来说,管理者倾向于"社会价值取向"或"国家价值取向"。

作为教育重要实践者的学校,其教育目的具有从属性、微观性和基础性。学校教育目的是否科学、是否切适,直接影响到研究者和管理者的教育目的能否实现。在我国,学校的教育实践首先要贯彻执行党和国家的教育方针,即在宏观层面遵照管理者的教育目的。然后根据学校的实际情况、历史积淀和校长对教育进程的理解和把握,个性化地提出自己学校的教育目的。如华东师范大学第二附属中学原校长何晓文的"教育,发现与发展学生潜能";杭州市长河高级中学原校长陈立群的"爱与责任";江苏省锡山高级中学唐江澎校长的"人的成全";上海市闸北第八中学原校长刘京

---

① 王晨光,谢利民.教育目的的含义的哲学辨思[J].东北师大学报(哲学社会科学版),2008(3):149-156.

海的"成功教育";上海市七宝中学原校长仇忠海的"全面发展、人文见长";上海市徐汇区向阳路小学原校长洪雨露的"兴趣教育";杭州市学军小学老校长杨一青的"凸显主体,和谐发展";浙江杭州第二中学原校长叶翠微的"让学生像个人";浙江省长兴中学原校长张向前的"走进学生心灵的教育";福建省泉州第五中学刘殊芳校长的"办一所有品质的学校"等。虽然每位校长的表述各不相同,但其蕴意却都指向研究者和管理者的教育价值追求,即现代教育目的应当追求形成健全人格与个体社会化,使教育具有历史价值、社会价值、政治价值。

"启思明德,悟理达行"办学思想本身就蕴含学校的教育目的。首先,"启思明德,悟理达行"通过"启、明、悟、达"来丰富学生生命内涵,促进人的成长并改进人的生活质量,涵盖了研究者的教育目的。其次,"启思明德"就是德才兼备,以德为先,全面发展;"悟理达行"就是知行合一,因材施教,学用结合,指向了管理者的"培养德智体美劳全面发展的社会主义建设者和接班人"教育目的。最后,"启思明德,悟理达行"通过"思、德、理、行"追求形成健全人格与个体社会化,兼顾了实践者的教育目的。

(二)"启思明德,悟理达行"内涵

"启思明德,悟理达行"蕴含着三个层面的教育追求,分别是教育本质层面、教育政策层面和教育现实层面。

本质是指事物固有的、一般的、相对稳定的内部联系,由事物内部的特殊矛盾所构成,制约着事物的本质属性,从而也制约着事物的整个特殊属性。① 那么,教育本质是什么?人们要想在此问题上得出一个令人信服的结论却并不容易。在教育本质的问题上,经常可见的现象是仁者见仁、智者见智,不同时代、不同社会、不同的人会有不同的结论,可谓众说纷纭。专家学者们从教育的归属、功能、属性和规律出发,提出了"生产力说""上层建筑说""社会实践活动说""特殊范畴说""生产实践说""精神生产说""社会化说""个性化说""培养人说""传递说""产业说""非产业说"等学说看法。大家的看法都很不一致,其中的缘由在于,教育现象是一类比较复杂的社会现象,既包含着一些生理、心理、社会、文化甚至是历史的因素。随着社会及教育的不断发展,人们对教育本质研究也不断深入,学者们逐渐触摸到教育内部的特殊矛盾,回归到"个体个性化与社会化"主张上。如

---

① 郑金洲.教育本质研究十七年[J].理论探讨,1996(3):19-24.

顾明远先生的"教育的本质可以概括为,提高生命的质量和提升生命的价值"。① 陈桂生先生的"教育以道德人格之善(善良)为本义,在近代以人格(个性)的完善为教育的转义,时至现代则以社会性人格(个体社会化)的完善为第二义的转义"。②

"启思明德,悟理达行"直接面对学生个体,以人文主义为基础,体现生本化倾向,尊重环境、世界观和知识体系的多样性。其中,"启思明德"注重培养现代意义的道德人格,包括价值观、公民美德和正义感等;"悟理达行"以形成个人能力多方向发展的独立人格为价值追求,以维护和增强个人在其他人和自然面前的尊严、能力和福祉为目标。

十八大以来,我国进入新时代,包括教育事业在内的各项改革不断推进,教育的新时代特征明显。十九大报告明确提出"建设教育强国是中华民族伟大复兴的基础工程,必须把教育事业放在优先位置,加快教育现代化,办好人民满意的教育",将教育提升为"党之大计、国之大计"。2018年9月,习近平总书记在全国教育大会指出我国教育的根本任务是"我国是中国共产党领导的社会主义国家,这就决定了我们的教育必须把培养社会主义建设者和接班人作为根本任务,培养一代又一代拥护中国共产党领导和我国社会主义制度、立志为中国特色社会主义奋斗终身的有用人才"。同时明确了教育的五个工作目标"以凝聚人心、完善人格、开发人力、培育人才、造福人民",培养德智体美劳全面发展的社会主义建设者和接班人,加快推进教育现代化、建设教育强国、办好人民满意的教育"。对培养途径做出指示,"在坚定理想信念、厚植爱国主义情怀、加强品德修养、增长知识见识、培养奋斗精神、增强综合素质上下功夫"。习近平总书记对我国教育目的的精准论述,深刻地揭示了我国社会主义教育本质,回答了新时代要"培养什么样的人""怎样培养人""为谁培养人"的根本问题。我国教育培养的人才,必须心中有党、有国家、有人民,能坚定中国特色的社会主义"四个自信",能为中华民族的伟大复兴做出贡献。

"启思明德,悟理达行"办学思想坚持以马克思主义为指导,全面贯彻党的教育方针。首先,"启思明德,悟理达行"具有个人价值取向,为人民服务,以培养有理想、有本领、有担当,具有奋斗精神、实干精神、创新精神的

---

① 顾明远.再论教育本质和教育价值观——纪念改革开放四十周年[J].教育研究,2018(5):4.

② 陈桂生.普通教育学纲要[M].上海:华东师范大学出版社,2009:11-12.

时代新人为目标；其次，"启思明德，悟理达行"包含社会价值取向，为改革开放和社会主义现代化建设服务，以培养具有理想信念、爱国主义情怀、品德修养、知识见识、奋斗精神、综合素质的德智体美劳全面发展的人为目标；最后，"启思明德，悟理达行"也蕴含国家价值取向，为中国共产党治国理政服务，为改革开放和社会主义现代化建设服务，把培养社会主义建设者和接班人作为根本任务，以培养一代又一代拥护中国共产党领导和我国社会主义制度、立志为中国特色社会主义奋斗终身的有用人才为目标。

教育，特别是基础教育，是为未成年人做成年准备，是为做个体社会化准备。但大部分孩子接受完基础教育后，并没有立即进入社会，而是继续接受高等教育。这是历史的必然，它反映了社会文化的进步与繁荣。由于高等教育资源的相对缺乏并且极不均衡，导致了学业竞争激烈，形成了基础教育应试化倾向，这绝不是社会文化的倒退，而是进步过程中的一种暂时现象，也是历史的必然。在教育实践中，回避应试化倾向而无视受教育者的外在需求是掩耳盗铃、自欺欺人，将被现实社会抛弃；若是过度反应而无视受教育者的内在需求则是本末倒置、买椟还珠，将被未来社会抛弃。如何将教育主体的政治意志、教育客体的内外需求和教育本身的本质属性三者有机结合，找到适合的平衡点，是专家学者研究的热点，也是校长们面临的难点。幸运的是，党和政府早就关注重视教育的应试化倾向，并且谋求解决问题的良方。从"素质教育"到"立德树人"，从"课程改革"到"高考改革"是顶层设计；从《国家中长期教育改革和发展规划纲要（2010—2020年）》到《中国教育现代2035》，从《国务院关于深化考试招生制度改革的实施意见》到《关于新时代推进普通高中育人方式改革的指导意见》是具体方案。

"启思明德，悟理达行"办学思想积极落实立德树人根本任务，强化理想信念、爱国主义情怀、品德修养、知识见识、奋斗精神、综合素质的培育，同时没有回避高考竞争，直面应试化倾向，以学生的德才兼备、全面发展为目标，以学业减负增效及教育提质达标为核心。首先，"启思明德，悟理达行"努力培养学生的核心价值观念，通过"明德、悟理、达行"引导学生培育和践行社会主义核心价值观，继承弘扬中华优秀传统文化、革命文化和社会主义先进文化，重视文化育人模式的改进，树立正确的国家观、历史观、民族观、文化观，增强中国特色社会主义道路自信、理论自信、制度自信、文化自信，重视学生的政治素质、道德品质和思想方法的培养。其次，"启思明德，悟理达行"追求学科素养的培育，通过"启思、悟理、达行"指引学生在面对生活实践或学习研究问题时,能够在正确的思想价值观念指导下,合理运用科学的思维方式方法,有效地整合学科相关知识,运用学科相关能力,高效率地认识问题、分析问题和解决问题。再次,"启思明德,悟理达行"重视关键能力的培养,通过"悟理"培养孩子认识客观世界的知识获取能力;通过"达行"培养解决实际问题的实践操作能力;通过"启思"培养孩子逻辑推理的思维认知能力。最后,"启思明德,悟理达行"重视必备知识的掌握,通过"启思、悟理"过程,让孩子掌握由社会科学和自然科学的基本事实、基本概念与基本原理组成的知识体系。

三、"启思明德,悟理达行"各要素之间的关系

"启思明德"就是德才兼备,以德为先。从"启思"到"明德"有明显的逻辑递进关系,"启思"是基础、是根本,"明德"是核心、是目的。"启思"培养孩子的"才","才"通常指客观知识、技能,是"多方协调的兴趣",也就是必备知识、关键能力和学科素养。"明德"培养孩子的"德","德"通常指道德人格,是"道德性格的力量",也就是核心价值观念、伦理价值观念以及信仰。古人司马光说过:"夫聪察强毅之谓才,正直中和之谓德。才者,德之资也;德者,才之帅也。"正当的价值取向(德),尤其是积极的人生观念、世界观和主义信仰,则主要依靠个人在教养(才)基础上形成的理性的自觉与自律。这是因为"德"建立的过程是"受教育者意识中原有的价值倾向引向应有的价值追求"[①],而学生原有的价值倾向是建立在原有的"才"上的,提高增强学生的"才"使得学生的"德"有提高增进的可能。

"悟理达行"就是知行合一,以行为要。从"悟理"到"达行"也有明显的逻辑递进关系。"悟理"通过描述事实,解释某种现象发生的原因、条件,从而发现事物的内在联系,也就是揭示事物内在的规律性,即掌握理论,理论有概括性、抽象性、结构性和系统性等特征。"达行"是付诸行动,是主观见之于客观的活动,是以认识为基础的改造客观世界的有目的的活动,实践有客观性、能动性和社会历史性等特征。清朝王守仁说:"知是行的主意,行是知的工夫;知是行之始,行是知之成"。理论只有与实践相结合,才能保持生机和活力。实践决定理论,是理论的源泉和动力,也是理论的目的

---

① 陈桂生.教育学究竟是怎么一回事——略议教育学的基本概念[J].教育学报,2018(14-2):3-12.

和归宿。反过来,实践只有在理论的指导下,才能不偏离正确的轨道。按照马克思的观点,实践是人自觉地变革世界、创造价值的目的性活动,与一般动物单纯顺应环境的本能活动不同,人类的活动是依自我的目的改变自然并使之满足人的本性和人类需要的实践过程,通过这种实践,自在之物变成了"为我之物"。

"启思明德,悟理达行"描述了学校教育目的两个方面之内容与实质,是不可分割的整体。其中,"启思明德"针对学生个体的完善,即个体有个性、充分、全面的发展,培养"有用人才和时代新人";而"悟理达行"则面向个体社会化,强调学以致用,尊重科学,服务社会,培养"建设者和接班人"。"启思明德"和"悟理达行"二者没有先后,不能分离。"启思明德"代表的人性关怀与"悟理达行"代表的社会发展是现代教育的追求和象征。当人性关怀与社会发展相吻合时,教育就能得到好的繁荣;但当两者之间不相吻合时,就会损害教育进步与社会兴盛。

第二节 启悟教育的特征

自 1890 年"启悟轩"开始,启悟教育已经走过 130 年的历程,历经晚清、民国、新中国建立初期、"文革"时期、改革开放,直到中国特色社会主义新时代。在此过程中,学校通过不断的教育实践积累了丰富的办学经验与教训,通过对教育本质、教育规律和教育价值不断思索和追求,形成了原始的、简单的办学观念、想法和主张。而今,将这些经验概括与事实描述经过升华、思辨和抽象,初步形成有一定系统性和普适性的学校层面的办学思想,具有时代性、深刻性、逻辑性、稳定性、创新性和独特性。

一、时代性

从时间维度看,任何思想、观念都是时代的产物,并随着时代的变化而不断变化发展,办学思想更不例外。学校是一定历史、一定社会文化中的学校,校长是一定历史、一定社会文化社会中的校长,其使命就是培养有个性且全面发展的有用人才和国家社会所需要的时代新人,这就决定了校长的办学思想要能够顺应并适度超前于当前社会发展的需要,紧扣社会发展的时代主题,体现中国特色社会主义新时代教育的鲜明特点,反映当代我国广大教育者的生动实践,具有明显的时代性。改革开放以来,特别是进入21世纪以来,我国对教育战略作用的认识由"百年大计,教育为本"到"党之大计,国之大计";对教育价值从"素质教育"到"立德树人";培养目标由"德智体美等全面发展的社会主义事业建设者和接班人"到"培养德智体美劳全面发展的社会主义建设者和接班人"。时代精神是对时代问题的把握,时代问题是对时代需求的呼唤。现今我国教育的时代主题是落实立德树人根本任务,解决教育的根本问题。

"培养什么人、怎么培养人、为谁培养人",这是教育的根本问题。校长在办学过程中,不仅要透过纷繁复杂的法律法规、政策文件、指示精神等文本看清根本问题的答案,并且要在实践中思考教育根本问题的实质及个性化的表述。① 习近平总书记在多次报告讲话中指出,我国教育要"培养有理想、有本领、有担当,具有奋斗精神、实干精神、创新精神的时代新人",同时又指出"我国是中国共产党领导的社会主义国家,这就决定了我们的教育必须把培养社会主义建设者和接班人作为根本任务,培养一代又一代拥护中国共产党领导和我国社会主义制度、立志为中国特色社会主义奋斗终身的有用人才"。由此看出,我国政府层面的教育价值取向不仅在于个体,更在于国家和社会,这是国际形势发展和我国社会主义事业发展的必然要求,也是习近平总书记关于教育的重要论述的新论断。教育培养目标必须先是建设者和接班人,然后才是有用人才,前者针对党和国家,后者针对社会和个人。习近平总书记强调的"理想信念、爱国主义情怀、品德修养、知识见识、奋斗精神、综合素质",指的是"立德",而"顽强奋斗、重视健康、增进美育、热爱劳动",指的是"树人"。因此,办学思想的凝练要指向教育根本问题,围绕立德树人根本任务,凸显时代性。

"启思明德,悟理达行"办学思想的精神实质蕴含三个方面的答案:第一是功能性回答:培养什么样的人才?第二是实践性回答:怎么培养人才?第三是价值性回答:为谁培养人才?三者直面教育根本问题,进行了学校层面的研究和探索。

首先,"启思"与"悟理"意味着思维建构与素养渗透,这是学生在掌握

---

① 陈长兴.基于立德树人的办学思想凝练——以"启思明德,悟理达行"为例[J].福建基础教育研究.2019(4):18-20.

必备知识基础上逻辑思维训练和学科素养培育，重视必备知识、学科素养的培养。"明德"与"达行"意味着品德养成与实践精神，强调学生的理想信念、家国情怀和个人修养，重视学生的实践能力与创新精神，注重关键能力、核心价值的培育，这是功能性回答。其次，"启、明、悟、达"是方法论，积极践行习近平总书记的"六个下功夫"，即"在坚定理想信念、厚植爱国主义情怀、加强品德修养、增长知识见识、培养奋斗精神、增强综合素质上下功夫"。先"启"后"明"是德才兼备，全面发展，先"悟"后"达"，是知行合一，学以致用，这是实践性回答。最后，"启思明德，悟理达行"的最终目的在于"德"与"行"，为人民服务，为中国共产党治国理政服务，为巩固和发展中国特色社会主义制度服务，为改革开放和社会主义现代化建设服务，为党和国家培养建设者和接班人，为社会和家庭培养有用人才，最终价值取向在于国家和社会，这是价值性回答。

二、深刻性

理论的深刻性指理论触及或逼近事物本质属性的程度。办学思想只有坚持"往下不断追问，往上不断追求"，力图接近教育本质，才能彰显深刻性。教育作为一种培养人的社会实践活动，其本质不仅是教育学的基本问题，更是教育工作者要面对的首要问题，它要回答的是"教育是什么"。一方面教育应该指向个体，要促进学生自身所具有的天赋、潜能、兴趣和爱好等的发展。我国著名学者顾明远先生认为："如果从生命发展的视角来说，教育的本质可以概括为：提高生命的质量和提升生命的价值。"[1]这是教育的对"个人的完善"。另一方面要促进学生的社会化和文明化，把人类社会所积淀的优秀文化成果传递给学生，让学生养成良好的公共行为规范、培养学生对美好品质的追求。如陈桂生先生所说："在这个意义上，社会化时代普遍尊重个人的独立人格、个性自由，其实这种普遍的对独立人格的尊重，正是新时代个人应有的社会性。"[2]这是教育对"个体社会化"。此外，教育还需要激发学生成长和发展的内驱力，让学生有高远的理想信念、坚强

---

[1] 顾明远.再论教育本质和教育价值观——纪念改革开放四十周年[J].教育研究，2018(5):4.

[2] 陈桂生.教育学究竟是怎么一回事——略议教育学的基本概念[J].教育学报，2018(2):3-12.

的意志品质和崇高的奋斗目标,这是教育对个体内心世界的完善。提高人的生命质量、尊重个人的独立人格和个性自由,体现了人本化追求,其基础是个体获得幸福与尊严,关键在于自我精神和道德判断的生成,这就是"个性人格"。提升人的生命价值、培养个人对美好品质的寻求,揭示了社会化追求,其基础是个体奉献能力与品质,关键在于核心素养和理想信念的养成,这就是"道德人格"。从教育哲学角度看,"教育为何成'人'?成什么'人'?须从教育价值、教育目的进行探讨"。① 其实,从教育实践角度看,则必须从人本化和社会化两方面进行研究。校长的教育思想必须从不同角度反映、逼近、触及教育事业的这些本质特性。

"启思明德,悟理达行"办学思想关注教育与人、教育与社会的关系,认为教育与社会共存,与人同在,是各个社会所共有,人所必需。"启思明德,悟理达行"办学思想是对教育如何成"人"的不断追问、为何成"人"的不断思考及成什么"人"的不断批判的结果。首先,从"启思"到"明德"是从掌握必备知识到具有道德品格的质变,即从客观知识、技能、"多方协调的兴趣"到道德人格、"道德性格的力量"的转变,注重学思结合、德才兼备、全面发展;从"悟理"到"达行"是从理解生活到创造生活的蜕变,即从"描述事实,解释某种现象发生的原因、条件,从而发现事物的内在联系,揭示事物内在的规律性"到"主观见之于客观的活动,以认识为基础的改造客观世界的有目的的活动",注重知行合一、学用结合、学以致用,这是实践方法和培养模式,是如何成"人"的不断追问。其次,"明德"与"达行"即是弘扬美德服务社会,尊重生命、尊重公正、尊重平等,尊重环境、世界观和知识体系的多样性。培育包容性,使人人过上有尊严和幸福的生活,提升个体生命的价值,间接回答了为何成"人"的思考。最后,"启思明德,悟理达行"注重道德养成和人格健全,主张共享并且互相交流的各种善良和完善,例如世界观、人生观、价值观、公民美德和正义感。提高生命质量,培养精神自由、思想自主、全面发展的人,是对成什么"人"的不断批判。

三、逻辑性

广义上,逻辑泛指规律,包括思维规律和客观规律。思维规律又称思考规律,是逻辑的公理基础,是客观世界在人们意识中的反映,是思维对事

---

① 冯建军.新时期我国教育哲学发展的三个基本问题[J].教育研究,2015(1):11.

物发展过程中的本质联系和发展的必然趋势的再现。客观规律是指不以人的意志为转移的客观存在的规则。它是事物运动过程中固有的、本质的、必然的、稳定的联系，独立于意识之外。思维规律和客观规律的一致是在认识中实现的。反映同一规律是思维的基本规律，是把形式逻辑规律的公式中思想对思想的关系扩展到思想对存在的关系上。

逻辑性是指发展过程恪守逻辑规则和符合客观规律的程度。考察办学思想的逻辑性要从两个方面入手：一是思想体系建构过程中恪守逻辑规律的程度，这个过程"指人们在实践中获得关于客观事物的感性认识，随后对它进行加工制作，上升到理性认识；再把这种理性认识按照一定的逻辑进行必要的整理，使之条理化系统化为一个严整的体系，从而形成理论的抽象经过"。[①] 恪守程度主要观察是否从回答基本问题的知识开始，是否确定理论的逻辑起点，是否推断出理论的核心概念，能否沿着演绎逻辑链条，能否向具体层面的知识逐层演绎推论。二是思想体系建构过程中符合客观规律的程度，这个过程就是用马克思主义立场观点方法，发挥主观能动性，把握客观规律的内在性，透过现象看清本质、把握规律；把握客观规律的条件性，发挥主观能动性创造条件、利用规律。符合程度主要观察能否认识客观规律，能否遵循客观规律，能否利用客观规律。

在恪守逻辑规律方面，启悟教育办学思想遵循逻辑链条与理论体系同时展开的原则，按照确定逻辑起点（启悟）—推断逻辑基项（启思明德，悟理达行）—回答基本问题（内涵特征）—演绎具体理论（体系）的理论建构顺序进行抽象、概括与描述，理论建构之前的追本溯源算是理论体系的背景，理论建构之后的实践知识算是理论体系的产物。一方面，逻辑起点和逻辑基项的确定是观点、看法抽象成为理论的基础。"启悟"是启悟教育最基本的范畴，是启悟教育的研究对象，也是启悟教育的历史起点，并且对即将展开的启悟教育这个办学思想体系来说，"启悟"是"胚芽"，因此确定"启悟"是逻辑起点。"启悟"到"启思明德，悟理达行"是个最抽象到次抽象的过程，也是逻辑演绎的过程，"启思明德，悟理达行"作为逻辑基项，构成理论体系的中枢和轴心。另一方面，内涵特征和具体内容是观点、看法抽象成为理论的核心。内涵特征包括教育本质、教育规律、教育价值的追求与呈现，具体内容包括对顶层设计、机制制定、制度建立、文化建设、课程建设、教育教

---

① 周越，徐继红.逻辑起点的概念定义及相关观点诠释[J].内蒙古师范大学学报（哲学社会科学版），2006(9)：16-20.

学和队伍建设等的看法与观点。

在符合客观规律方面,启悟教育没有回避教育规律这一重大课题,既从客观性、必然性和普遍性入手研究,也从应然性、选择性、方向性入手思索。认为从教育客观力量体现在教育规律不以任何个人的特殊意志和价值追求为转移,并制约个人意志和行为。从人的主观能动性之于教育的可能来说,教育规律虽然是客观的,但教育活动并不是在真空中完全凭主观意志进行的,而总是在直接碰到的既定的条件下,在特定的历史前提下进行的,因而教育规律是可以被追求和认识的。潘懋元先生的研究成果具有代表性,得到广泛认同。其主要观点是,教育有两条基本规律,一条是教育外部关系规律,一条是教育内部关系规律。前者是指教育作为社会的一个子系统与整个社会系统及其他子系统——主要是政治、经济、文化系统的相互关系的规律;后者指的是教育作为一个子系统,它的内部各个因素或子系统之间的相互关系的规律。[①] 从这个角度出发,教育内外两个基本规律可以表述为:"教育要适应并促进社会的发展,教育要适应并促进人的发展。"[②]"启思明德,悟理达行"办学思想从学校角度出发,认识并遵循教育规律,积极探索"如何适应并促进社会发展"和"如何适应并促进人的发展"两大命题。一方面,"思、德、理、行"坚持社会主义办学方向,以立德树人作为根本任务,创新育人模式,以德为先、全面发展、知行合一、学以致用。注重培育学生的道德品质和健全人格,注重德智体美劳全面发展,为改革开放和社会主义现代化建设服务,为党和国家培养时代新人,为社会和家庭培养有用人才,让学校教育适应并促进社会发展。另一方面,"启、明、悟、达"反映了人本化的教育理念,关注学生个性化、多样化的学习和发展需求,有教无类、因材施教。有计划、有目的、有组织地培养学生核心价值、学科素养和关键能力,培养学生"兴趣的多方面"和"道德性格的力量",促进学生主动、生动发展,培养德才并重、情理兼修、学用结合的善良完善之人,使学校教育适应并促进人的发展。

四、稳定性

稳定性是指办学思想通常会表现出明显的一贯性与统一性,能主动适

---

① 潘懋元.新编高等教育学[M].北京:北京师范大学出版社,1996:12-14.
② 伍正翔,柳海民.教育规律研究三十年[J].上海教育科研,2008(10):7.

应学校及其环境发展,不会发生突变,也能够在一段时期内甚至很长时间内指导学校的办学实践。办学思想是历史范畴、理论范畴,同时也是实践范畴,具有内在和外在的稳定性。一方面,这是因为办学思想是在教育实践、思维活动及文化积淀和交流中所形成的教育价值取向与追求,对教育价值进行根本性的思考与明辨后,通过概括、思辨和抽象形成的逻辑性极强的价值理论体系,在这个过程中,办学思想逐渐触及教育价值属性及属性之间的联系,而价值属性及其联系是不以人的意志为转移客观存在的,因此具有内在的稳定性。另一方面,在学校发展历史进程中及校长长期办学实践中,共同的价值观念逐步外显并起作用,再经过长期的杂糅、融合、沉淀,逐渐形成稳定的价值追求,这些价值追求经过实践检验,最终形成独特的价值观念体系,成为办学思想,因而办学思想具有外在的稳定性。办学思想的稳定性在于其价值追求的稳定性,或者说,稳定的价值观念保持了办学思想的统一和连贯。

教育价值作为教育学基础核心理论,"关系说"是主流意见,认为教育价值应该是"教育作为社会系统中的一种客体,对社会主体和个体主体的发展需要的一定满足(适合、一致、促进等)"。① 在分类上,持"关系说"的学者杨志成和柏维春认为,教育价值应该分为"教育的政治性价值、教育的经济性价值、教育的社会性价值、教育的文化性价值和教育的教育性价值"。② 其中,教育性价值是教育客体与个体主体的价值关系,是直接的、最内层的关系,社会价值和文化价值是教育客体与社会范畴主体的间接的、第二层的价值关系,政治价值和经济价值是教育客体与社会范畴主体更间接的、第三层的价值关系。研究教育价值不可避免地涉及教育价值取向,两者是不同的概念,前者是客观静止的,后者是主观动态的。教育价值取向是教育价值的主观反映,刘旭东认为教育价值取向是"教育主体在教育活动中根据自身需求进行教育选择时所表现出来的一种价值倾向性"③,但教育价值不会因价值取向的改变而变化,它是稳定连续的。价值取向有国家取向、社会取向和个人取向之分。而教育评价极大地影响了教育实践中的价值取向。高考作为规模最大、社会认可度较高的评价方式,其用意是要做

---

① 王卫东.教育价值概念的历史考察与理论分析[J].北京师范大学学报(哲学社会科学版),1996(2):33.
② 杨志成,柏维春.教育价值分类研究[J].教育研究,2013(10):19.
③ 刘旭东.论教育价值取向[J].青海师范大学学报(社会科学版),1992(1):94.

到国家取向、社会取向和个人取向的统一,具有多元性和包容性。但家长群体、百姓群体和部分教育行政部门等社会主体将"升学率"作为评价学校教育价值的主要甚至是唯一标准。在压力面前,基础教育学校出现了教育价值失序现象,"唯分数论"等价值观充斥流行,使教育实践偏离了内在价值。与"立德树人""高考评价体系"一样,学校层面的"启思明德,悟理达行"意在纠正教育价值失序观念及行为,让教育实践活动真正体现其直接价值和间接价值。

"启思明德,悟理达行"办学思想体现着三个层次的教育价值观。首先,"启思明德,悟理达行"直接面对学生个体,通过"启、明、悟、达"反映学习规律,促进人的个性发展;而"思、德、理、行"涵盖德智体美劳,促使学生全面发展;"启思"后能"明德",以德为重,"悟理"后能"达行",学以致用,保证了学生的持续发展,体现了第一层次的教育性价值。其次,"明德、达行"体现了教育对优秀传统文化、革命文化和社会主义先进文化的继承弘扬、发展创新,同时促进人和社会的和谐发展,培养道德人格,体现了第二层次的社会性价值和文化性价值。最后,学生个体通过"启思明德,悟理达行"办学思想下的教育,提高了身心素养、人文素养和科学素养,间接作用于劳动力生产与再生产、科技生产与再生产,体现了经济性价值。同时,培育了政治素养、思想素养和法治精神,间接作用于主流政治意识传播及合格接班人培养,体现了第三层次的经济性价值和政治性价值。

五、创新性

理论创新是指人们在社会实践活动中,对历史进程中不断出现的新情况、新问题,不断进行理性分析和理性解答,对认识对象或实践对象的本质、规律和发展变化的趋势作新的揭示和预见,对人类历史经验和现实经验作新的理性升华。简单地说,就是对原有理论体系或框架的新突破,对原有理论和方法的完善发展,以及对理论禁区和未知领域的不断探索。教育绝不能被动适应社会现状,成为蒙上眼睛的驴子,跟在社会的背后亦步亦趋,教育有责任在实然的根基上不断超越,追求应然的美好。[①] 继承与发展、继承与创新是办学思想建构过程中的必备品质和精神动力。在教育现代化大潮中,校长在建构办学思想体系时要以博大的胸襟、开阔的视野、开

---

① 杨建朝.教育家办学的精神特质论析[J].教育发展研究,2011(2):19-22.

放的心态，敢于冲破传统观念和体制的束缚，借鉴人类文明的优秀成果，在学校核心价值、办学制度、校园文化、学校管理、课程建设、教育教学等多方面小心求证，大胆探索，努力形成富有创新性的办学思想。

在继承与发展方面，启悟教育继承并发展了马克思主义以人为本，实现人的自由全面发展的教育导向和趣旨。一方面，"启思明德，悟理达行"办学思想强调人的自由全面发展是历史实践活动过程中人类实现自身目的的"客观理想性要求"。指向个体、尊重个体，以人为中心，尊重教育对象生理心理以及个性的发展规律；尊重多样、尊重多元，根据不同学生主体的不同个性特点采取恰当的教育方式，有教无类、因材施教；重视理论与实践、重视学习与运用结合统一，知行结合、学以致用。这彰显了"启思明德，悟理达行"办学思想注重促进学生个性和人的全面发展的理念。由此可见，启悟教育继承了马克思主义把人的全面发展作为教育目标的理念。另一方面，"启思明德，悟理达行"多视角、多层次、多维度阐释了教育对人、对社会、对国家的重要意义，拓展了马克思主义关于教育本质和教育价值的观点。除了具有个人价值取向外，"启思明德，悟理达行"还包含社会价值取向，为改革开放和社会主义现代化建设服务，以培养具有理想信念、爱国主义情怀、品德修养、知识见识、奋斗精神、综合素质的德智体美劳全面发展的人为目标；同时，"启思明德，悟理达行"也蕴含国家价值取向，为中国共产党治国理政服务，为巩固和发展中国特色社会主义制度服务，把培养社会主义建设者和接班人作为根本任务，以培养一代又一代拥护中国共产党领导和我国社会主义制度、立志为中国特色社会主义奋斗终身的有用人才为目标。

在继承与创新方面，启悟教育继承并创新了现代教育理论中教育目的的思考与研究。从受教育者的角度出发，将教育目的分为受教育者的内在需求和外在需求两个方面进行分析探讨，创新性地将高考应试需求纳入受教育者的外在需求。一方面，启悟教育认为，受教育者的内在需求与教育本质属性相吻合，因而"启思明德"注重培养现代意义的道德人格，包括价值观、公民美德和正义感等，以形成个人能力多方向发展的独立人格为价值追求，培养"多方协调的兴趣"，以维护和增强个人在其他人和自然面前的尊严、能力和福祉为目标，培育"道德性格的力量"。另一方面，启悟教育没有回避高考应试，认为高考应试绝不是社会文化的倒退，而是进步过程中的一种暂时现象，也是历史的必然。受教育者最大的外在需求就是应试成功，以进入高一级学校继续接受教育，回避应试化倾向而无视受教育者的外在需求是掩耳盗铃、自欺欺人,将被现实社会抛弃。"启思明德,悟理达行"办学思想积极落实立德树人根本任务,直接对接高考评价体系,以学生的德才兼备、全面发展为目标,以学业减负增效及教育提质达标为核心。"启思明德,悟理达行"努力培养学生的核心价值观念,引导学生培育和践行社会主义核心价值观,继承弘扬中华优秀传统文化、革命文化和社会主义先进文化,增强中国特色社会主义道路自信、理论自信、制度自信、文化自信,重视学生的政治素质、道德品质和思想方法的培养。追求学科素养的培育,指引学生在面对生活实践或学习研究问题时,能够在正确的思想价值观念指导下,合理运用科学的思维方式方法,有效地整合学科相关知识,运用学科相关能力,高效率地认识问题、分析问题和解决问题。重视关键能力的培养,培养孩子认识客观世界的知识获取能力、解决实际问题的实践操作能力、逻辑推理的思维认知能力。重视必备知识包括社会科学和自然科学的基本事实、基本概念与基本原理组成的知识体系的掌握。

六、独特性

办学思想是校长个人对学校办学历史、教育本质属性、教育目的规律、教育发展趋势的理性认识的精华聚结。由于个人教育背景、教育经历、思想认识、学校与学校之间、校长与校长之间、办学环境、办学经验及信念等诸多方面的差异,使得校长的办学思想带有鲜明的个性化特征,具有较高的辨识度,表现为办学思想的独特性。此外,作为学校发展的总体指导思想,办学思想应充分考虑学校的地理位置、办学层次、培养对象和学校特色等情况,立足学校实际,继承学校的优良办学传统,体现时代精神要求,反映出校长独特的办学思考、人生信念与理想追求。这种独特是一定范围内的独到,它既指形式上,也指内容上。办学思想的独特性是学校办学的灵魂,并且是学校间相互区别的本质所在。当然,办学思想并不是别出心裁的标新立异,而是具有普遍指导意义的教育思想与学校具体实际的完美结合。①

孔子说:"名不正则言不顺,言不顺则事不成。"从形式上说,名称最能体现独特性。"启悟"原义为"启发使觉悟",寓意深刻、格调高雅、底蕴浓郁,有激励和昭示作用,富有教育韵味。"启悟"是曾经的校名,言简意赅、

---

① 刘光棋.论办学思想[J].西南师范大学学报(人文社会科学版),2000(3):75-80.

简洁响亮、易读易记识别性强。"启悟"传承130年办学历史中的办学传统、办学特色和奋斗精神，文化内涵丰厚，家喻户晓，传播性强。

在内容上，由"启悟"引出的"启思明德，悟理达行"高度概括了教育本质、教育目的和教育规律，富有时代特征，顺应发展潮流，充盈着实践指导意义。其一，"启思明德，悟理达行"追求人本化，努力提高人的生命质量，尊重个人的独立人格和个性自由，追求个人幸福与尊严，同时追求个人社会化，提升人的生命价值，尊重个人对美好品质的追求，重视个体奉献能力与品质。其二，"启思明德，悟理达行"遵循教育规律，以立德树人作为根本任务，注重培育学生的道德品质和健全人格，注重德智体美劳全面发展，为改革开放和社会主义现代化建设服务，为社会和家庭培养有用人才，让学校教育适应并促进社会发展。同时关注学生个性化、多样化的学习和发展需求，培养学生"兴趣的多方面"和"道德性格的力量"，促进学生主动、生动发展，培养德才并重、情理兼修的善良完善之人，使学校教育适应并促进人的发展。其三，"启思明德，悟理达行"追求教育内在价值，促进人的个性发展、全面发展、持续发展，体现了教育性价值。继承弘扬优秀传统文化、革命文化和社会主义先进文化，促进人和社会的和谐发展，培养道德人格，体现了社会性价值和文化性价值。培育人文素养和科学素养，直接作用于劳动力生产与再生产、科技生产与再生产；培育政治素养、思想素养，间接作用于主流政治意识传播及合格接班人培养，体现经济性价值和政治性价值。

第三章

启悟之体

启悟教育办学思想以自己独特的教育价值观、学校文化观、课程观、教学观、学生观、教师观、教育质量观、学校治理观和教育评价观等为支撑,构建理论体系。

第一节 启悟的教育价值观

教育已经成为当今社会各种力量实现其发展愿景的交汇点,教育的社会影响越来越大,不可否认的是,教育已经从社会边缘走向社会中心,各种利益主体都希望通过影响教育活动以实现自身的利益。当不同主体的教育价值取向同质合拍或者取得平衡,学校教育价值的实现就成为可能,否则就会遭遇"取向紊乱",教育价值难以实现。

一、教育价值

价值就是客体满足主体需要之间的一种特定关系,具有时代特征。马克思指出:"'价值'这个普遍的概念是从人们对待满足他们需要的外界物的关系中产生的。"[①]因此,价值的内在特质表现为客观性和不确定性。教育价值是教育对人和社会的意义或作用,就是教育实践过程中各方主体的

---

① 中共中央马克思恩格斯列宁斯大林著作编译局.马克思恩格斯全集:第19卷[M].北京:人民出版社,2013:406.

需要和期望与作为客体的教育实践之间的一种特定关系。教育是人自己成为自己、未成年人成年、个体社会化的活动,是人的价值的自我形成与人的质量的自我提升。教育的价值在于发现、挖掘、发挥、形成、引导和限制人的价值。其中,人的最高价值是精神价值,它是人的价值与其他事物的价值的根本区别,其实质是知识、能力和思想品德的价值。要通过有价值的知识、能力和品德的教育形成人的精神价值,进而达成人的价值。教育价值理论主要探讨的问题有教育价值的概念特征和教育价值的分类问题。教育价值的分类主要从教育哲学和教育学两个角度进行。

一方面,从教育哲学角度看,教育的价值是教育哲学的基础性核心问题。从最基本的方面而言,教育的价值主要从社会需要或从人的发展来论述教育价值。[①] 教育价值包括两个方面:从教育与人的关系来说,教育对促进人的发展需要的满足称为教育的内在价值;从教育与社会的关系来说,教育对社会需要的符合和满足称为教育的工具性价值,教育符合并促进社会的发展是以教育培养社会需要的人为出发点和归宿的。内在价值主要是指一个事物本身的意义;所谓工具价值,就是指事物为达到一定的目的所起的作用。实用主义教育哲学比较重视工具性价值,马克思主义教育哲学则主要强调教育促进人的全面发展和人的社会发展两个方面。教育的内在价值实现的过程实质上是教育对人的个性化过程。教育通过知识的传播直接发展着人的精神能力、道德感、审美能力和创造力。教育促进了人的自身的发展和进步,同时也促进了人类社会的进步和发展。但是人的发展有正向和反向之分,教育对人的正向发展的满足,能促进社会的进步;教育对人的反向发展的满足,则会给社会带来危害。教育工具性价值的发挥,其实质是教育对人的社会化的过程。教育在人的发展过程中是发挥重要作用的社会化范畴。教育把社会体系的有关要素、规范纳入个体的自我。在这个意义上说,教育的工具性价值规范着教育内在价值的方向,教育的内在价值是实现教育工具性价值的前提和基础,两者不是相等的,也是不可以互相替代和让渡的。[②] 工具性价值侧重于增强社会的内聚力,以维持现行秩序,以社会责任感为纽带强调统一和共性,具有鲜明的集团倾向和历史界限。内在价值侧重于个人的创造力,以追求发展,以实现自我为动力突出差异和个性,具有超越时代、地域和集团局限的普遍性和人文

[①] 黄济.教育哲学通论[M].太原:山西教育出版社,2011:414.
[②] 高立平.教育价值与教育价值观[J].山东教育科研,2001(6):15-16.

性等。

另一方面,从现代教育学看,教育的主体主要指人及人类社会。教育的价值也就是教育作为客体相对于人及社会的有用性。一般把教育所依赖的社会主体视为广义性社会范畴,其中包括社会政治、社会经济、社会文化科技等内容。① 若从教育的社会因素分析,社会范畴包括社会与政治、经济、文化、教育平行的社会关系。对教育产生重要影响的教育主体主要包括:政治性主体、经济性主体、社会性主体、文化性主体、教育性主体等。根据教育的主体不同,所期待的教育表现出不同的价值,具体表现为教育的政治性价值、教育的经济性价值、教育的社会性价值、教育的文化性价值和教育的教育性价值。②

教育的教育性价值主要指教育促进人的发展的教育性价值。教育促进人的发展是教育的基本目的和基本功能,③表现在教育促进人的个体的发展价值、教育促进人的全面发展价值、教育促进人的持续发展价值。教育的文化性价值是教育对人类文化发展与交流的价值,教育影响文化发展,文化也反作用于教育的发展。③教育的文化价值主要体现在教育对文化的继承和传递价值、教育对文化的传播和交流价值、教育具有文化创新和更新价值、教育的文化价值对教育具有反作用价值。但教育的社会属性没有本质变化。教育的社会价值是教育促进社会发展的价值。自诞生以来,教育就具有社会属性。教育的社会性价值主要体现教育对人的社会化价值、教育具有推动社会发展和社会改造价值。教育的经济价值是指教育在促进社会和经济发展中的价值,以及优化教育本身发展利益方面的价值。教育的经济价值主要体现在教育的劳动力生产和再生产价值上。教育的政治性价值也称意识形态价值。③教育的政治价值伴随着阶级社会的出现而出现,并具有非常鲜明的阶级性质。政治属于社会上层建筑的范畴,它基于一定的社会经济基础,反映了社会经济基础并在其中发挥作用。在受控和依靠于政治的过程中,教育也充分体现了其政治价值。教育的政治性价值主要体现在教育的政治性育人价值、教育的政治宣传价值、教育的政治进化发展价值。可以看出,教育基于其所依赖的主体,形成了教育的教育性价值、文化性价值、社会性价值、经济性价值和政治性价值。其中,教

---

① 黄济,王策三.现代教育论[M].北京:人民教育出版社,1996:2-16,37.
② 杨志成,柏维春.教育价值分类研究[J].教育研究,2013(10):18-23.
③ 袁振国.当代教育[M].北京:教育科学出版社,2004:65.

育性价值主要是基于人的个体发展所体现的价值属性;文化性价值是基于教育对人的个体和群体教育的直接结果形成的价值属性;社会性价值是基于教育对人的一般社会化结果形成价值属性;教育的经济性价值主要是通过教育在促进人的个体发展过程中产生的文化(科技)、社会价值结果的间接性生产价值;教育的政治性价值则是通过教育对人的发展、文化(科技)发展和经济、社会发展间接促进社会阶级、阶层、政权与社会制度发展的价值。教育的教育性价值、文化性价值、社会性价值、经济性价值和政治性价值具有递进性关系,其中教育性价值是第一层的直接价值,文化性和社会性价值是第二层的间接价值,经济性价值和政治性价值则是第三层的更为间接的教育价值。

二、教育价值观

教育价值观是人在教育活动中对所追求的价值理念和目标的反映,是人从特定的背景、立场和发展需要出发,对教育活动的价值和功能的看法和认识,也是对人自身发展需要的检视。[①] 教育价值观是人们对教育作用于社会发展和人类发展的多重功能和属性的期望,它贯穿教育活动的整个过程,对教育活动具有重要影响。教育价值反映了人们在教育实践中对教育理念的整体把握,并通过实现观念层面的变化来促进行动的变化,最终实现教育价值对教育实践的影响。教育价值观鼓励人们改变对现有教育实践和教育问题的认识,从而形成新的教育观念,或者丰富原始的教育观念,并不断促进教育价值观的能动作用,来促进人们意识的更新与深化。意识的这种深化也反映了人们意识的转变,有利于合理价值观念的形成,并指导实践活动的顺利进行。

在现实的教育活动中,人们的教育价值观悄然地影响着教育实践。一般来说,教育价值观指导或改变教育实践有三种方式。一是教育价值观指引教育实践的根本目标。任何一种教育实践都是有其教育价值的,不存在没有教育价值的教育活动,也不存在具有恒久不变的教育价值的教育实

---

① 刘旭东.预设与建构——教育价值观演进的思考[J].教育理论与实践,2007(11):3-7.

践。① 不同时代，教育都有着不同的价值追求，而且无法独立于当时的社会制度，它的发展总是受到内在因素和外部因素的影响，但是无论如何发展，教育都离不开"适应并促进人的发展"这个价值追求。从这一层面来看，教育是有着终极价值的，即教育的终极价值是培育健全的精神人格。教育的终极价值是教育的本真价值或者说是教育的本质价值，它规定了教育之为教育的本质，也就是教育最本质的价值，"终极价值是教育应当追求的根本目的，而且只有把这种价值作为目的，才是正当的教育"。② 教育价值关注人们的幸福生活，这是教育的最基本要求，也是教育实践的基础。在教育实践活动中采用的所有方法和手段均基于这一基本要求。受教育的相对独立性和社会约束的限制，教育实践不能真正从人的本身开始，在不同时期，教育价值观也有特定的差异。但无论采用何种教育价值观，都脱离不了促进人的发展这一根本追求。教育实践需要充分关注源于教育内部的目的，这是因为"外部的目的观把手段和目的分离"，"目的和手段分离到什么程度，活动的意义就减少到什么程度"，③如果从教育的外部盲目地进行教育实践，那将使实践活动僵化而偏离人类的发展。教育价值指引教育实践目标的能动性长期而坚定地存在。二是教育价值观关注、把握并试图解决历史性与现代性的问题。教育发展中存在许多问题，但并非所有问题都得不到解决。并不是历史悠久的问题比新问题更值得讨论，反之亦然。关于对历史和现代问题的把握，教育价值关注的不是长期存在或新出现的问题，而是过去和现在的教育实践中最有争议的问题。比如教育公平、教育均衡、高考改革、课程改革等热点问题就是教育价值观对教育活动的价值判断，并且将这种价值判断、价值选择体现到具体的、当下的教育实践中去。教育价值解决热点问题的能动性短期并间接地出现。三是教育价值观对教育实践的预测。在当前至今后的较长一段时间内，教育的开展必然面临关于价值选择的问题。如何评价和观察历史上产生的各种教育价值，如何评价建立和改善教育的现状，以及如何把握教育的未来发展，都需要教育价值的参与。只有教育价值观进行了必要的价值判断与取舍，才能更好地发挥教育价值观对教育实践活动的指导作用，才能做出合理的教育决

---

① 汪路艳.教育价值观:教育哲学指导教育实践的中介[J].内蒙古师范大学学报（教育科学版），2017(12):30-33.
② 金生鈜.教育的终极价值与教师的良知[J].教师教育研究，2012(4):1-6.
③ 约翰·杜威.民主主义与教育[M].王承绪，译.北京:人民教育出版社，2001:117.

策,教育才会发挥真正的积极作用,教育活动才能有意义地进行。① 教育价值预测发展方向的能动性隐秘并真实地存在。

三、教育价值取向

价值取向是主体对某些外部客体价值的选择和追求,是价值的核心。不同的价值取向代表不同的价值本质,并影响价值的实现。教育价值取向是一种教育主体对教育作用的认识、对教育价值的认知、对教育功能的判断乃至观念行为等进行的抉择,是"教育活动主体在整个教育活动过程中,根据教育的属性、特点和主体认识、自身需求等所表现出来的价值倾向性"。② 从某种意义上说,教育的价值取向通过人们有意识的教育活动传达了价值倾向性。这种方法对教育产生更大的影响,间接地限制或促进了教育的发展。其最终目的是满足某种需求,成为追求目标过程中的行为选择。教育价值作为关系范畴是客观的,但教育价值取向作为认识范畴不是绝对和固定不变的,而是相对和变化的。教育活动如此复杂,总是涉及多个利益关系人的期待,多个教育价值主体始终是并存的,不同主体的需要和诉求各不相同,对教育价值的期望亦有差别。③ 不同价值主体所持有的不同教育价值取向都希望在教育实践中得到尊重和体现。根据教育主体的不同,教育价值取向可分为个人本位取向的价值观、社会本位取向的价值观和国家本位取向的价值观。

个人本位的教育价值取向与西方个人主义的哲学基础是密不可分的。雅典哲学家苏格拉底的教育价值目标是通过自我检查和自我分析来促进人的发展。德国教育家福禄培尔认为教育的主要价值目标是培养具有多方面兴趣的人。存在主义教育哲学认为,教育应以个人的"自我完善"为目标,在发现自我的境遇的认识过程中进行个人的自由发展,个人唯一可以接受的价值观是他自己选定的价值观。赫尔巴特认为,教育价值在于培养

---

① 汪路艳.教育价值观:教育哲学指导教育实践的中介[J].内蒙古师范大学学报(教育科学版),2017(12):30-33.

② 程晨,薛忠祥.从相关到本身:教育价值取向的应然[J].当代教育论坛,2016(2):45-49.

③ 戚业国,杜瑛.教育价值的多元与教育评价范式的转变[J].华东师范大学学报(教育科学版),2011(6):11-18.

学生树立"内心自由"、"完善"、"仁慈"、"正义"和"公平"五种道德观念,使人的个性得到充分自由发展。在实现中,个人是教育活动重要的利益主体,个人主体通常指学生和家长,学生是受教育者,但家长是教育费用的支付者,在许多情况下也是教育选择的决策者。现代教育体系中,学生的需要主要是学业成就、职业发展和自我完善,当然还应当包括经常被忽视的学校生活的获得感和幸福感;家长希望孩子在学校健康成长、成才、成功,能够为适应未来社会竞争做好充分的准备。家长和学生的这些期望和诉求当然会要求体现在教育实践中,而且这样的趋势越来越明显,他们的价值需要成为越来越不能忽视的力量。

社会本位的价值取向指追求社会政治、经济、文化等与教育相关目的的价值选择,要求教育推动社会发展与进步,要求教育为建设美好社会做出贡献,希望教育推动社会文明与民主,实现不同社会组织和阶层各自的利益。柏拉图在《理想国》中论述,教育个人是在学校里接受善,成为一个完善的公民。他认为教育是培养国家公民的一种手段,通过教育来培养一个懂得如何行使和服从正义统治的公民是最终目的。波特认为,教育是个人加入社会团体的一种历程,个人要充分地参加社会生活,非对那社会的目的有相当的了解不可,了解愈多,生活愈丰富。杜威试图超越"个人本位"与"社会本位"的界限,但最终又倾向于"社会本位"的思想。进入21世纪之前,尽管我国认识到教育的价值是工具价值和内在价值的统一,这一理论也反映在我们的教育政策中,但它在理念和实践方面存在偏差,没有真正的统一。而是在现实中根据社会需要,用统一的模式和规范来培养孩子,很少考虑甚至完全忽略个人独立和自由发展的需求。这在当时客观历史条件下有存在的合理性。然而,随着利益主体的多样化,以及市场经济发展过程中个体独立性和自主性的逐步确立,教育不可避免地必须实现促进人的发展的内在价值和促进社会发展的工具价值的真正统一。

国家是教育的重要利益关系人,其利益代表是取得执政权的政府。国家对教育的需求是与国家的两个职能——政治职能和公共职能的实现密不可分的。作为教育举办者和行政管理者的政府,由于需要通过对教育的管理实现国家的政治职能,因此总会要求学校教育坚持一定的政治方向,传播主流政治意识和政治观念,培养拥护执政党的政治忠诚者,为执政力量培养后备接班人。国家的另一使命是实现公共职能,推动社会的文明进步、民主、公平和传承社会文化,为此要求教育要服务于政治、经济、科技与文化的发展。国家把这些方面的需要作为自己的主要利益,因此其教育价值取向体现在教育活动能否满足这些需要上,国家通过自己的教育价值取向主导教育实践活动,运用国家级教育评价推动教育实现自己的利益。

三类教育主体的需要有交集,更有矛盾与冲突,在现实的教育活动中,无论哪个单一主体用自己的教育价值取向去主导教育实践已无法被认同,教育中不同的利益关系人强烈要求将他们的教育价值体现在教育实践中,以实现各自在教育中的利益与价值。

四、启悟的教育价值观

学校教育价值取向的确立是个具有综合性、复杂性的反思过程,需要建立在对学校教育、时代发展、人性完善等进行思考的基础上。这些思考作为前提性观念系统,它们的合理性往往直接影响着价值取向研究的质量。教育增强了利益主体利益的实现,推动了各种利益主体对教育的关心和参与,由于教育利益主体多样和需求的不同,多元的教育价值观形成并发挥越来越大的作用,单一的教育价值更多地受到多元教育价值的挑战,对教育评价提出了不同的质疑和要求。从这个角度出发,"为什么而教育"就是一个价值取向的问题,它是思考一所学校发展的逻辑起点,决定了学校的办学目标、培养目标、管理者的办学思路和教师的行为取向,无论是哪一种类型的学校,在办学过程中首先都要对这个问题做出明确的回答。因此"为什么而教育"是一个不能被模糊的根本性问题,这个问题在学校的日常教学和管理过程中不能存在认识上的偏差,更不能因暂时性的、经验性的事实做出似是而非的价值判断。

"启悟"的价值观体系是以"启思明德,悟理达行"办学思想为核心,以办学目标、培养目标、校训、教风、学风等为支撑的系统性结构。其中,办学目标为"兴贤育才",培养目标为"德才兼备",校训为"守正出新",校风为"知行合一",学风为"成德达材",教风为"敬业乐群"。这个价值体系关注人的意义自由地、充分地自我生成,提高人的生命质量;又关注个人社会化,培育人的道德人格,提升人的生命价值。在个人价值取向、社会价值取向和国家价值取向中取得平衡,有效指导学校教育实践活动,实现学校教育的原本价值。

"启思明德,悟理达行"办学思想体现着三个层次的教育价值观。首先,"启思明德,悟理达行"直接面对学生个体,通过"启、明、悟、达"促进人的自由发展;而"思、德、理、行"涵盖德智体美劳,促使学生全面发展。"启思"后能"明德","悟理"后能"达行",保证了学生的持续发展。自由、全面、持续发展体现以个人的"自我完善"为目标,培养学生树立"内心自由"、"完善"、"仁慈"、"正义"和"公平"的道德观念,使人的个性得到充分发展,体现了第一层次的教育性价值。其次,"明德、达行"让个人在学校里接受善的教育,并积极参加社会实践,丰富生活,懂得如何行使和服从正义,成为一个完善的公民,从而推动社会发展与进步,推动社会文明与民主,实现不同社会组织和阶层各自的利益,体现了第二层次的社会性价值和文化性价值。最后,学生个体通过"启思明德,悟理达行"办学思想下的教育,提高身心素养、人文素养和科学素养,间接作用于劳动力生产与再生产、科技生产与再生产,体现了经济性价值。同时,坚持社会主义办学方向,培育学生的政治素养、思想素养和法治精神,传承主流政治意识和政治观念,以培养社会主义建设者和接班人作为根本任务,培养一代又一代拥护中国共产党领导和我国社会主义制度、立志为中国特色社会主义奋斗终身的有用人才,体现了第三层次的经济性价值和政治性价值。

第二节　启悟的学校文化观[①]

在彰显文化自信的新时代,学校文化建设方兴未艾,仍然是学者研究热点之一。学校文化有价值导向、行为约束、人心凝聚、异质同化、文化育人等功能。学校文化在发挥提升办学效益的作用时,与其他手段相比,具有效率最高、成本最低、烈度最小、成效最好等特点。

一、学校文化

在中国古代思想史上,汉代刘向《说苑》首次把"文化"连用:"凡武之兴,谓不服也;文化不改,然后加诛。"晋代束皙《补亡》写道:"文化内辑,武功外悠",都指的是"文治和教化"。"文化"一词指对人施以文治教化,把未

[①] 本节内容选自笔者发表于《福建教育学院学报》2020年第6期的文章《厘清内涵　特征　把握学校文化建设方向》,有修改。

成年人培养成有学识道德的人的过程,含有"以文化之"的意义。现代意义的"文化"的概念是由英国人类学家泰勒在1871年提出,他认为,文化是一个复杂的总体,包括知识、信仰、艺术、道德、法律、风俗以及人类在社会里所得到的一切能力与习惯。① 这是叠加式描述式的定义方式,强调"文化"是"复合整体"。梁启超也认为:文化者,人类心能所开释出来之有价值的共业也。② 1989年版的《辞海》将"文化"定义为:广义的文化指人类社会历史实践过程中所创造的物质财富和精神财富的总和,狭义的文化指社会意识形态以及与之相适应的制度和组织结构。

最早提出"学校文化"概念的是美国社会学家华勒。1932年,他在其《教育社会学》一书中使用了"学校文化"一词并给出了定义:"学校中形成的特别文化……,能满足学生的需要,这种特殊文化的存在,可能是结合各种个体形成学校的最有效因素。"③这个含糊的定义为后来研究者留出探讨的空间,如皮特森教授的"学校文化是一组规范、价值和信念、典礼和仪式、象征和事迹,这些因素构成了一所学校不同于其他学校的个性,正是这些不成文的因素随着时间的流逝促使教师、管理者、家长和学生一起工作,一起解决问题,共同迎接挑战和面对失败"。④ 理查森的"学校文化就是许多个体价值和标准的积聚与融合,是对'什么是最重要的'的一致性意见;是群体的期望,而不只是个体的期望;是每一个人做事的方式"。⑤ 理查森和皮特森的定义强调了学校文化的系统性和内隐性,使得学校文化的定义越来越精细。与国外学者一样,我国学者也大多从"复合整体"叠加式定义进行学理推衍,从不同角度对学校文化的概念进行了抽象,虽然尚未取得一致公认的定义,但都将学校文化看成是学校自己的独特的文化,学校文化的主体是全体师生。如顾明远先生的"学校文化是经过长期发展历史积淀而形成的全校师生的教育实践活动方式及其创造的成果的总和"。⑥ 张东

---

① 爱德华·泰勒.原始文化[M].连树声,译.上海:上海文艺出版社,1992:1.
② 梁启超.什么是文化[N].学灯,1922-12-07.
③ 丁笑生.基于健康人格取向的青少年心理健康教育思考[J].思想教育研究,2016(12):89-91.
④ 李红霞.国外学者关于文化与学校文化的理解与启示[J].外国教育研究,2007(2):17-20.
⑤ 谢翌.关于学校文化的几个基本问题[J].外国教育研究,2005(4):20-24.
⑥ 顾明远.论学校文化建设[J].西南师范大学学报(人文社会科学版),2006(9):67-70.

娇教授的"学校文化是学校全体成员共同创造和经营的文明、和谐、美好的生活方式,是学校核心价值观及其主导下的行为方式和物质形态的总和,包括学校精神文化(又称学校办学理念体系)、制度文化、行为文化和物质文化(三者合称学校办学实践体系)"。[①] 顾明远先生和张东娇教授的定义突出了学校文化的教育性和历史性。综合来说,学校文化是学校师生长期以来一起创造并共同遵守的行为准则和精神认同,内化为学校的信念价值观,外显为学校的生活方式、行为方式和意识方式。从外延看,学校文化包含精神文化、制度文化、行为文化和物质文化,精神文化是学校文化的核心,其他三种文化是学校文化的外显。

二、学校文化的特征

从学校文化的内涵进行归纳,可以得知,学校文化具有历史性、内隐性、教育性、系统性等特征。

文化的形成具有其历史性特征,学校文化也不例外。从学校诞生开始,学校文化就同时诞生,并随着学校的发展而发展,这就是学校文化的历史性特点。学校在长期办学过程中,一些给师生带来获得感、幸福感、自豪感并对学生成长、教师发展、学校进步有莫大帮助的约定、制度、行为方式,自然能够保持生命力,在师生中保持存在,成为一种约定,成为师生之间的一种共同气质,长久后成为学校文化特征的行为准则;同时,师生在一起学习、一起生活,共同迎接挑战、克服困难、收获成功的过程吸纳、产生的理念、方法、思想、信念,在师生心中产生正反馈,内化为共同的精神准则,代代相传,不断积累,成为学校文化的核心。对学校文化的历史性,还要注意以下几点事实。一是学校文化不仅源于自身的办学经历,也受到所处地域历史进程的影响。二是由于学校文化的历史性,企图在短期内建设学校文化的可能性很小。三是在办学过程中,学校文化的转折与创生一般与政府改革、社会动荡、经济发展、教育改革、办学环境关系最大,次之为校长的更替,最后是师生的流动。当然,必须说明的是,师生才是学校文化的创造主体,只是内生的文化会随着大环境的变化而变化。四是在某个办学历史时期形成的具有正面促进作用的学校文化主流,在过后的另一个时期却有可能成为阻碍教育事业发展的思想桎梏。

---

① 张东娇.论学校文化的双重属性[J].教育理论研究,2016(2):37-42.

学校文化既然是行为准则和精神认同,因而是形而下与形而上的杂合体,表现为"无形无影、有情有状","情"指的是道理、情理;"状"指的是关系、方式。学校文化对师生来说,大多情况是"只可意会,不可言传","不识庐山真面目,只缘身在此山中"。学校文化的内隐性是指学校文化的力量见之无影、摸之无形、听之无声、觉之无察,但又无处不在、无时不在。内隐性使得许多学校在建设自身文化过程中,用文字表述出来的学校文化与真正存在于师生间的生活方式、行为方式和意识方式大相径庭,甚至南辕北辙。在市场经济高度发达的今天,人们的生活节奏快速紧张,与此相对应的是,快餐性的学校文化、工业化的学校文化应运而生,"短平快"的学校文化建设大行其道,表现为建设功利性、浅层化和物质化,与学校文化内隐性产生冲突,不利于真正学校文化的创新发展。

学校文化的教育性就是"文化育人",文化本来就有"文治、教化"的作用。西方学者葛兰西认为,文化与教育是同义词——教育就是正规知识和习俗知识的生产、传播和传承的过程。① 学校文化反映了学校的核心价值观念和办学愿景,从而有意识、有组织地发挥教育作用;而社会文化则是凌乱无意识地以文化人。就主客体关系来说,学校师生(主体)创造了学校文化(客体),学校文化(客体)反作用于学校师生(主体),这就是学校文化的教育作用。学校文化教育性的核心是学校思想认知文化的教育性,即学校的文化价值取向、办学思想和理念是否遵循教育规律,是否遵循学生的成长规律,是否把学生的全面、协调和持续发展作为办学宗旨,这些教育文化的思想认知决定了学校文化建设的发展方向,是学校文化是否坚持了教育性原则的认知基础。② 学校文化在师生中内化于心、外化于行,有什么样的学校文化,将培养出什么样的学生与老师。学校文化是学校的灵魂,它影响着学校的办学思想、教育理念、人才培养。③ 从这个角度出发,学校文化的优劣极大影响着学校办学水平的高低。学校文化不仅是隐形而珍贵的课程资源,也是办学质量最客观的评价标准之一。

学校文化是"复合整体",是个"意义体系",具有明显的系统性。处于核心地位的是精神文化,它起着统率作用;中间层级是行为文化和制度文

---

① 弗雷德·英格利斯.文化[M].韩启群,张鲁宁,樊淑英,译.南京:南京大学出版社,2008:41.
② 杨志成.学校文化建设的解构与建构[J].中国教育学刊,2014(5):41-44.
③ 顾明远.论学校文化建设[J].西南大学学报(人文社会科学版),2006(5):67-70.

化,这两者是精神文化在关系和方式上的映射,是价值观念对行为和制度的认识和看法;处于最外层的是物质文化,以物化的形式反映价值与观念。学校文化的系统性是指学校文化是层次分明的整体,三个不同维度的指标处于三个层级,由内向外形成明确的秩序,同层级指标之间、指标层与指标层之间具有清晰的逻辑关系。精神文化由学校的核心价值观、办学理念、办学目标、培养目标、校训、校歌、校徽等组成。行为文化包括课程文化、教学文化、教师文化和学生文化;制度文化包括组织结构、章程制度和民主参与;物质文化指校园环境文化。整个系统完善一致,由内向外伸展,逻辑严密,结构齐全。

三、启悟的学校文化观

学校文化有价值导向、行为约束、人心凝聚、异质同化、文化育人等功能。在办学治校的所有方面,与其他手段相比,学校文化具有效率最高、成本最低、烈度最小、成效最好等特点。同时,优秀的学校文化通过师生家长的传播扩散,能提高社会对学校的满意度、美誉度和知名度,提升办学效益。因此,学校文化建设不仅成为研究者的热点,更是成为教育实践者的焦点任务。

针对学校文化具有历史性、内隐性、教育性和系统性等特征,"启悟教育"办学思想指导下的学校文化建设的方向为"继承与发展""表达与理解""守正与出新""解构与建构"。

(一)继承与发展

文化的继承与发展是人类繁衍生息的精神支柱与方向指引。没有文化的继承与发展,国家就不可能得到发展。[1] 学校亦不例外。为了更快、更好地发展学校,传承与发展成为建设学校文化的方向首选。继承学校传统文化要注意张岱年先生所言"文化传统一方面具有精神财富的意义,同时在另一方面也是沉重的包袱和前进的阻碍"[2],并不是全盘照搬,而是要批判性地看待学校传统文化的精华与糟粕。继承与发展学校文化可以借鉴

---

[1] 马振清.当前爱国主义被赋予什么样的时代内涵[J].人民论坛,2019(16):132-134.

[2] 张岱年.文化与哲学[M].北京:中国人民大学出版社,2006:312.

习近平总书记看待传统文化的"要坚持古为今用、以古鉴今,坚持有鉴别的对待、有扬弃的继承,而不能搞厚古薄今、以古非今,努力实现传统文化的创造性转化、创新性发展,使之与现实文化相融相通,共同服务以文化人的时代任务"。①

学校传统文化一方面来自学校所处地域的社会传统文化,包括当地百姓的人生观、价值观、世界观以及教育方面的教育观、质量观、学生观和教师观等,影响隐秘而持续,如社会上以高考成绩作为标准来衡量学校的教育教学质量时,会对学校的质量观念和教育实践活动带来直接且深刻的影响。另一方面来源于学校自身的办学过程,诸如"什么是教育教学,如何教育教学,为谁教育教学""什么是学习,如何学习,为谁学习"等一些本质性、哲学性的问题会在师生的学校生活中不断涌现、追问、寻答,慢慢内化为师生的信念、规范和方法,积少成多,化零为整,不断丰富学校的文化内涵。

学校传统文化的"创造性转化、创新性发展"还有一个方向问题,即往哪儿转化、往哪儿发展。原则上是向善、向上、求真、求美,在学理层面要符合教育本质、遵循教育规律、体现教育价值;在实践层面要符合国家教育方针政策,遵循教育改革发展方向,体现教育时代需求。

(二)表达与理解

学校文化是在长期办学实践过程中逐渐形成的,若是欲在这个历史进程中的某个时间节点强行突然性地建立整个体系,不仅违背文化形成的规律,并且会得到虚假的、表面的学校文化。但学校文化的巨大作用又使得人们无法不重视其建设发展。这时,人们应该站在现今方位,以思维体系的视角,审视学校文化的历史脉络,把握学校文化的已有思想内涵,并且清晰地描述界定,才能为其今后的发展做准备。美国数学家、教育家、哲学家怀特海的《思维方式》中关于思想创造的理论可以借鉴。怀特海在这本书的第一部分"创造的冲动"中提出人类创造经验和思想的模式——重要性、表达、理解。对重要性的感受先于表达,而表达又先于理解,没有表达,则理解必然不能实现。②"重要性"和胡塞尔的"没有无意向性的思想"中的"意向性"异曲同工,"表达"是累积保存经验,"理解"则是赋予经验以意义。从"重要性"到"表达"再到"理解"体现了一种科学的思维方式,一种有效的

---

① 习近平谈治国理政:第2卷[M].北京:外文出版社,2017:313.
② 怀特海.思维方式[M].刘放桐,译.北京:商务印书馆,2004:1-37.

学习方式。对已有的学校文化的整体把握可以使用怀特海的模式,当然第一步"重要性"无须赘述,直接跳过,从第二步开始。

表达是对重要性的呼应。在学校文化建设中,将觉察、体会到的具体事物、过程、看法进行概括归纳,以合乎规范的语言描述出来,进行经验的积累保存。这是个思辨环节,必须将大量无组织、零散无序的事物或关系按一定逻辑线索整理、归纳、概括,以利于表达的顺利进行。一般来说,现有的学校文化隐藏在三个时空方位:环境、历史、现今。以厦门市同安实验中学为例详细说明,"环境"指的是学校所处地域的文化传统,学校所处的闽南地区,历来有"爱拼才会赢"的奋斗精神,同安区有"朱子过化,海滨邹鲁"的美誉,表达出来可以是"勤劳刻苦,崇德重教"。"历史"包括学校创办事由(教会办学,启悟校名)、学校重大事件(转制、迁址、升格、晋级)、学校的古老事物(中共闽粤赣边区厦门市委机关旧址、档案)、学校办学成效(一级达标、毕业生广),表达出来可以是"现代教育、注重学生身心发展、注重自然科学、艰辛办学、爱国情怀、革命精神、规范办学、优质办学、注重学生发展、促进当地社会发展"。"现今"指的是当前师生的生活方式、行为方式和意识方式,包括管理过程、教育教学活动中体现出来的零散的看法、观念,通过观察、对话、共处,可以表达为"教师以校为荣、以校为尊、珍惜学校荣誉、务实、专注教育教学、注重教学成绩、爱护个人名声,学生老实、善良、勤奋、遵守纪律、注重学业成绩"。

理解是将表达意义化。意义化是将表达出来的信息知识论证后,向更深层次进行融会贯通、推进延伸、抽象推理,整合汇入学校文化体系的过程。意义化的表达应该汇入学校文化的核心层级,即精神文化,或者说是核心价值。核心价值包括办学理念、办学目标、培养目标、校训、学风、教风等。厦门市同安实验中学将上述表达进行意义化后,分类整理,建构整个价值体系:办学理念为"启思明德,悟理达行",办学目标为"兴贤育才",培养目标为"德才兼备",校训为"守正出新",校风"知行合一",学风为"成德达材",教风为"敬业乐群"。

(三)守正出新

学校文化在长期的历史演化过程中,共同遵守的规范、准则不断强化、固化,在约束、塑造、激励、同化、引导师生的思想和行为,促进学校各项事业的发展等方面发挥着重要的作用。但随着社会文明的发展、政府改革的推进、教育观念的完善,其自身会陷入片面、消极、保守的可能,进而演化为自身的软肋,甚至成为思想文化发展更新的桎梏。这便意味着学校文化必须与时俱进,开放包容,守正出新。

守正是指完整地继承办学过程中师生共同创造和积累的向善、向美的理想信念和规范准则,正确体会并遵守核心价值。守道德之正,尊重和传承学校文化中向善、向美的道德理念,培养学生的道德认知和道德行为。守规律之正,尊重和传承学校文化中正确的学生身心发展规律、学生认知规律、教育教学规律等教育规律,并按规律办事、按规律办学。守价值之正,尊重和传承学校文化中主流社会价值观、科学教育价值观和正确个人价值观。如厦门市同安实验中学的"启思明德,悟理达行"办学思想就很好地体现了文化的守正。

出新的要旨是创新。学校文化不是一成不变的,而是随着社会进步和教育发展而发展。进入新时代以来,国家加强对优秀传统文化、革命文化和先进文化的传承与发展,同时在国际上对教育的本质、价值、规律也不断进行反思。如联合国教科文组织2015年的报告《反思教育:向"全球共同利益"的理念转变?》提出了教育应该以人文主义为基础,为尊重生命和人类尊严、权利平等、社会正义、文化多样性、国际团结和为可持续的未来承担共同责任。[①] 学校文化应该在守正的基础上,敢于挑战自我,善于分析诊断,分析思考学校文化的缺陷与不足,对自身进行强化与更新。出新主要体现在道德之新、规律之新和价值之新。道德之新指吸收主流道德,如正确的政治信仰、理想信念等;规律之新主要指教育新理念,如学生的全员、全程、全面发展,知行合一等;价值之新指教育价值的新成果,如多元包容、尊重差异等。

(四)解构与建构

如前所知,学校文化是个系统,是社会文化的重要组成部分。我国著名学者钱学森认为:系统是由相互作用、相互依赖的若干组成部分结合而成的,具有特定功能的有机整体,而且这个有机整体又是它从属的更大系统的组成部分。[②] 系统由各要素组成,要素分布在每个层级,每个层级的内容是下一级内容的形式,这个形式同时也是上一级形式的内容,也可以这

[①] 联合国教科文组织.反思教育:向"全球共同利益"的理念转变?[M].北京:教育科学出版社,2017:7.

[②] 钱学森.论宏观建筑与微观建筑[M].杭州:杭州出版社,2001:56.

样理解,内一层要素是外一层要素的抽象。

学校文化是个动态和复杂的整体,各要素间相互作用、相互联系。学校文化的解构可以从解决"什么是最重要"的问题开始。学校、教师、学生三者谁最重要(价值观)?当然是学生。所以学校工作以培养学生为主。学生的个性化与社会化哪个更重要(学生观)?是学生个性化。因此,教育教学指向学生的自由全面发展。德智体美劳哪个最重要(教育观)?是德育。所以要以德为先,落实立德树人根本任务。道德培养哪个环节最重要(教学观)?是课堂。因此要"教育性教学",培养学生的核心素养。学校文化要素符合逻辑地由内到外、由里到表依次解构,环环相扣,形成"价值观—学生观—教育观—教学观"的学校文化主链条。当然,还可以从教师观或管理观或课程观出发,形成不同的逻辑次链条。同安实验中学的"启思明德,悟理达行"核心理念很好地解释学校文化主链条。首先,"启思明德,悟理达行"从学生出发,以学生为本,体现生本化倾向,这是价值观。其次,"启思明德,悟理达行"中的"思、德、理、行"强调学生和谐全面发展,培养学生的独立个性,这是学生观。再次,"启思明德,悟理达行"中的"明德"表明道德教育的统帅地位,重视学生的"道德人格"培养,此为教育观。最后,"启思明德,悟理达行"中的"启、明、悟、达"四个动词构成课堂教学要件,培育学生关键能力和学科素养的同时,注重道德品质的养成,是为教学观。

学校文化的建构顺序刚好与解构顺序相反,由表到里、由外到内。以"价值观—学生观—教育观—教学观"要素链条为例,文化建设应该从树立正确的教学观开始。这是因为教与学是师生学校生活的主题,是教师平日研究反思讨论的热点,是学生接受教育的主渠道,是学校日常管理的重点。教学观可以设计多个话题进行讨论实践,从不同角度的目的和手段出发,建立完整的教学观。如"以增效减负为目的,讨论教学模式的变化""以提高质量为目标,讨论学习方式的改变""以学习过程为重点,讨论课堂评价""以民主平等为目标,讨论师生关系""以因材施教为目的,讨论学生差异""以学科素养为目标,讨论学用结合"等。然后再从教学观—教育观—学生观—价值观逐步深入,建立完整链条。其他次链条也是采取这种方式进行建构。教学观只是到了行为文化这个层面,在物质文化建设方面,则直接将观点观念外显物化,如教学观的外显就是教学场所的建设布置,如教室、实验室、图书馆、功能室等。

第三节 启悟的课程观

课程活动古已有之,但是真正把课程作为专门的研究对象,迄今不过百余年历史。迄今为止,概而言之,课程观有两大主流:以泰勒为代表的现代课程观和以多尔为代表的后现代课程观。这两种课程观的诞生都有其时代合理性,并且在世界范围内产生了巨大的影响,后现代课程观可以看成是对现代课程观的反思、批判与发展。两大主流的课程观是我国课程研究与课程改革的理论基石,并且深刻地影响了学校的课程观念。

一、课程概念的演化

"课程"一词在我国始见于唐代,孔颖达为《诗经·小雅·巧言》中"奕奕寝庙,君子作之"句作疏:"以教护课程,必君子监之,乃得依法制也。"[①]"课程"一词在这里的意思为"寝庙",用来比喻"伟业"。宋代朱熹在《朱子全书·论学》中多次提及课程,如"宽着期限,紧着课程""小立课程,大作工夫"等。[②] 这里的"课程"是指功课及其进程,仅仅指学习内容的安排次序和规定,少有涉及教学方法上的要求和约成,因此只能称作"学程"。到了近代,随着赫尔巴特"五段教学法"的引入,人们开始关注教学的程序或阶段,于是课程的含义由"学程"变成了"教程"。

在我国,课程作为一个正式研究领域始于 20 世纪 20 年代初期。1925 年,上海商务印书馆编辑出版的《新学制中学的课程》收录了关于中学课程的研究论文。这些是我国比较早的关于课程的研究论文。商务印书馆 1923 年出版程湘帆所著《小学课程概论》,其讲述了课程问题的重要性、课程适应普通的生活和特殊的生活、编制课程的步骤等几个方面,是我国比较早的综合的课程论著作。新中国成立初期到 80 年代以前,我国沿袭苏联教育学的体系和概念,基本上不使用"课程"一词,也未对课程进行深入

---

① 宋元人.四书五经(中册)(诗经卷五)[M].北京:中国书店,1987:96.
② 陈侠.课程论[M].北京:人民教育出版社,1989:12-13.

的理论研究。20世纪80年代以后,随着我国教育科学研究的日渐活跃,课程问题受到广大教育研究者和教育行政部门的重视,但对"课程"一词的解释仍有分歧,总的来说,主要包括三种:一是课程作为学科或教育内容。课程最一般的含义就是有组织的教育内容。① 课程是教学内容和进程的总和。② 二是课程作为目标或计划。课程是旨在遵照教育计划指导学生的学习活动,由学校有计划、有组织地编制的教育内容;从学校的教育计划这个侧面出发,也可以归纳成这样一个定义:旨在保障青少年的健全发展,由学校所实施的施加教育影响的计划。③ 课程是课堂学习、课外学习以及自学活动的内容纲要和目标体系,是教学和学生各种学习活动的总体规划及其进程。④ 三是课程作为经验或体验。学生通过学校教育环境获得的旨在促进其身心发展的教育性经验。⑤ 课程是受教育者在教育者的引导下所获得的经验,这些经验是教育者按照一定社会需求和受教育者的身心发展水平,有计划、有目的地组织安排的。⑥

国外课程(curriculum)一词最早出现在英国教育家斯宾塞《什么知识最有价值?》(1859年)一文中。它是从拉丁语"currere"一词派生出来的,意为"跑道(race-course)"。根据这个词源,最常见的课程定义是"学习的进程(course of study)",简称"学程"。这一解释在各种英文字典中很普遍。不过,从中早就引申出两种不同的含义:当人们在采用名词形式"跑道"时,顺理成章把课程理解成为不同学生设计的不同轨道,从而引出传统体系的课程;而当人们理解成动词形式"奔跑"时,那么,对课程的认识又会着眼于个体认识的独特性和经验重构。

美国教育家古德莱德将课程分为五个层次,一是理想的课程,即由一些教育研究机构、学术团体和课程专家提出的应该开设的课程;二是正式的课程,即由教育行政部门规定的课程计划、课程标准和教材,我们平时在课程表中看到的课程即属此类;三是领悟或理解的课程,即任课教师所领悟的课程,这种领悟的课程可能与正式课程之间会产生一定的距离,正所谓"一千个读者就有一千个哈姆雷特";四是运作的课程,即在课堂上实际

---

① 吴也显.教育论新编[M].北京:教育科学出版社,1991:269.
② 王策三.教学论稿[M].北京:人民教育出版社,1985:202.
③ 钟启泉.现代课程论[M].上海:上海教育出版社,1989:177.
④ 李秉德.教学论[M].北京:人民教育出版社,1992:129.
⑤ 靳玉乐.现代课程论[M].重庆:西南师范大学出版社,1995:65.
⑥ 丛立新.课程论问题[M].北京:教育科学出版社,2000:89.

实施的课程,在实施中,教师常常会根据学生的反应随时进行调整;五是经验的课程,是学生在课堂学习中实实在在体验到的东西,也即课程经验。

古德莱德的"课程层次说"实际上揭示了"课程"从理论到实践的运动形态,使人们对"课程"概念的理解从静态的角度转换到动态的角度。从古德莱德的这一课程层次理论中可以看出,理想的课程、正式的课程正是我们传统认识范畴中的课程概念,而领悟的课程、运作的课程,尤其是经验的课程,才是我们理解意义上的真正的"创生性课程"。

二、泰勒的现代主义课程观

20世纪30年代,美国的经济危机对学校教育提出了挑战,社会失业率高、学校升学率低,为了改善中学与大学的衔接关系,并开发出行之有效的课程以满足不升学学生的需求,美国进步教育协会发起了"八年研究"。1949年拉尔夫·泰勒出版了被誉为"现代课程理论的圣经"的《课程与教学的基本原理》,这是"八年研究"的实验成果,书中提出了著名的"泰勒原理"。其时现代主义盛行,受到当时科学主义与行为主义的影响,泰勒原理以明确行为目标为基点而组织课程内容、实施以及评价,确立了一种"目标达成模式"的课程范式。其内容主要围绕泰勒提出的四个基本问题:一是学校应该达到哪些目标;二是提供哪些教育经验才能实现这些目标;三是怎样才能有效组织这些经验;四是怎样才能确定这些目标正在得到实现。[1]

泰勒原理的理论基础主要来源于三方面:一是受实用主义哲学的影响,实用主义哲学强调经验是主体与客体之间的相互作用。因此,泰勒将学习经验定义为学习者与跟他起反应的环境中的外部条件之间的相互作用。经验不再是存在于学生外部的东西,而在于与学生之间的相互作用。二是受行为主义心理学的影响,美国心理学家桑代克确立了教育心理学的科学体系。桑代克认为,学习是为学生提供特定的刺激引起特定的反应,主张测量学生的行为反应,这为泰勒原理奠定了心理基础。[2] 三是"八年研究"的实践影响。在此次实验中,泰勒担任了评价组主任,设计了许多行之有效的评价的手段,关注的是教育目标中学生行为的展示而非外部标准的

---

[1] 泰勒.课程与教学的基本原理[M].罗康,张阅,译.北京:中国轻工业出版社,2014:2.

[2] 李磊.重读"泰勒原理"[J].浙江教育科学,2018(2):7-10.

标准化测试。泰勒也曾表示过"八年研究"对其影响最大。泰勒的突出贡献在于创造性地以"教育目标"为核心建构了课程与教学原理的体系。他进而提出了课程编制过程的四个步骤：确定教育目标；选择学习经验；组织学习经验；评价结果。

（一）确定教育目标

泰勒认为确定目标是最关键的一步，因为其他所有的步骤都是围绕或紧随目标陈述的。制定目标最重要的是选择，需要认真考虑来自学生的研究、当代社会生活的研究以及学科专家的建议等方面的信息，以选择大量适当的目标，再通过教育哲学（或办学宗旨）和学习理论（或学习中心）两个骰子进行筛选和过滤。当目标确定后，要用一种最有助于选择学习经验和指导教学过程的方式来陈述教育目标。泰勒认为，陈述目标的最有效形式是一个教育目标应该包括"行为"和"内容"两个方面，这样就可以明确指出教育的职责。教育目标是指导课程编制者的所有活动的最为关键的准则。

（二）选择学习经验

泰勒认为："学习经验并不等同于一门学科所涉及的内容；也不等同于教师所从事的活动，而是学生与环境中外部条件的相互作用。学生是一个主动的参与者，而教师的任务是通过构建情境来控制学习经验，而且要构建多种多样的情境，以便为每个学生提供有意义的经验。"[①]在此基础上，他提出了选择学习经验五个一般原则，即为了达成目标，学生必须获得经验，以便有机会去演练该目标所含示的行为；所提供的学习经验，必须使学生由于实践目标所含的行为而获得满足感；经验中所期望的反应，对有关的学生而言，应该属于他们能力所及的范围内；有许多特殊经验可以用来达成同样的教育目标，只要教育经验符合有效学习的各种标准，它们便有助于达成所期望的教育目标；同一个学习经验通常会产生数种结果。一个设计良好的学习经验是由可以同时达成数种目标的经验所组成。同时他列举了有助于达成各种目标的学习经验的特征，使学习经验的选择更具有操作性。

---

① 泰勒.课程与教学的基本原理[M].罗康,张阅,译.北京:中国轻工业出版社,2014:27.

（三）组织学习经验

泰勒认为，"为使教育经验产生累积的效果，我们必须把它们加以组织，使它们彼此之间相互增强"，"组织它不仅大大影响教学效率，而且深深地左右主要的教育改变发生在学习者身上的程度"。[①] 对组织学习经验，泰勒提出了三项准则：连续性、顺序性和整合性。连续性是指直线式地陈述主要的课程要素；顺序性是强调每一后继经验要以前面经验为基础，同时又对有关内容加以深入广泛地展开；整合性是各种学习经验之间的横向关系，以便于学生获得一种统一的观点，并把自己的行为与所学的课程内容统一起来。学习经验的组织务必做到能协助学生逐渐获得统整的观点，并能将其行为与其所学的重点加以统一或联贯。

（四）评价结果

泰勒认为，在以上的步骤可以看出，从某种意义上说，已经对学习经验作了初步的评价。我们可以把这些步骤看作是评价的中介阶段或初期阶段。评价过程实质上是一个确定课程与教学实际达到目标的程度的过程。任何有关教育目标所期望的行为的有效证据，都是一种合适的评价方法。评价目的之一是要让教师学生或有关人士了解教学的成效。

泰勒原理创造了现代课程的楷模，成为现代课程范式的经典之作，此课程模式符合当时科学主义思潮把持世界的话语权。人们普遍相信科学、崇拜科学、神化科学，认为科学无所不能、无所不至，"科学理性"成为现代主义的代名词。人们相信科学能够消除贫穷，提高健康水平，扩展年轻一代的知识基础。随着西方社会高度发展，"理性科学"带来了一系列问题，理性至上压抑了个性自由发展。批评者认为，在泰勒课程原理中，目标不是在经验或行动中形成的，它是预设的，外在于行动。从目标的确定到评价目标是否实现，是一种单向的活动，它是一个封闭的系统，强调控制、权威、统一性和确定性等。这里的控制不是从自我或内在的角度而言，是从外力的角度界定控制，是一种机械式的控制。权威也是外部强加的，并非内在养成。

---

① 司庆栋.泰勒原理：内涵与启示[J].考试周刊,2008(30):230-240.

三、多尔的后现代主义课程观

从20世纪70年代起,后现代主义逐渐成为西方社会的一种重要的社会文化思潮,其兴起几乎影响了所有人文和社会科学领域。它对教育领域带来了冲击,带来了崭新的后现代主义教育研究方法。后现代主义教育研究方法以下面两种形式出现:一是后现代教育概念的提出,陈述了后现代主义观点下知识价值的新变化及对学校教育的影响;二是用后现代主义的思想观点进行教育理论的研究。① 后现代主义课程观从后现代主义思想的基本立场出发,对传统的课程理论提出挑战,并从对泰勒原理的质疑与改造中打开了建构后现代课程理论的突破口。后现代主义教育学者对泰勒原理的批判是从其哲学观开始的,在哲学观上,他们反对泰勒原理的哲学基础——理性的科学实证主义,并试图代之以非理性主义。在知识观上,他们反对泰勒原理所包含的封闭的、普遍的、等级化的、中立化的、抗拒变革的知识观,强调开放的、变革的、情绪化的、价值化的知识观。在众多的后现代主义课程理论流派中,最引人注目的是美国著名课程理论专家小威廉姆·E.多尔的后现代课程观,他的《后现代课程观》一出版就得到了美国乃至世界各国课程学界的强烈响应。在批判现代主义封闭的课程理论和体系的基础上,多尔从混沌学原理出发,创造性地运用了皮亚杰的生物学世界观、普利高津的自组织与耗散结构理论、杜威的经验主义思想和怀特海的有机过程理论,提出了以"丰富性""回归性""关联性""严密性"(4R)为标准的后现代课程模体。②

(一)丰富性

丰富性是指课程深度、意识层次的多种可能性或多重解释,课程应具有适当的不确定性、模糊性和耗散性,从而促使学生和教师的转变和被转变。多尔指出,任何学科在联系自己学科特点以及知识结构方面都能以独有的方式解释其丰富性。这种丰富性通过对话、解释、假设形成与证明,可

---

① 谭伟民,寻明.后现代主义视野下的课程观评析[J].柳州师专学报,2006(9):128-131.
② 小威廉姆·E.多尔.后现代课程观[M].王红宇,译.北京:教育科学出版社,2000:250.

以在课程中得到完美呈现。

(二)回归性

回归性是指对教学和研究的一种反思过程,一般与教学的循环运算有关,却不同于重复运算。重复具有稳定性和变化性;在回归性的课程中,起点和终点是不固定的,每个终点即是一个新的起点,每个起点源自前一个终点。课程的片段、序列是随意的组合,作为孤立的单元是不当的。多尔认为回归与重复的区别在于重复是现代主义方式的表征,意在升华预定的表现;而回归是开放的结构,意在提升、探究、创造性地运用事物的能力。在回归中,对话是不可或缺的必要条件;没有由对话引起的反思,回归就变得肤浅而无转变性,那将不是反思的回归,而只是重复。①

(三)关联性

关联性在后现代课程有两重意义,即教育联系和文化联系。前者体现课程中的联系,并赋予课程丰富的模体,其核心是课程结构的内在联系,通过行动和感悟,使课程在日积月累中愈加丰富。后者则体现课程之外的文化,指出描述和对话是解释的关键手段。描述引出了历史、语言和地点的概念;对话则联系它们生成一种地区和全球化视角的文化感。因此,多尔指出这些联系生成了课程的核心模体,是相得益彰且同等重要的。

(四)严密性

从某种角度来说,严密性是四个标准中最重要的,它能防止转变性课程落入"蔓延的相对主义"或感情用事的唯我论。现代主义框架中的"严密性"是指学术逻辑、科学观察和数学上的精密性,它是客观的、可观察的、可测量的和可操作的。与现代主义的严密性不同的是,多尔的严密性是解释性的,重视变换的关系和自发的自组织,既蕴含着有目的地寻找不同的选择方案、关系和联系,又蕴含着自发地寻找所有的假设以及各种假设间的协调,最终生成有意义和有价值的对话,促使学生和教师的转变与被转变。

多尔主张课程目标的生成性、过程性;课程内容的丰富性、开放性、建构性;课程实施的参与性、主动性;课程评价的差异性、多元性;师生关系的平等性、交流性,以及注重学生的自由发展、个性、创造性、批判精神的培养

---

① 周宗钞,张文军.课程理论的后现代转向[J].教育发展研究,2004(7-8):21-25.

等,这些主张所带来的影响是空前的,给教育领域带来了一场思想深刻的变革。但是,作为一种"新生的、超前的、发展中的"理论,后现代主义课程观有自身的局限性。首先,大力提倡"不确定性""差异性"的同时容易陷入相对主义、虚无主义的误区。反对传统的、基础的知识,意味着长久积累下来的、具有恒久生命力的宝贵经验、知识和优秀的教育教学理论将"放任自流";①过分注重自由发展,以自由、个性为标榜的现代青年,势必将失去目标,一味地放纵自己,陷入理想与精神的困境;由于缺乏稳定的目标,课程改革也将失去持续发展的目标,阻碍其深入开展等一系列问题所造成的影响是值得我们反思的。其次,由于理论本身的复杂结构、思维特征以及教育问题的复杂性孕育了其实践的乌托邦寄托,仅勾勒出了课程开发的模糊轮廓,没有提供一套具有可操作性的课程方案。就目前来看,其理论层面的影响远远大于实践,在实践层面没有转化成有效的教学策略与方法。

四、西方课程理论的影响及我国课程实施演化

自2001年开始实施的我国新一轮课程改革,其理论基础虽然有来自本土研究者的理论成果,但大部分来自以泰勒为代表的现代主义课程观和以多尔为代表的后现代主义课程观。

(一)泰勒原理的启示

泰勒原理指出选择教育目标的三个来源,即学习者本身、当代校外生活和学科专家的建议。此前我国基础教育更注重社会的需要,忽视学生本身全面发展的需要。教育目标大多时候是由学科专家确定,并未从如此广泛的来源中确定教学目标,更没有切实地从学生的角度出发;学习经验的选择及学习经验的组织,也就是我们通常所说的教学内容的选择和教学活动的开展,很大一部分也是由教育专家和教师决定的,真正从学生的需要和兴趣出发的很少。此次的课程改革充分考虑了泰勒教育目标的"三个来源"及"两个筛选"。随着世界各国特别是发达国家都在寻求教育改革之道,着力瞄准面向全球的全球性教育目标,我国教育也要重视培养学生"具有世界公民的意识与态度",未来的教育应当造就的高中生是"自立的个

---

① 朱玉.后现代主义课程观及其反思[J].课程教育研究,2013(2):2-3.

体"和"共生的精神"。①

泰勒关于课程设计过程要充分考虑学生这个主体在其论述的问题中都有所体现。课程编制者选择有助于实现教育目标的学习经验以形成课程。我国传统课程结构是单一的全必修课程,这种学科中心主义的课程结构缺乏弹性与选择性,不能满足学生的多样化需求,同时课程缺乏必要的统整。新课程合理处理了必修课程与选修课程的关系,使必修中有选择、有自由,选修中有规范、有质量,符合泰勒提出的课程设计要充分重视学生的实际需要的原理。

泰勒原理指出评价对于澄清教育目标实现的程度和效果的重要性。泰勒认为,评价结果不应该只是一个单一的分数或单一的描述性术语,而应该是反映学生目前状况的一个剖析图,评价本身就是让教师、学生和有关人士了解教学的成效。新课程建立多元化的评价制度,寻求评价内容与评价方式的多样化,不单采用标准化测验,而是采用多种途径,在真实性、情境性的问题解决过程中评价学生学习,强调质性评价与量化评价的统一;既重视学生在评价中的个性反应方式,又倡导学生在评价中学会合作,鼓励学生之间的合作,允许通过分工合作的形式共同完成任务。

(二)多尔 4R 理论的启示

多尔认为课程不应该是预先设定好的,而是被建构生成的。课程应该是一种开放系统的设计,从外在环境中不断汲取变动的物质和能量作为反馈,以促进内部结构的转型和更新。这种系统需要适度的变动、混乱、失序、错误,来触发系统的重组。因此,编撰课程时应采用一种宽泛的带有一种不确定性的方式,用自己的探索、实践与体验去创造一种发展的、可能的课程观。我国新课程中"综合实践活动"和"研究性学习"便是受此启发,目的是让学生在主动构建的自我生成中积极地掌握知识、领悟知识。

多尔认为,教学过程应该努力实现公共知识与个体知识,不同门类知识的富于个性的整合。新课程倡导建构性学习和探究性学习,注重学生的经验和兴趣学习,强调学生主动参与、探究发现、交流合作的学习方式,改变课程实施中过分依赖课本、被动学习、死记硬背、重复记忆的机械训练观念。

后现代课程观把"评价"定义为"转变性协调"。课程是开放的,转变性

---

① 钟启泉,等.普通高中新课程方案导读[M].华东师范大学出版社,2003:1-23.

的系统。这一系统本质上总是流动的,处于动态的相互作用和调和之中,任何精确或稳定意义上的理想标准都失去了意义。因此,评价的目的不仅仅在于"区分",而在于"成为共同情境之中以转变为目的的协调过程"。新课程鼓励过程性评价和生成性评价,正是看重多尔极力主张的激励与改进的功能。

多尔后现代课程观要求在师生之间开展对话,这就必然要求抛弃现代课程论中教师是课堂中的权威、主讲者、主动者的做法,而应建构师生间是民主、平等、对话的新型师生关系。多尔认为教师是"平等中的首席",作为平等中的首席,教师的作用得以重新建构,从外在于学生情境转向与学生共存;权威也转入情境中,教师是内在情境的领导者,而不是外在的专制者。这些也是新课程所追求的师生平等、课堂民主的目标。

(三)我国课程实施演化

1992年国家教委发布《九年义务教育全日制小学、初级中学课程计划(试行)》,第一次将"教学计划"更名为"课程计划",也是第一次在课程计划中出现了两种课程类型,即学科课程与活动课程,并第一次规定了设置地方课程。此后,"课程"两字从研究者的视野进入学校实践层面。1996年正式颁发了同义务教育相衔接的《全日制普通高中课程计划(试验)》和语文等12个学科的教学大纲,明确规定,高中课程实施国家、地方、学校三级管理体制,学校应该"合理设置本学校的任选课和活动课",以共同体现高中课程"适度的灵活性","三级课程"的管理体制逐渐形成。2000年《全日制普通高级中学课程计划(试验修订稿)》中,"公民素养""实践精神""创新能力""择业能力"等代表21世纪教育精神的词汇已经出现在培养目标中。

2001年6月8日,教育部印发《基础教育课程改革纲要(试行)》,标志新课程改革,又称第八次课程改革启动,这是新中国成立以来规模最大、影响最深的一次课程改革。新课程改革有六个基本特征:一是基本确立了"以人为本,实施素质教育"的价值核心和目标核心;二是初步构建起符合素质教育要求的新的基础教育课程体系,学科课程—活动课程、分科课程—综合课程、必修课程—选修课程、国家课程—地方课程—校本课程等课程结构初步形成;三是学科与课程持续对话,进一步促进了课程教学领域的自立与自觉;四是"自下而上"与"自上而下"互动互补的课程建设的运行机制与生态环境逐渐形成;五是教学方法与学习方式发生深刻变革;六是教师专业发展业已形成长效机制并取得显著成效。①

2014年,国务院《关于深化考试招生制度改革的实施意见》的发布,是新课程改革进入全面深化阶段的标志,在政策层面将课程改革与考试招生改革对接,扫清改革路上可能的障碍。同年,教育部《关于全面深化课程改革落实立德树人根本任务的意见》第一次在国家正式文件中将核心素养放置到全面深化课程改革的关键位置。2016年《中国学生发展核心素养》发布,核心素养以培养"全面发展的人"为核心,分为文化基础、自主发展、社会参与三个方面,综合表现为人文底蕴、科学精神、学会学习、健康生活、责任担当、实践创新等六大素养。2017年《普通高中各科课程标准(2017年版)》颁布,"学科核心素养"和"学业质量标准"是新的高中课程标准的两大突破性成果,强化了高中课程的育人目标和学业要求,进而引发了课程结构、课程内容以及教学的一系列变化。② 2019年《中国高考评价体系》发布,该体系由"一核四层四翼"组成,其中,"一核"是高考的核心功能,即"立德树人、服务选才、引导教学",回答"为什么考"的问题;"四层"为高考的考查内容,即"核心价值、学科素养、关键能力、必备知识",回答"考什么"的问题;"四翼"为高考的考查要求,即"基础性、综合性、应用性、创新性",回答"怎么考"的问题。

五、启悟的学校课程观

1992年以来,启悟办学思想在教育实践过程中,贯彻执行国家的课程政策,实施国家课程标准;同时不断吸收消化中外课程理论中的精华,在课程目标的确定性与生成性、课程开发的系统性与选择性、课程实施的连续性与主动性、课程评价的科学性与差异性等方面开展积极的探索。

(一)课程目标

"启思明德,悟理达行"办学思想的价值取向是以人为主,兼顾社会需求,课程目标从以学科本位转向以人的发展为本。坚持人的全面发展,满足每个学生终身发展的需要,培养学生终身学习的愿望和能力,使学生各个方面得到和谐、自由、完整的发展。强调形成积极主动的学习态度,使获

---

① 杨九诠.中国教育改革大系·学科教学卷[M].武汉:湖北教育出版社,2016:12-28.
② 刘月霞.如何扎实推进修订后的普通高中课程实施[J].人民教育,2018(5):49-53.

得必备知识与关键能力的过程同时成为学会学习和形成正确价值观的过程。

具体的目标有四点：一是初步形成正确的世界观、人生观和价值观,热爱祖国,拥护中国共产党,弘扬中华优秀传统文化,继承革命文化,发展社会主义先进文化,培育和践行社会主义核心价值观,增强文化自信,树立为中国特色社会主义、人民幸福、民族振兴和社会进步做贡献的远大志向。二是遵纪守法,履行公民义务,行使公民权利,维护社会公平正义,具有法治意识、道德观念。热心公益、志愿服务,具有奉献精神;尊重自然,保护环境,具有生态文明意识;维护民族团结,树立国家总体安全观,捍卫国家主权、尊严和利益。三是掌握适应时代发展需要的基础知识和基本技能,丰富人文积淀,发展理性思维,不断提升人文素养和科学素养。敢于批判质疑,探索解决问题,勤于动手,善于反思,具有一定的创新精神和实践能力;具有强烈的好奇心、积极的学习态度和浓厚的学习兴趣;能够自主学习,独立思考,形成良好的学习习惯和适合自身的学习方法;学会获取、判断和处理信息,具备信息化时代的学习与发展能力。四是坚持锻炼身体,养成积极健康的行为习惯与生活方式,珍爱生命,强健体魄。自尊自信自爱,坚韧乐观,奋发向上,具有积极的心理品质;具有发现、鉴赏和创造美的能力,具有健康的审美情趣;学会独立生活,热爱劳动,具备社会适应能力;正确认识自我,具有一定的生涯规划能力;文明礼貌,诚信友善,尊重他人,与人和谐相处;学会交流与合作,具有团队精神和一定的组织活动能力;尊重和理解文化的多样性,具有开放意识。

（二）校本课程开发

在校本课程开发上,启悟教育坚持五个原则。一是思想性。坚持辩证唯物主义和历史唯物主义,加强中国特色社会主义教育,充分反映习近平新时代中国特色社会主义思想,全面落实社会主义核心价值观的基本内容和要求,提升道德修养,有机融入中华优秀传统文化、革命文化、社会主义先进文化、法治意识、国家安全、民族团结和生态文明等教育,充分体现中国特色。二是时代性。充分反映马克思主义中国化最新成果、当代社会进步、科技发展和学科发展前沿,充分体现先进的教育思想和教育理念,紧密联系学生生活经验,及时更新教学内容。三是基础性。面向全体学生,依据学生发展核心素养,精选学生终身发展必备的基础知识和基本技能,打牢学生成长的共同基础;注重培养学生的学习兴趣、学习能力和探索精神,注重培养分析问题、解决问题的能力;合理控制学生的课业负担。四是选择性。适应国家人才培养需要,在保证每个学生达到共同基本要求的前提下,充分考虑学生不同的发展需求,结合学科特点,遵循学习科学的基本原理,分类分层设计可选择的课程,满足学生不同学习需要,促进学生发展。五是关联性。注重学科内容选择、活动设计与学生发展核心素养养成的有机联系;关注学科间的联系与整合;关注学校历史积淀、文化传承和特色资源的课程开发与利用。

(三)课程实施

课程实施是课程体系最重要的环节,开齐、开足体现国家意志;选课走班体现多元选择;校本实施体现教师创造。首先,学校依据国家课程设置要求,结合"德才兼备"的办学目标,制订满足学生发展需要的学校层面的课程实施方案。开齐国家规定的各类课程,特别是综合实践活动、技术、艺术、体育与健康等课程;开足规定的课时,保证科目教学时间总量不变。充分挖掘课程资源,开发、开设丰富多彩的选修课程。因地制宜,科学安排综合实践活动,发挥综合实践活动在促进学生发展中的独特作用。建立学生发展指导制度,采用专职教师与兼职教师相结合的方式,组建专门队伍,加强对学生的理想、心理、学业、生活、生涯规划等方面的指导,开展多种形式的指导活动,帮助学生树立坚定的社会主义理想信念,正确地认识自我,更好地适应高中阶段的学习与生活,处理好兴趣特长、潜能倾向与社会需要的关系,选择适合的发展方向,提高生涯规划能力和自主发展能力。其次,建立选课指导制度,制定课程说明和选课指南,安排班主任或导师与学生建立相对固定的联系,指导学生选课,帮助学生形成个性化的课程修习方案,引导家长正确对待和帮助学生选课。关注学生学习过程,创设与生活关联的、任务导向的真实情境,促进学生自主、合作、探究地学习,注重对学生学习过程的评价,推进信息技术在教学中的合理应用,提高课程实施水平。最后,健全以校为本的教学研究制度,建立平等互助的教学研究共同体,倡导自我反思与同伴合作,营造民主、开放、共享的教学研究文化,鼓励和支持教师进行教学方式改革的探索,形成教学风格和特色。完善教学管理制度,创新教学组织形式和运行机制;科学安排学年授课科目,合理安排教学进度,严格控制周课时总量;探索建立行政班和教学班并存等多种教学组织形式;统筹教师调度、班级编排、学生管理、教学设施配套等资源和条件,为走班教学的实施提供保障。

(四)课程评价

学校的课程评价有三个层次。一是作为高招录取"两依据一参考"中学生综合素质评价。学校制订实施方案,建立学生综合素质档案,指导学生客观记录成长过程,记录集中反映综合素质主要内容的具体活动。综合实践活动、选修课程的修习情况应作为综合素质档案的重要内容。二是作为高中毕业必备条件的学分认定。主要考虑学生实际修习的课时和学习表现,并达到相关要求。三是校内考试。以课程方案、课程标准为依据,考试命题联系社会实际与学生生活经验,强调综合运用知识分析解决实际问题能力的考查,利于促进学生核心素养的发展。需要补充说明的是,学业考试和高考是省级、国家级的评价,也属于课程评价,但非学校级别。

第四节 启悟的教学观

教学活动是学校落实教育目标的重要途径,是教书育人的主渠道和主阵地。教学质量依然是学校的生命线,课程改革的有效推进和教学质量的有效提升,依赖于课堂教学的不断改进创新,更依赖于教学观念的不断变革。当然,在此之前,必须厘清教学与课程的关系。

一、教学概念的演化

我国"教学"二字连用为一词,最早见之于《书·商书·兑命》:"斅学半"(斅,音 jiāo)。[①]《学记》引用它作为"教学相长"思想的经典依据。"学然后知不足,教然后知困。知不足,然后能自反;知困,然后能自强也。故曰:教学相长。"宋人蔡沈注:"斅,教也。始之自学,学也;终之教人,亦学也。"因此,这里所说的"教学"并不是现代意义上的教学,确切地说是指"学",两种不同途径的学。这是"教学"一词最早的词义,也是我国古代语的通义。一直到20世纪初,由于废科举、兴学校及班级授课制的客观要

---

① 阮元校刻.十三经注疏[M].北京:中华书局,1980:175.

求,留日回国的学生对赫尔巴特思想的介绍,人们才对教师的"教"重视起来,似乎可称之为"学的迷失,教的归来"。如1912年教育部公布的《师范学校规程》和1913年公布的《高等师范学校规程》都规定教育学科包含"教授法"。这是"教学"一词的第二种词义:教学即教授。如《中国教育辞典》(1928年)把"教学法"辞条释为"各种教授方术者"。值得一提的是,陶行知从美国学成回国,考察了许多学校之后,认为与其说是某某学校,不如说是某某教校。因为学校只顾教师如何教,不顾学生如何学。在他看来,教的法子要根据学的法子,并将南京高等师范学校全部课程中的"教授法"改为"教学法"。中华人民共和国成立后,人们了解到凯洛夫的"教学"定义:"教学过程一方面包括教师的活动(教),同时也包括学生的活动(学)。教和学是同一过程的两个方面,彼此不可分割地联系着。"①于是就接受了这样一种含义:教师教和学生学的统一活动。我国对教学的理解主要强调了两点:一是师生教与学统一性;二是明确的目的性——学生获得知识、技能与身心的多方面的发展。后来又有学者借鉴了后现代主义的观点,将教学定义进一步引申为"教学是包含了教师的教和学生的学、教师的学和学生的教,以一定的经过筛选、整理的文化为中介的,合目的性和交往性的教育活动。其中,教师的教和学生的学属于显性方面,教师的学和学生的教属于隐性方面,中介的存在是教学能开展的必要条件,而教学的目的性和交往性则是教学的应有之义。"②这一观点强调了教学中师生、生生的交往性和互动性。又如"教学是指在创设或自然的情景中,在教师(对话主导者)的引导下,师生通过对话的方式同时获得体验的一种活动"③,强调了师生间的平等性。

教学论始于西方,但长久以来,"教学"定义却从未得到关注,直到在20世纪后半叶后,关于教学概念的专门化研究才开始自明显起来。比如,罗杰斯就说过:"教学比学习更困难,原因不仅在于教师必须有更多的知识储备,更在于教学必须教会学习,使学生掌握点金术。"④加涅也说过:"教学是一项以帮助人们的学习为目的的事业。虽然没有教学,学习也能够发生,

---

① 凯洛夫.教育学[M].陈侠,等译.北京:人民教育出版社,1957:130.
② 徐乐乐.对教学概念及其属性的审视[J].教学与管理,2014(2):1-4.
③ 郭文龙,马丽君.课程与教学关系新论——由古德莱德课程观引发的思考[J].教育探索,2016(3):15-21.
④ 丛立新.教学概念的形成及意义[J].北京师范大学学报(社会科学版),2007(5):5-12.

但教学对学习的影响常常是有益的,而且常常是易于观察的。"①从这两段话可以看出,这两位教育家对教学与学习的不同、教与学的复杂关系的重视。同样,关于教学的定义,也逐渐成为西方教育理论研究的专门范畴。在《国际教育百科全书》中更有专门的条目定义教学:"教学就是传授知识和技能。""教学即成功的意思,凡教学必定涉及学习,教育文献中常见的复合词 teaching-learning 多少说明了这一点,这意味着教学和学习是相互交织、密不可分。"②美国学者布鲁纳认为:"教学是通过引导学习者对问题或知识体系循序渐进的学习来提高学习者正在学习中的理解、转换和迁移能力。"③

二、教学与课程的关系

课程与教学的关系,是课程与教学论学科中具有争议性的问题之一。几十年来,我国研究者对它们之间的认识不断地发展,认为它们的关系大致经历了"大教学观"时期、分离期、整合期、"大课程观"时期。

(一)"大教学观"时期

"大教学观"认为,"教学大"且"课程小",即把课程视为教学内容,或者专指教学科目或教材,强调学科知识的边界,让学生掌握体系化知识,强调教师本位、学科知识至上与课堂中心。新中国成立后,由于受苏联凯洛夫教育学体系的影响,我国教育工作者基本接受了凯洛夫的"教学"定义。由凯洛夫总主编,冈查洛夫、叶希波夫、赞科夫等共同主编的,由人民教育出版社 1957 年出版的《教育学》中只有关于教学的论述,如教学过程、教学原则与教学组织形式等,而没有关于课程的专门论述,课程被具体的各科教学的科目或教科替代了。在新中国成立后的三十年中,凯洛夫教育学在教育理论与实践领域并非一帆风顺,主要受到了极左思潮中的"轻视知识"甚至是"反智主义"的影响,导致在很长一段时期内,"教育学领域许多理论问题,包括凯洛夫教育学在 1958 年和十年动乱期间曾经先后两次受到大批

---

① 加涅.教学设计原理[M].皮连生,等译.上海:华东师范大学出版社,1999:1.
② 简明国际教育百科全书.教学:下[M].中央教育科学研究所比较教育研究室,译.北京:教育科学出版社,1990:234-235.
③ 顾明远.教育大辞典:第一卷[M].上海:上海教育出版社,1990:57.

判的问题,并未得到真正的清理"。① 但是,这并没有影响课程与教学关系的大局。从"冷战"时期的地缘政治对学术的影响来看,我国的教育学者翻译与接触东欧尤其是苏联的教学思想比较多,而接触英美国家的课程思想则很少,这一时期的"大教学观"是课程与教学关系状态的主流。即使在 20 世纪 80 年代,研究者的"课程意识"有所兴起,"大教学观"影响依然较大。"大教学观"认为,课程是教学的内容,教学是传授教材内容的过程,不仅包括教材等教学文本,而且也包括教学的组织、手段与方法等。这是在结构主义系统论的基础上形成的观点,不过在英美国家的相关研究中也有类似的观点。在我国,由于受"教学因素论"的理论探讨的影响,结构主义成了探讨教学活动的本质与规律的主要方法论。"大教学观"把教学活动分割成了不同因素分别进行研究,比如"三因素论",分别从教师、学生与教材三者的关系来研究教学,并建构相应的"大教学论"体系。直到 90 年代中后期,由于课程与教学"整合论"研究的兴起以及学科建制方面名称规范的需要,课程与教学在理论建设与学校教育实践中,才逐渐被相提并论。

（二）分离期

课程与教学关系的"分离",主要是指课程研究逐渐从教学研究的母体中分离出来,并非指两者关系达到了完全并列或相提并论的理论高度。尽管 20 世纪 80 年代初开始从事课程研究的学者的课程意识与课程研究的理论自觉已经开始形成,但总体来说,这一时期仍是"大教学论"在支配课程与教学的问题域及理论方向。根据陈侠、廖哲勋、钟启泉、吕达、王伟廉、施良方等学者的著述不难发现,把课程作为单独的研究领域是一种趋势,不少学者开始着手从不同的理论视角、研究领域与哲学基础开始重构课程与教学的关系。教育学界"课程意识"的兴起,预示了教学研究中的理论探讨已经不能解释学校课程现象,课程研究有必要成为一个相对独立的教育学研究领域,并需要对课程史与课程理论做系统的梳理与学术表达。吕达认为,课程研究作为一个学术论题,没有受到应有的重视,"课程论未曾当作教育学的下位理论之一,因而在科学研究中未曾被置于同教学论一样重要的地位。这造成了课程改革缺乏坚实的理论基础并使教学工作无所适

---

① 王策三.“新课程理念”“概念重建运动”与学习凯洛夫教育学[J].课程·教材·教法,2008(7):3-21.

从"。① 在20世纪80年代后期,这是一个颠覆性的观念,即课程如果没有理论化与系统的学术研究,课程改革与课堂教学则难以展开。课程研究作为一个学术论域的出现,将重新调整课程与教学的关系及指导课程改革的理论基础。在课程与教学的"分离期",课程研究者开始从英美的教育学话语体系中吸收与借鉴相关的理论依据。从博比特、卡特斯、庞锡尔、泰勒等人的研究成果中借鉴理论视角,我国学者的课程研究成果逐渐多了起来,而且对教育实践的影响也很大。廖哲勋直接提出了"课程学"的概念,指明了课程学的研究对象。他认为,"课程是由一定育人目标、基本文化成果及学习活动方式组成的用以指导学校育人的规划和引导学生认识世界、了解世界、提高自己的媒体",而"要认识课程的本质,就要抓住构成课程各要素的内在联系"。他提出了课程学是教育学的一门分支学科,并且认为课程论与教学论相互包容的提法是片面的。"课程学是关于整个学校课程的学问,是研究课程系统的结构与功能、论述课程系统工程的学科。"②从学科性质上讲,课程学属于教育学的一个分支学科,与教育概论、教学论等学科是并列的,它们不能相互取代或包容。

(三)整合期

"大教学观"时期与分离期的课程与教学关系,带有理论体系建构倾向,前者表现为本质论与二元论,后者甚至还没形成成熟的理论表达规范,基本上还是处于探索与借鉴阶段。随着20世纪90年代的过程哲学与后现代思潮在中国的兴起,教育学者越来越怀疑本质主义的方法论与二元论的知识论的缺陷,认为课程与教学确实很难分开来表述,"分离观"不利于理论表达与学术交流,对于学校教育实践也会造成一定程度的负面影响。后来,整合课程与教学关系的呼声越来越多。随后,"教学中的课程""作为课程进程的教学"等反映课程与教学一体化研究趋势的新概念也被提了出来。③ 有学者提出:"在研究与分析的过程中,有时候的确很难划分课程与教学的界限,因此建议不妨以并列的方式加以处理。"④而且,泰勒在《课程与教学的基本原理》中就是把课程与教学并列来表述的。泰勒认为,课程

---

① 吕达.课程史论[M].北京:人民教育出版社,1999:5.
② 廖哲勋.课程学[M].武汉:华中师范大学出版社,1991:28,2,9.
③ 高文.试论课程与教学的一体化研究[J].外国教育资料,1996(6):13-17.
④ 刘力.课程与教学关系辨[J].杭州教育学院学报,1999(5):16-21.

与教学存在统一的"基本原理",即一种普遍性原理,可以解决关于课程与教学关系的理论表述问题及学校教育实践中的具体问题。"泰勒原理"是20世纪中后期课程与教学研究走向科学化的经典理论,奠定了现代课程与教学研究的科学主义范式,即用"四步法"模式来说明课程与教学的关系。把课程与教学并列,可以解决"难以划分课程与教学的界限"的问题,被大多数学者所接受。① "整合论"的兴起,与对"大教学观""分离观"中的内容(课程)与过程(教学)的二元论的批判是分不开的。有人批判这种二元论时认为,"知识与知识形成的过程割裂开来,恰如把游泳动作与水分离开来"②,是课程与教学关系认识上的误区。也有人认为,课程与教学关系的二元论,主要表现为一种"技术理性",反映了课程开发的工业化思维,以效益控制为核心,"追求一种普适化的课程开发模式,在结果上表现为一种单一的'官方课程''制度课程',而教学就在于忠实有效地执行、传递课程"③。因此,需要整合课程与教学处于分离的状态。整合以后,对于课堂实践的创新有益处,将使课堂的本质发生变化。课堂不单单是知识授受的场所,而且在空间上具有"场所精神",即在特定的场所中人际交往的互动,以及人与环境的互动中,知识的生成是动态的。④ 凡是对人际交往互动产生影响的行为或心理活动,都可称为课程与教学现象。课程不是材料的拼接与传送,而是社会有机事件的发生场所——一种精神生活的文化空间;教学也不是传递知识的手段,而是具有交往性的知识互动过程。课程与教学的整合,体现了学习者个体对于教育环境的综合要素的交往互动,即"个体对周围环境的多元理解和诠释、课程的意义建构以及由此而促成个体经验的自我生长,这一过程同时也是个体作为社会成员的自主行动过程"⑤。由此可见,课程与教学关系的整合是个体自主性发展的前提,体系化的知识则退居次要的位置。课程与教学的整合观不仅满足了人的认识兴趣,而且彰显了人的解放旨趣。

---

① 陈侠.课程论[M].北京:人民教育出版社,1989:序言.
② 张华.课程与教学整合论[J].教育研究,2000(2):52-58.
③ 陈晓艳.课程与教学:从分离走向整合[J].教育管理,2008(4):4-7.
④ 熊和平.课程与教学的关系:七十年的回顾与展望[J].高等教育研究,2019(6):40-51.
⑤ 徐洁.整合:课程与教学关系研究的走向[J].江西教育科研,2002(1-2):14-16.

（四）"大课程观"时期

"大课程观"出现的标志性事件是2001年《基础教育课程改革纲要（试行）》的颁布以及全国基础教育新课程改革的推行。该纲要明确提出："教学过程是课程实施环节的一部分，是执行课程改革新理念的核心环节。"[①] 显然，新课程改革的文件精神向教育工作者传递了一个明显信号：课程包括教学。随着新课程改革的深入，以及全国性与地方性的课程学术委员会的建立，教育工作者的课程意识、课程研究意识、课程论意识逐渐增强。甚至有学者认为，课程研究者应致力于完善一个"大课程论"的体系，"其基本结构为分为课程论、教学论、分支课程论、分支教学论和教育技术学等五个下位学科"。[②] 这种观点使"大课程论"相当于"准教育学"——除了"教育原理"或"教育基本理论"之外的理论体系。"大课程论"不仅包括课程论、教学论及各种学科课程与教学论，也包括教育技术学。简言之，只要存在对学生的成长与发展有影响的教育因素，都可以归纳为"大课程论"的研究范畴。从国际课程研究的大环境来看，后现代课程理论思潮及其对课程与教学关系及课程改革实践的影响，开始传入我国，如多尔的《后现代课程观》、派纳的《理解课程》、佐藤学的《课程与教师》等著作相继被译介，"大课程观"逐渐深入人心。派纳认为，泰勒经典的"课程开发"模式，致使"教育标准化、技术化和虚拟化对教育经验造成了危害。为了培养主体性中的怀疑精神和意识，人们需要恢复真实的、具身的教育经验，并只可能通过发生于主体的具身相遇和复杂对话来实现"。[③] 实际上，教学并非像二元论哲学主张的师生的"双边"活动，而是包括师生、家庭、友伴多边的社会因素之间的复杂的会话。任何一种基于学生的具身经验，都将是教学的结果——而这被派纳看成是体验性的课程，是教学的概念所不能涵涉的。"大课程观"把课程视为生命经验，强调让学生在体验过程中学会解决问题——这里的问题并非仅仅是认识论层面的，更是存在论层面的，知识的理解性、活动性与生成性很强。这种课程观意味着，课程研究的重心开始从关注知识到关注

---

① 教育部.基础教育课程改革纲要（试行）[N].中国教育报,2001-07-27.
② 黄甫全.大课程论初探——兼论课程（论）与教学（论）的关系[J].课程·教材·教法,2000(5):1-7.
③ 张文军,陶阳,屠莉娅,等.一场关于"课程"的复杂的会话——"课程意识、课程建构与课程能力建设国际研讨会"综述[J].教育发展研究,2015(4):80-84.

人,力图使课程研究理论化,使课程研究从一个开发性的应用学科上升为探讨生命价值的人文学科。课程不再从属于文本、方案、程式,以及设计、开发、规划、编制、评价等科学主义的一套理论话语,而是人生的过程,是复杂的生命会话。① 作为课程实施的教学,本身就是课程的一部分,因为教学过程除了学科知识之外,还有隐性的文化、方法、价值、审美、自我实现、精神治疗等因素。

三、启悟的教学观

"启思明德,悟理达行"办学思想贯彻党的教育方针,落实立德树人的根本任务。在教学观方面吸收现代主义的线性、控制、精确、结构化的教学观念,又借鉴后现代主义开放、内在、生成和多元的特点,主张科学精神与人文精神、工具理性与价值理性、身心发展与人格完善、现实价值诉求与本体价值诉求的和谐均衡。强调学习者的主体地位和主体的能动性,强调学习者的兴趣、需要、能力和经验,强调知识的多元性、建构性、生成性,突出知识的综合性和整体性,力求培养和谐社会中具有独立人格、健康个性、高尚道德情感的现代人。

(一)教学目标

在教学上,"启思明德,悟理达行"追求三个层次的目标。一是国家教育目的,即落实立德树人的根本任务,推进素质教育。二是教学的"教育性"目标,培养学生的必备品格及核心价值。三是学科目标,包括基本知识、基本技能、基本方法和基本思想,即必备知识、关键能力和学科素养,也就是赫尔巴特的"教养"。

立德树人目标不仅是教育目的、教学目标,也是课程目标。其作为最高层次的目标,统领国家所有教育的价值取向。首先,我国是中国共产党领导的社会主义国家,这就决定了教育必须坚持以马克思主义为指导,全面贯彻党的教育方针,为人民服务,为中国共产党治国理政服务,为巩固和发展中国特色社会主义制度服务,为改革开放和社会主义现代化建设服务。坚持党对教育工作的全面领导,坚持走中国特色社会主义教育现代化

---

① 熊和平.课程与教学的关系:七十年的回顾与展望[J].高等教育研究,2019(6):40-51.

之路。也决定了我们的教育必须把培养社会主义建设者和接班人作为根本任务,培养一代又一代拥护中国共产党领导和我国社会主义制度、立志为中国特色社会主义奋斗终身的有用人才。其次,要培养学生将社会主义核心价值观内化于心、外化于行,转化为情感认同和行为习惯,对中华优秀传统文化沉淀与精髓的执着坚守、对中国特色社会主义所要求的公民道德价值的自觉践履。培养具有理想信念、爱国主义情怀、品德修养、知识见识、奋斗精神、综合素质的德智体美劳全面发展的人。最后,培养有理想、有本领、有担当,具有奋斗精神、实干精神、创新精神的时代新人。时代新人要严格约束自身的操守与行为,培养和强化自我约束、自我控制的意识和能力。要强化理想信念、提升自身修养、锤炼担当品格,将其固化成一种精神的追求,体现自身作为,彰显自身价值。

学科目标是浅而易见的,即便在饱受批评的行为主义教学观、认知主义教学观或建构主义的教学观里面,学科目标与教学也是一起出现的。学科目标是"教育性"目标的基石,只有学科目标达成,"教育性"目标才有实现的可能。学科目标可以理解为"才",是能力;"教育性"目标理解为"德",是品格。"才者,德之资也;德者,才之帅也。""才"是个人成功人生的基础,"德"是个人幸福人生的根本。余文森认为:"能力是人作为主体中最引以为傲的一种本质力量,其中内蕴着人的创造性、能动性与内发性;品格则是人作为主体中最富有人性的一种本质力量,其中内蕴着人的道德性、精神性和利他性。"[①]因此,在实践中,必须坚决摒弃无道德目标的教学,坚持"教育性"教学。

(二)教学过程

"启思明德,悟理达行"体现在教学过程中的观念主要有四点。一是师生关系追求尊重、平等、民主。二是"教"与"学"关系中,以"学"为主。三是学习方式讲究自主、合作、探究,追求情境化、主动化、小组化学习。四是注重课程资源的丰富性和生成性。

在师生关系上,教师尊重学生的差异性,做到"有教无类"。差异性是学生个体原有认知水平、能力结构、情感态度和道德观念个性化的表现,具有客观性和普遍性,是"教学生态"平衡性、丰富性的来源。在教学过程中,老师与学生的地位平等融洽,传统教学中教师的外在权威、统领、专制的地

---

① 余文森.核心素养导向的教学观重建[J].基础教育课程,2017(11):90-94.

位不复存在。老师是课堂教学的组织者和指导者,是"平等中的首席",学生是参与者和主动者,是学习的建构者。学生享有了话语权利,成为课堂教学的中心,他们的个性、人格、尊严得到了平等对待,他们的理解、体验、感悟、情绪得到了尊重,师生间的紧张对立关系被解构了。教学过程成为师生间、生生间交往互动、达成理解的过程,教师成为教学"教学生态"的管理员,课堂学习主张平等自由,气氛融洽,民主高效。

在教与学关系上,学是目的,教是手段,以教达学,以学促教。学是教学的出发点、落脚点,教学的中心和重心在学而不在教,教学应该围绕学来组织、设计、展开。[①] 教学强调学生的自主性和能动性,关注学习者的经验背景,通过平等地相互合作,探究与自身生活和社会生活有意义的主题。教师如何看待教与学的关系,或者说在课堂上怎样处理教与学的关系,实际上就是教师的教学方式的选择。以教为主,那么教师选择的教学方式为讲授法或讲练结合等;以学为主,教学方式为启发式、探究式、参与式与合作式。其深层次的原因在于教师如何从心理学的角度理解学生学习发生及成功的过程。认为学习是被动的、灌输的、压迫的,则是以教为主;认为学习是主动的、生成的、建构的,则是以学为主。

在学习方式上,倡导以学生发展为本,主张让学生自主学习、自主发展,注重学生学习方法的指导,引导学生开展课堂讨论。老师用学习促进者的身份促成学生知识的自主生成,通过设计新颖有效的学习情境,组织实施小组讨论,并在全程中负责讨论方向的引导以及讨论结果的评价,真正调动学生思考问题的主动性和解决问题的积极性。自主学习、合作学习和探究学习的基础是使学生充分理解问题的实质,解决各要素之间的关系,结合同伴间的讨论结果,在原有知识认知的基础上进行意义建构,促使学习真正发生,促进学生的个性发展和全面发展。

在教学中,"启思明德,悟理达行"主张教师"用教材教",以教材为蓝本,充分考虑教学目标的达成要求,发挥教师能动性,设计出能挖掘学生掌握必备知识、形成学科素养和关键能力、培育核心价值观念所需要的课程资源和教学安排,达成教学内容的确定性和预设性。同时,在课堂上,教师要善于利用学生的原有认知水平和结构,学生间、师生间互动讨论的结果,甚至是随堂偶然突然发生的情景或问题,将这些看作新鲜的、宝贵的学习资源,达成学习内容的随生性和不确定性,丰富课堂资源,使课堂教学多元

---

① 余文森.论核心素养导向的三大教学观[J].当代教育与文化,2019(2):62-66.

化、生动化,利于培养学生独立人格和道德人格。总之,应该认为,教学内容是开放的、生成的、流动的知识形态,知识是需要批判、建构、不断生成的对象。

(三)教学评价

"启思明德,悟理达行"主张教学评价尊重多元与差异,从重结果转向重过程,从单一评价转向多元评价,注重评价的动态性、模糊性、复杂性。

1.评价主体多元化

将教育行政部门、研究工作者、中小学校、教师、学生家长和社会各方面纳入评价主体参与评价,丰富多样的个性要求使得教学评价出现多元与差异,这是为了"倾听一切人的声音,哪怕是最卑微的小人物的声音,以防人微言轻的悲剧再度发生"。① 评价主体多元化还强调评价主体之间的求同存异,强调评价主体之间的平等交流与合作,体现不同主体间共同的价值追求,体现教学评价的多样性和动态性。

2.评价标准多元化

主张不用一把尺度、一个标准来衡量所有的个体,课堂教学评价作为一种促进学生发展的指示器,就应该为学生提供在一切可能方面都获得发展自己的机会,课堂教学评价在尺度上应该是多元的。对学生的学习效果评价不依赖一次或几次考试进行成果性评价,因为"这种刻板单一的评价方式忽视了学生的学习过程以及他们日常的行为表现,往往远离事实"。② 应采用形成性评价机制,围绕学生的自主学习能力、合作学习中的具体表现、知识建构状况等方面进行评价。在教学评价中共同参与,重视师生合作,重视结果与过程的统一,引导学生从不同角度欣赏自己,开发潜能,并引导师生理解、赏识、评价其他师生,使教学评价从封闭走向开放,从一元走向多元,师生成为真善美的体验者与实践者,从而丰富和拓展教学评价的作用。

3.评价内容多元化

课堂教学是教和学的双边活动过程,其评价也应以教和学各种要素及其关系作为关注的重心。新时代背景下的课堂教学评价,不仅要关注教师教的活动,而且要关注学生的学习活动,同时教与学的互动也应作为重要

---

① 大卫·雷·格里芬.后现代科学[M].马季方,译.北京:中央编译出版社,1998:6.
② 罗少茜.英语课堂教学形成性评价研究.[M].外语教与究出版社,2003:121.

的评价内容。教的评价内容有教学目标、教学设计、教学方式、教学过程、教师提问、随堂智慧、教学效果等;学的评价内容有学习方式、学生参与、生生讨论、学生提问等;教与学互动的评价内容有师生关系、课堂氛围、师生互动、生成成果等。评价内容的宽泛,带来评价的诸多正面影响,如促进、激励、诊断、改进等,形成师生开放、包容的教学观。

第五节 启悟的学生观

学生观是指关于学生的本质属性和特征的基本观念体系。诸如教育工作者对学生的本质、特征、成长发展过程等每一方面的基本看法。① 学校的学生观形成于教育教学实践之中,受一定社会的政治经济制度、文化传统、社会文化和学校传统所制约,并受到学校内部教师自身的世界观、人生观、价值观和对学生身心发展规律的认识水平的影响。学生观支配着学校对学生采取的态度和方法,并在一定程度上影响教育的目的、目标、内容、过程、手段、方法和成效。从本质上看,学生观是一种"学生是什么"的价值观念,是学校对学生的一种态度和看法;从结构上看,学生观表现为"学生是什么样的人",具有一定的层次维度,具有复合性的内部结构。总体来看,建构主义教育理论和后现代主义教育理论对我国的学生观研究影响较大。

一、建构主义学生观

建构主义理论源于康德的理性批判哲学,融合了皮亚杰的"自我建构理论"和维果茨基的"社会建构理论",并把它们有机地运用到学习理论中来,形成了建构主义学习环境四大要素,即情境、协商、会话和意义建构,认为"学习是认知者在原有知识经验的基础上,在一定的社会文化环境中,主动对新信息进行加工处理、建构知识表征的过程"。② 建构主义理论教育思

---

① 顾明远.教育大辞典(增订合编本·下)[Z].上海:上海教育出版社,1998:1806.
② 杨维东,贾楠.建构主义学习理论述评[J].理论导刊,2011(5):77-80.

想中的"学生主体"、"学习情境"和"协同学习"内蕴着学生观。认为学生是鲜活的个体、独特的个体、生活的个体,同时学生是学习的主体。

首先,学生是一个鲜活的个体。这意味学习者并不是空着脑袋进入学习情境中的。在日常生活和以往各种形式的学习中,他们已经形成了有关的知识经验,对任何事情都有自己的看法。即使有些问题他们从来没有接触过,没有现成的经验可以借鉴,但是当问题呈现在他们面前时,他们还是会基于以往的经验,依靠自身的认知能力,形成对问题的解释,提出假设。[①]因此,教师不能无视学生的已有知识经验,简单强硬地从外部对学生实施知识"填灌",而是应当把学生原有的知识经验作为新知识的生长点,引导学生从原有的知识经验中,生长新的知识经验。在这样的认识论基础上,应该看到,学生不是知识的容器,更不是施教者任意加工的对象,而是有着鲜活生命力的个体。他们有自己的知识经验和成长背景,有自己的是非判断和情感体验,更有巨大的发展潜能和未来的生命历程。关注学生的身心发展,对其作为生命个体的一生成长负责,应该成为对待学生的基本态度。

其次,学生是生活的个体。生活世界是人们在自然生活中能直接感知的世界,是个人和群体生活的具体环境;科学世界是人们在生活世界的活动所衍生出来的特殊的理性领域。这两个世界是现代人的两个生长家园。建构主义重视学生的生长和生活经验,认为知识的意义建构不可能凭空产生,而应当以丰富的学习情境作为载体。学习情境既可以由教师通过精心的构建来获得,也可以直接来源于现实世界。正因为建构主义强调学习是社会性、真实性的学习,真实的活动是学习环境的重要的特征,鼓励学生在社会背景中检验自己的观点,因此建构主义理论隐含着这样的要求,即教育必须回归学生的生活世界。

再次,学生是独特的个体。每一个学生作为生命个体,其独特性包括两个方面的含义:其一,学生是发展中的个体,与成人相比具有独特性。建构主义强调学生是具有极大可塑性的个体,因此,教师必须用发展的观点看待学生,他们既有无限的发展可能,同时又有其作为尚在发展中的人的不完善之处。建构主义强调不能以成人的标准衡量学生,要意识到每一位学生都有巨大的发展潜能。而且,学生的发展有其规律,要了解不同年龄

---

① 韩芳晗.建构主义理论观照下学生观和教育观的重建[J].黑龙江生态工程职业学院学报,2006(5):80-81.

阶段的学生身心发展的特点,并依据其规律开展教育,是我们的教育能够促进学生成长的前提。其二,每一个学生作为完整的生命个体,具有与其他个体不同的独特性。由于经验背景的差异是不可避免的,学习者对问题的看法和理解经常是千差万别的。建构主义重视个体的自我发展、珍视学生的独特性,并将学生之间的差异性视为一种宝贵的资源。

最后,学生是学习的主体。建构主义学习理论的核心就是:以学生为中心,强调学生对知识的主动探索、主动发现和对所学内容的意义的主动建构。这不同于只是把知识从教师头脑中传送到学生笔记本上的教学。学习是学生根据自己已有的经验积极主动地将新学习的内容纳入已有的认知结构中,主动地建构教学内容的意义,教师只是教学过程的组织者、指导者、促进者和帮助者。① 在整个教学过程中,学生均是处于积极的状态进行主动探索,主动建构、主动思考的认知主体。

二、后现代主义学生观

20世纪70年代产生的后现代主义已经成为一种世界性的文化潮流,在西方的文化界、思想界占有十分重要的地位,其特征是对传统思想文化的批判和超越,具体地表现在"(1)批判传统的'主体性';(2)批判理性至上意义;(3)批判崇尚超感性的、超验的东西的传统形而上学;(4)批判以普遍性、同一性压制个体性、差异性的传统思想模式;(5)最终把对传统思想文化的批判归结为人的审美生活——自由生活的彻底实现"。② 后现代主义者以开放性、多元性、差异性、否定性思维来反思现代性,富于批评精神,但这并不妨碍其建设性的一面。建设性后现代主义者的最大特征就在于它的重建性,它积极寻求重建人与世界、人和人的关系,积极寻求重建一个美好的新世界。③ 后现代的重建精神表现在学生观上,可以归纳为创造性的学生存在观、多元差异的学生潜能观、"去中心化"的学生地位观、生态和谐的学生发展观、开放多元的学生评价观等。

第一,学生是具有差异性的个体。后现在主义者的理论中,多元性在

---

① 涂元玲.论建构主义的学生观[J].当代教育论坛,2004(3):40-41.
② 张世英."后现代主义"对"现代性"的批判与超越[J].北京大学学报(哲学社会科学版),2007(1):43-48.
③ 徐辉,辛治洋.现代外国教育思潮研究[M].北京:人民教育出版社,2008:127.

本质上就是对理性、主流话语的颠覆,由此,边缘的、被压制的话语得到解放和发挥,每个个体得到充分的尊重与认可。① 后现代主义者主张,差异具有普遍性,随处存在,随时发生。虽然在某个领域、某个时期,人们力图消除差异,然而,欲根绝之,几乎机会渺茫,所以尊重差异成了必然选择。消除差异只是徒劳之举。要不断地去发现差异、尊重多元,与多元、差异共存、共同发展。德勒兹认为:"没有差别的世界是一个孤寂的世界,没有差别的人只是一尊尊丧失个性的木偶。"② 学生差异性体现的四个方面:一是学生是个性差异的存在物。学校和教师必须接受和尊重学生的各种差异。二是学生的差异是合理的和必然的。因为学生的差异既是教育之基础,也是学生发展之前提;学生的差异既是教育的出发点,又是教育所追求的终点目标之一。三是学生的个性丰富多彩,构成是多元并存的。"每一学习者都是一个非常具体的人,他有他自己的历史,这个历史是不能和任何别人的历史混淆的。"③ 四是学生的差异是发展中的差异,随着时间的变化,差异也在变化。

第二,学生是具有创造性的个体。后现代的开放性和多元性的特征决定了后现代主义必然重视创造。在后现代思想家那里,最推崇的活动是创造性的活动,最推崇的人生是创造性的人生,最欣赏的人是从事创造的人。④ 知识和信息时代的一个重要特征就是创造性成为人类发展的必需条件,甚至是人的普遍本性之所在。后现代主义强调每一个学生都是与众不同的,每一个学生的成长都可以拥有独特性和创造性,人人都具备创造性潜能。创造性不是"有没有"的问题,因为创造性本身是人类的自身存在形式之一,因此学生也是创造性的存在物。其创造性有四个方面。一是学生同其他人类个体一样,具备创造性潜能。尊重和保护学生的创造权益和创造情感,是教育应有之义。二是学生的学习活动应是创造性的活动。教学的组织安排必须围绕这个核心进行。三是教育终极追求是开发学生创造性潜能,促使学生成为一个有创造性的完整个体,并享受创造性带来的乐趣,保持创造激情。四是学生在创造性学习活动中创造了自身。人的自我

---

① 刘其晴.后现代主义视阈下学生观的反思与重建[J].四川职业技术学院学报,2010(5):73-75.

② 王治河.当代西方哲学中的"非哲学"[J].社会科学战线,1993(2):56.

③ 联合国教科文组织,国际教育发展委员会.学会生存[M].北京:教育科学出版社,1996:107.

④ 大卫·雷·格里芬.后现代精神[M].王成兵,译.北京:中央编译出版社,1998:3.

是被发明出来的,而不是被发现出来的。①

第三,学生是和谐发展的个体。科学至上在给人类发展带来福音的同时,也给人类自身生存造成巨大威胁。后现代主义者对现代文明的负面作用有着清晰的认识,提倡一种人与自然和谐共存、共同发展的生态观,最终实现人与自然共同可持续发展。后现代主义者肯定教育系统是具有生态性的,认为教育如同自然,也存在生态的问题,如果无视学生发展的生态性,无休止地开发学生的潜能,结果往往适得其反,最终学生的发展会走上片面的歧途。所以后现代主义者主张,在教育上,必须高度重视教育生态问题。必须关注学生发展的环境,关注学生潜能开发的可持续性,为学生可持续发展构建一种和谐的环境,最终实现学生全面和谐发展。② 后现代主义要求教育者在制订教学计划和教育教学时要充分地认识到学生的独特性、差异性和潜能性,让每一个学生的潜能都获得发展。学生的发展性表现在三个方面。一是必须将生态意识整合到整个教育过程中,既关注个体外在的生态平衡和保护,也注意个体内部情感、心理、潜意识等的生态平衡。③ 二是学生的和谐身心发展必须基于其与周围环境的和谐互动过程中。追求自身潜能的可持续发展,成为适应时代要求的具有持续学习力、持续生存力、持续创新力的全面发展个体。三是师生之间、生生之间的互动亦是和谐的、生态性的,其本质是建立一种可持续发展的和谐关系。

第四,师生地位平等。后现代主义的学生观认为,从西方近代传统的教育理论来看,无论是以教育家赫尔巴特为代表的以"教师为中心"的师生观,还是以教育家杜威为代表的以"学生为中心"的师生观,都是强调学习过程具有一方对象的"主体性",只不过是从教师中心走向了学生中心。自主体性思想产生之初,人类中心说便开始萌芽。后现代主义者是站在反对人的主体性的立场上来解构人的中心地位的。④ 后现代主义者认为,从本体上,人与人之间是平等的,没有优劣等级之分,主张教育领域必须"去中心化"。他们质疑教师的绝对权威,并力求消解之,以期最终建立一种师生之间平等互动、互依互存的新型关系。多尔就曾指出,教师与学生之间不

---

① 郭启华.后现代主义视野中的学生观[D].长春:东北师范大学,2006(5):14.
② 刘其晴.后现代主义视阈下学生观的反思与重建[J].四川职业技术学院学报,2010(5):73-75.
③ 李臣之.后现代主义课程理论试探[J].教育科学,1999(1):60.
④ 靳玉乐,于泽元.后现代主义课程理论[M].北京:人民教育出版社,2005:40-41.

存在领导与接受、先知与后知的鸿沟,而是作为一群个体在共同探究有关知识领域的过程中相互合作,教师是"平等中的首席",是内在于情景的领导者,而不是外在的专制者。① 他认为一切教育发生的基础应是平等、对话、信任、和谐的师生关系,师生之间在课堂上会产生各自的角色差异,但教师平等的首席作用不能动摇。师生平等体现在三个方面:一是学生是主动发展的个体。教师在学生的发展中的作用不是微不足道的,而是不可或缺的。在教师的帮助下,学生积极寻求符合自己个性的发展通路,发掘自己无限的潜能。二是教师与学生的关系是"去中心化"的,二者在平等对话中实现共同的教育目标。三是教师与学生均为平等关系中的对话主体,没有任何一方是权威。正如弗雷尔所言:"通过对话,学生的老师和老师的学生之类的概念不复存在,一个新名词产生了,即作为老师的学生或作为学生的老师。"② 后现代主义要求在面对学生的缺点和弱点时,不要急于给予指正,而要在学生认识到自己错误时及时地给予点拨;给学生批评建议时,要坚持实事求是,不宜过分夸大,更不可急功近利地要求学生,把自己视为高高在上的领路人,对学生没有尊重。在做到尊重时强调平等对话的师生关系,对学生动之以情、晓之以理、导之以行,引导学生学习行为的改变。

第五,学生评价多元开放。后现代主义者推崇差异性与多样性,主张多元论,摒弃封闭性,高扬开放性,认为统一的评价措施无法鼓励学生对未知世界的探索,不打破墨守成规的意识,就不能成为一个全面发展的人。相应于学生知识和技能结构的开放、多元,学生个性的开放和多元是应有之义。所以对学生的评价应把握多元和开放的原则,组织多元评价主体,设定多元评价目标、借助多元评价形式与手段,为学生的多元发展提供帮助。多元、开放的学生评价观体现在三个方面。一是学生个性是多元、开放且异彩纷呈的,教育者必须把它作为教育出发点之一,充分尊重学生的多元性需求。二是给学生设置单维封闭僵化的发展标准是荒谬而无效的,必须把握学生发展的多维性与开放性。三是多元的个性和要求呼唤多元的评价目标。严格来说,"教育者面对多少个学习者,他就必须建立多少种

---

① 小威廉姆·E.多尔.后现代课程观[M].王红宇,译.北京:教育科学出版社,2000:238.
② 保罗·弗莱雷.被压迫者教育学[M].顾建新,等译.上海:华东师范大学出版社,2001:80.

不同性质的关系,发出多少种不同的影响,接受多少种不同的评价"。①

三、启悟的学生观

在学校层面的教育实践中,学生在学校眼中是怎样的群体形象,对他们进行怎样的性质特点的认知与定位,无疑会关系到学校、教师对学生采取怎样的教育策略和方法,并且,学生观的立场、认知前提与价值判断,也将成为学校的教育理念、课程设置和教学方式确定的基础。问题的关键在于,教师能否根据学生的生理、心理、智能发展的规律和特点认识自己的教育对象,能否不站在成人的立场想当然地理解学生,能否以学生的角色作为判断前提。"启思明德,悟理达行"从学生的作为人的本质、学习过程中的特殊地位、教育可能性等三方面出发,认为学生是"生命个体"、是"学习主体"、是"生动群体"。

(一) 学生是生命个体

学生是一个个不断发展变化的生命,学生的发展是生命成长的过程,是一个个动态发展的过程。学生是完整的人,具有自然属性和社会属性,是具有德智体等基本素质的有机体。苏霍姆林斯基认为,教育成功的最大秘密是把学生看作是人。然而"人"的内涵实在丰富,那么学生是怎样的人呢?一方面,在生命意义上,学生是个体人:生活全面完整,活动自由自主。生活中的学生是生动的人、具体的人;是未完成的人、有待发展的人。另一方面,在社会意义上,学生是主体人:人格独立,责权统一。显然,这个主体不是二元论者的概念,他不是对客体的凌驾或优势,不应片面理解为教学活动过程中的"学生中心""教师客体"关系,而是一种社会意义、法理意义、人格意义上的非附属性。作为社会意义上的主体,学生在依法享有公民权利的同时,当然应当承担起相应的责任与义务。这一点,常常为当下的教育实践和社会舆论所忽视。当代学生观"学生是人"这一命题,这个"人"不是抽象的或生物意义上的人,而是"具体的人"②,是社会意义与生命意义的复合。

---

① 刘复兴.后现代教育思维的特征与启示[J].山东师范大学学报(人文社会科学版),2001(4):12.

② 保尔·朗格朗.终身教育引论[M].周南照,等译.北京:中国翻译出版公司,1985:87.

（二）学生是学习主体

"学习主体"并不等同于"学生中心论"，"学生中心"是相对于"教师中心"的观念，在是教与学过程中教师—学生二元论中"谁是主体，谁是客体"的价值判断。"学习主体"是指学生在自我建构、自我发展、自我实现过程中的作用和地位判断。以学生为学习主体，是强调学生对知识的主动探索、主动发现和对所学内容的意义的主动建构，而不只是把知识从教师的头脑中传送到学生的笔记本上。学习是学生根据自己已有的经验积极主动地将新学习的内容纳入已有的认知结构中，主动地建构教学内容的意义，教师只是教学过程的组织者、指导者、促进者和帮助者。[1] 教师是平等中的首席，学生是正在发展中的人，其知识、能力、性格等各方发展都不成熟，需要教师的指导。在整个学习过程中，学生均是处于积极的状态进行主动探索、主动建构、主动思考的认知主体。学习活动是一种主体行为，是别人替代不了的。因此，教师应激发学生学习的积极性和主动性，充分认识到学生在学习过程中的主体地位，只有这样，教育才会取得好的效果。

（三）学生是生动群体

在学习中，学生并不是单独排列自个儿学习，而是作为一个群体相互影响地进行互动交流、共同讨论而让学习真正发生。因而在学生观中，应该对学生群体进行价值判断。

首先，学生具有独特个性。学生是完整的人，因此他们不是以纯粹的致力于学习的人的面貌出现的，而是以形形色色的个性展现在我们面前，每个学生都有独特的心理世界，独特性是个性的本质特征。承认每一个学生都具有各自的独特性，承认他们个人都是唯一的这一个，相互之间存在差异，这是学生观中"差异性"的主要含义。[2] 独特性也意味着差异性，差异不仅是教育的基础，也是学生发展的前提，教育不能也无法使每个学生发展得完全一样，应使每个学生在原有基础上都得到完全、自由的发展。教师应当尊重学生的独特性和差异性，注意到学生先天遗传和后天经验各不相同，在学习上会表现出学习方式、接受快慢、理解深浅、兴趣偏好等种种差别，教育者必须因材施教，接纳差异。此外，教师必须了解学生和成人之

---

[1] 涂元玲.论建构主义的学生观[J].当代教育论坛,2004(3):40-41.
[2] 叶澜.叶澜自选文集[M].广西：广西师范大学出版社,2001:83.

间的不同之处。那种主张向学生传授成人的知识、把学生当成小大人的观点是不正确的,那种把学生和成人完全隔离、只注意到其独特性的看法也是片面的。① 当然,学生之间也存在个体的差异,每个学生都是一个活生生的世界,因此,应协调好一致性和独特性的关系。

其次,学生具有主观能动性。从教育实践的角度来看,学生是教师实践的对象,但这一对象不同于其他实践对象,因为学生是有意识、有个性的人,在接受教育的过程中始终受自己意识的支配。尽管学生的思想、观点和认知结构是在教师的影响下形成的,但"这一主体结构一旦形成就具有相对的独立性,并以其固有的模式同化外来的影响,从而产生自身所特有的心理反应",②这是学生主观能动作用的一种表现。同时,教师对学生的影响终究是一种外部影响,是不能自动地转化为学生主体心理结构的,教师的影响不能简单地移植到学生身上,必须以学生的活动为中介,才能使外部影响纳入学生的主观世界中去,这就是说,学生以其特有的、主动的方式的"学"反作用于教师的"教",这是现代教育的特点之一。教育的过程就在于不断地激发学生的主观能动性,使其逐步脱离教师的监护与引导,形成独立求知的能力。

再次,学生具有发展潜能。学生的发展主要包括身体和心理两个方面,身体的发展包括机体的正常发育和体质增强两层含义,心理的发展则是指认识、意向、人格等方面的发展。学校反对只注重知识的传授,不注重学生的智能发展;反对只看到学生现有的、静态的发展,看不到学生潜在的、动态的发展。学校认为学生不仅是发展中的人,而且是具有发展潜能的人,不仅是那些遗传素质好、学业成绩好的学生具有很大的发展潜能,即使是那些学业平平、遗传素质一般,甚至具有某种身心缺陷的学生也同样具有发展潜能。在学生身上所展示的各种特征都还处在变化的过程中,并未达到顶点,他们就像早晨八九点的太阳,潜藏着各方面发展的极大的可能性,施以适当的教育就能使这种发展的可能性转化为现实性,即使某些学生在发展过程中出现了某些错误,经过适当的矫正,仍可得到较大的发展。

最后,学生具有创造潜能。学生同其他人类个体一样,具备创造性潜能,学生的学习活动也是创造性的活动。从这个角度出发,学校教育应该

---

① 赵雪霞.学生观综述[J].教书育人,2000(10):6-7.
② 沈中荣.现代教师观、学生观、师生关系观[J].太原师范专科学校学报,2000(3):2-7.

开发学生创造性潜能,促使学生成为一个有创造性的完整个体,并享受创造性带来的乐趣,保持创造激情。学校反对将学生看成是贮存知识的容器,一味地向学生灌注知识,其不仅扼杀了学生的创造力,也阻碍其身心健康发展。学习期间,学生的创造潜能虽然尚未进入创造价值的过程,但能在创造性学习活动中创造自身,这说明了人的创造性是有梯度的。科学家的发明创造具有较高的社会价值,而学生在校学习过程中同样具有创造性的一面,这种价值表现为个人价值。因为一种富有创新的学习思路、学习过程所养成的创新精神、创新意识等对学生长大后进行独立的富有社会意义的创造具有重要意义,从这一意义上说,学生是具有独立创造价值的人。

第六节　启悟的教师观

教师观是对教师总的看法,包括对教师的本质以及教师在教育中地位和作用的看法,其核心是教师本质观。[①] 教师观内容是具体的、历史的。综观整个社会历史的发展,教师是一个不断变化发展的概念,教师的地位和作用也在不断发生变化。

一、我国传统教师观

我国古代由于社会生产力发展缓慢,等级森严,知识只被少数人掌握。因此,教师往往是知识及道德的化身,同时又是维护封建统治的有力工具。

(一)教师地位

学者必有师,我国历来就有尊师的传统。荀子说:"国将兴,必贵师而重傅;贵师而重傅,则法存。国将衰,必贱师而轻傅;贱师而轻傅,则人有快,人有快则法度坏。"[②]《学记》中也有关于教师地位的表述:"当其为师,则弗臣也。""大学之礼,虽诏于天子无北面。""师严然后道尊,道尊然后民知

---

① 曹晋.后现代主义教师观述评[J].成功教育,2007(8):104.
② 二十二子[M].上海:上海古籍出版社,1986:356.

敬学。"唐代韩愈的《师说》:"师者,所以传道、授业、解惑也。"唐代孔颖达说:"师者,众所法,亦是长之义也。"①明末清初的黄宗羲认为:"古今学有大小,盖未有无师而成者也。"②教师是礼的化身,是传播礼、实施礼的代表,是世人的模范。

(二)教师作用

为了更好地维持封建统治,让百姓服从社会等级的约束,统治阶级认可儒家提出了以"礼"为核心的伦理道德体系,需要教师对民众进行教化。《学记》认为:"能为师,然后能为长;能为长,然后能为君。故师也者,所以学为君也。"汉唐学者谈到教师作用时,也从明经与教化两方面入手。东汉王充说:"不入师门,无经传之教,以郁朴之实,不晓礼义。"③这是说教师可以帮助学生明经。另一方面,教师也是教化的主体之一,如东汉郑玄说:"顺时以养财,尊师以教民,而以治政则无过差矣。"④他把尊师教民视为治国的重要方面。教师成了维护统治阶级意识形态的守护人和传道者,成了国家意识形态的体现。此时教师不再是一种纯粹的职业,而是意识形态的体现,是一种政治工具。

(三)师生关系

古代教育家认为,学生无师则不懂礼义,无师则不能成人,师长有教育造就之恩,师生之间自然体现为一种有恩义的亲情关系。这种亲情关系一方面表现为教师对学生的关爱,另一方面也表现为学生对恩师的尊敬。"子温而厉,威而不猛,恭而安",⑤体现了孔子对学生宽严结合的态度。师生关系上,战国时期的荀子认为:"言而不称师谓之畔,教而不称师谓之倍。倍畔之人,明君不内,朝士大夫遇诸途不与言。"⑥汉代班固《白虎通·辟雍》将师生关系讲得最透彻:"师弟子之道有三:《论语》'朋友自远方来';朋友之道也。又曰:'回也,视予犹父也。'父子之道也。以君臣之义教之,君臣

---

① 十三经注疏[M].上海:上海古籍出版社,1987:175.
② 黄宗羲.黄宗羲全集.第十册[M].杭州:浙江古籍出版社,2012:527.
③ 诸子集成:第七册[M].上海:上海书店,1986:124.
④ 诸子集成:第七册[M].上海:上海书店,1986:1422.
⑤ 朱熹.四书集注[M].长沙:岳麓书院出版社,1983:129.
⑥ 二十二子[M].上海:上海古籍出版社,1986:355.

之道也。"① 认为师生之间的关系有三个层次:一是朋友之道,师生就像朋友一样,亦师亦友。二是父子之道,师生犹如父子,这是从伦理角度来界定师生关系。三是君臣之道,学生要无条件服从教师。传统的师生关系其实不外乎这三层意思。此外,在以"礼"为核心伦理道德思想的传统社会,师生关系也表现为一种礼义的关系。如明末颜元说:"同学善则相劝,过则相警,即师之言行起居有失,俱许直言,师自虚受。"②

二、建构主义教师观

建构主义关于教育问题的理念对我国影响巨大,其关于教师角色及其作用的见解和认识对传统教师观做了彻底解构,可以说在某种意义上完全颠覆了传统的教师角色。其主要思想逐渐深入人心,并得到教育研究者和教育实践者的普遍认同。

(一)教师地位

在建构主义看来,学生是积极的学习者。那种用直接的方式,例如,借助一种讲授课的方式向学生传授客观知识的尝试都将失败,因为这种尝试是从"学生是消极的学习者"的思想观点出发的。教师应该把学生作为积极的参与者去激励他们建构自己的心灵结构。换一种方式说,教师不应该也不能直接向学生传授知识。相反,教师应该促使学生建构自己的认知世界。教师通过提出问题来理解学生的建构和促进学生自己的理解,认真对待学生的学习动机,研究学生的解决问题的方案,促使个人建构顺利发生。把知识与能力看作是学生建构自己经验的产物,教师的作用将不再是讲授事实,而是帮助和指导学生在特定领域中建构自己的经验。建构主义认为,教师的作用不在于给予"真理",而是在确定的经验领域里,在概念建构上给予学生支持和控制。因此,在建构主义者看来,教师不是传授知识的"工程师",而是像苏格拉底倡导的"助产士"。教师不再是教学活动中唯一的主角,而是学生学习的辅助者、教学环境的设计者、教学气氛的维持者、教材的提供者;教师不再是操纵教学的决定者,也不是支配学生学习的权

---

① 陈立.白虎通疏证[M].北京:中华书局,1994:258.
② 李塨,王源.颜习斋先生年谱(卷上)//颜元集[C].北京:中华书局,1987.744.

威者,而是在学习活动中与学生相互平等。①

(二)教师的作用

建构主义认为,教师的作用在于应激发学生的学习兴趣,引发和保持学生的学习动机,创设一种良好的学习环境,保证学生在这种环境中可以通过实验、独立探究、合作学习等方式来进行学习。教师应依据差异鼓励学生选择自己的学习方式、找到展示自我的机会、展现自己学习的个性并对教材加以多元化的理解。向学生提供复杂的真实问题,教师不仅必须开发或发现这些问题,而且必须认识到复杂问题有多种答案,激励学生形成问题解决的多种观点。教师应保持学习活动和学习内容的平衡,向学生提供元认知工具和心理测量工具,培养学生评判性的认知加工策略,以及自己建构知识和理解知识的心理模式。创设符合教学内容要求的情境,提示新旧知识之间联系的线索,帮助学生建构当前所学知识的意义;为使学生的意义建构更为有效,应尽可能组织协作学习,展开讨论和交流,并对协作学习过程进行引导,使之有利于意义建构。② 教师不是简单的麦田守望者,而是学生知识的引领者和促进者,在学生已有经验的基础上,给予鼓励和引导,帮助学生对新知识加以正确的建构。③ 通过教师智慧的引领,可以架设起师生、生生、生本互动的平台,形成人人参与、自由对话、真诚沟通的学习氛围,开创学生思维的任意驰骋、不断创新的境界。

三、后现代主义教师观

后现代主义批判现代主义的绝对理性、规范性和确定性,主张世界的多元性、开放性和不确定性。这一观点反映在教育领域就是反对学科知识中心和教师中心,反对教师权威,强调教学过程中教师和学生的共同参与以及师生间的平等互动关系。

(一)教师地位

后现代主义认为,学校文化知识作为社会规范和社会意识的载体,不

---

① 张桂春.简论建构主义教师观[J].教育科学,2006(2):49-52.
② 钟志贤,徐洪建.建构主义教学思想揽要[J].中国电化教育,2000(2):17-19.
③ 黄永秀,刘君.基于建构主义学习理论的教师观转变[J].科教文汇,2007(7):9.

是完全预定和固定不变的,它不是终极的真理,而是师生在共同参与的探究活动中生成意义、精神、经验、观念和能力。知识不再是客观的、静态的、唯一的,而是境遇的、动态的、生成的。教师的权威不再建立于学生的被动与无知的基础上,而是建立在教师借助学生的积极参与以促进其充分发展的能力之上。随着民主社会向纵深发展,使得来自意识形态赋予教师权威角色的可能性逐渐消失,教师将从"真理"拥有者的"圣坛"上走下来,与学生处于平等的地位。多尔认为:"在教师与学生之间的反思性关系之中,教师不要求学生接受教师的权威;相反,教师要求学生延缓对那一权威的不信任,与教师共同参与探究,探究学生所正在体验的一切。教师同意帮助学生理解所给建议的意义,乐于面对学生提出的质疑,并与学生一起共同反思每个人所获得的心照不宣的理解。"①课堂应该处于一种动态失衡和丰富开放的状态,通过主体间的对话和反思达成学习目标。教师不再是"不可怀疑"的社会代言人,不再是"不能替代"的知识传递者,不再是学生"天然"的规训者,教师最多是"平等中的首席"。后现代教育消解了教师作为教育活动的角色中心的地位,传统教与学的边界已经消除,教学活动已经转变成为师生之间主动选择的和谐过程,教师和学生是一种持续的平等对话关系。教师不再是知识的权威,而是作为一个专家学习者,示范、启发、引领学生自主构建知识的大厦,积淀终身学习的各种智能。②

(二)教师的作用

后现代主义认为,教师要"引诱"学生进入知识传统,以便学生能够对历史上的伟大的思想家产生英雄般的崇敬之情;教师不在于传授真理,而在于激发学生的想象力。教师必须能够使学生产生对话;对话不仅在师生相互之间,还要求通过仿效知识英雄的"伟绩"与知识英雄产生对话。③ 教育从本质上来说,就是教师和学生以"语言"为中介进行交互作用的过程。教育活动从本质上来说就是人与人之间的交往活动。交往不同于支配,它体现了教师和学生处于平等共处的位置。教师不是把对方作为客体去改变,而是共塑他们之间的"共同话语情景";也不是把自己的观点强加于学

---

① 多尔.后现代课程观[M].王红宇,译.北京:教育科学出版社,2000:227.
② 白冰.后现代教师观的现实追问与理论反思[J].北师大学报(哲学社会科学版),2009(4):149-156.
③ 罗蒂.哲学和自然之镜[M].北京:生活·读书·新知三联书店,1987:322.

生,而是通过交换看法,寻求共识。在后现代思想家看来,教师和学生是两个独特的精神实体,相互赋予平等和尊重,这两个精神实体的相遇,就是"对话"。"对话的中心就是两个自主的人之间的会晤,他们不想给对方留下印象,或利用它。"①后现代主义教师观认为,学生是一个充满生机、变化不定的生命体,教师无法预定学生的未来是什么样子;在教育的历程中,充满着风险和无数的可能性,教师的职责在于帮助学生发现生命的意义和价值,激发学生的生命意识,促使学生不断完善。其认为教育的对象是人,而人的本质既有其言说的一面,也有其缄默的一面。正是人存在这种复杂性,所以人的发展有其可预见的地方,也有其不可预见的地方。这样一来,教育的目标就不是传递已知,而是教师引导下的师生共同探索未知的过程。因此,在教育过程中,教师既要向学生传授知识经验和生存技能,更要培养学生的批判意识和创新精神。

四、启悟的教师观

2018年中共中央国务院颁发的《关于全面深化新时代教师队伍建设改革的意见》中指出:"教师承担着传播知识、传播思想、传播真理的历史使命,肩负着塑造灵魂、塑造生命、塑造人的时代重任,是教育发展的第一资源,是国家富强、民族振兴、人民幸福的重要基石。"②这句话指出了教师在落实立德树人根本任务、建设教育强国、推动教育现代化中的地位和作用。在学校层面,教师是学校教育事业发展的第一资源,是学生成长成才的根本保障。

(一)教师性质

教师是从事教育教学工作的专业人员。1993年颁布的《中华人民共和国教师法》第一次从法律角度确认了教师的专业地位。崔允漷等认为:"称得上'专业'的实践都需要有三个环节:专业方案的拟订、方案实施与结果

---

① 卡尔曼·雅隆马丁·布贝尔.世界著名教育思想家:第一卷[M].北京:中国对外翻译出版公司,1994:111.
② 关于全面深化新时代教师队伍建设改革的意见[EB/OL].(2018-01-20)[2020-02-20].http://www.gov.cn/zhengce/2018-01/31/content_5262659.htm.

评估。"①教师的课堂教学实践符合专业三环节：教学方案、教学过程和教学评估。此外，2012年教育部颁布的《中学教师专业标准（试行）》（下称《标准》）明确规定了中学教师的专业标准，包含三个维度：专业理念与师德、专业知识与专业能力；十四个领域：职业理解与认识、对学生的态度与行为、教育教学的态度与行为、个人修养与行为、教育知识、学科知识、学科教学知识、通识性知识、教学设计、教学实施、班级管理与教育活动、教育教学评价、沟通与合作以及反思与发展；提出"学生为本""师德为先""能力为重""终身学习"四个基本理念，是中学教师作为专业人员在专业实践和专业发展中应当秉持的价值导向。《标准》是我国关于中学教师专业要求的第一份政策文本，其定位是"对合格中学教师的基本专业要求"。这意味着《标准》的规定超越于对不同学科、不同发展阶段教师的具体要求，是对所有中学教师的一般性共同要求。《标准》既具有"评价"标准之性质，也具有"导向"标准之特征。作为"评价"标准，它是"中学教师开展教育教学活动的基本规范"，是"中学教师培养、准入、培训、考核等工作的重要依据"，因此是评价教师和教师教育质量的依据，是进行教师管理和教师教育管理的抓手。作为"导向"标准，它是"引领中学教师专业发展的基本准则"，因此是引领中学教师教育专业化的基础。

（二）教师作用

教师是人类文化的传播者，在社会发展和人类的延续中起桥梁与纽带作用。儿童从自然人走向社会人的时候，儿童需要接受既有的人类智慧成果和社会规约，从而需要知识、文化的启蒙。中华文化源远流长、博大精深，是民族之根，是民族之魂。教育和学习是认识传统文化价值、传承中华民族经典文化的最有效途径。教师在教育过程中，不仅要教授现代"实用的"科学知识，更要通过中国传统文化使学生理解民族精神，培养民族气节，继承民族基因。② 同时，教师应该以人类历史上积累的丰富的文化科学成果培植学生的人文精神，陶冶高尚而丰富的情感，确立健康而积极的生活方式。

教师是人类灵魂的工程师，在塑造学生的品格中起着关键性作用。教师要重视与学生之间构建民主平等的师生关系，更要重视发挥精神领袖的

---

① 崔允漷,雷浩.优质学校课程建设的专业规范[J].人民教育,2019(13-14):37-40.
② 夏小书.习近平的教师观微探[J].绥化学院学报,2017(3):24-28.

作用,成为学生精神型领导者。正如叶澜教授指出的那样:"教师不仅在传递知识,更在从事独特的创造性工作";"教师把人类的精神财富转化为学生个人成长的精神财富";"教师促使学生精神世界不断地丰富和完善"。[①]教师通过教育教学活动将其自身的道德品行、人格魅力、过人能力和个人情感影响和感染学生,使学生在潜移默化中受到教育,提升道德品质和精神内涵。教师以学习为途径、以精神为核心,深入了解学生学习成长发展的个体差异,使学生带着愉悦的心情投入学习中,体验学校生活的价值感、意义感、幸福感,促使学生精神成长。

教师是学生潜能的开发者,对个体发展起促进作用。教师在教学中要培养学生的想象力,培养学生的对话能力,进而培养学生的创新意识和创造能力,以使学生适应社会的需要。就是说,教育教学不仅要注重学生知识的积累,更要挖掘个体潜力和创造意识、培养关键能力、形成学科素养、健全人格与个性。教师尊重、鼓励和支持学生,充分相信学生,与学生共同探讨,让每一个学生在互动中充分自由地发表见解观点,发挥主观能动性,让学习真正的、生动的、和谐的发生。

教师是教育工作的组织者,在学生学习中起主导作用。教师在教学资源和教学活动展开等方面是具体的实施者。通过科学地分配时间,采取合理的活动方式,启发学生思维,协调学生关系,激发集体学习的动力。同时,教师在教育教学组织过程中,通过合理地运用专业知识与素养,让学生更快地进入学习状态,更好地进行互动交流,更有效率地掌握知识并形成素养。

(三)教师角色

教师是学生学习的促进者,这是教师最明显、最直接、最富时代性的角色特征,并且是核心特征。教师是学生学习能力的培养者。教师不仅传授知识,而且重在检查学生对知识的掌握程度。通过课堂互动、交流,教师能激发学生学习,培养学生的能力与个性。同时,教师是学生学习的引路人。教师在促使学生知识能力形成中,引导学生沿着正确的道路前行,并不断在学生成长的道路上设置不同的路标,成为学生健康心理、高尚品德的促进者和催化剂,引导学生学会自我调适、自我选择,不断进步。

---

① 叶澜.教师不仅在传递知识,更在从事独特的创造性工作[EB/OL].(2018-09-11)[2020-02-20].https://new.qq.com/omn/20181004/20181004A18E02.html.

教师是教育教学的研究者。教育过程是一个教学相长的过程,是教师与学生互相学习、互相进步的过程。教师在教学过程中不但促进了学生的发展,而且使得自己的专业知识得到发展。教学相长是教师工作的产物,并不是教师主动发展的表现。教师对教育教学的研究与探索,才是自我发展、主动发展、生动发展的开始。一方面,教育研究是教师职业特点的要求,从事教育教学是专业工作,因此专业研究、专业探索、专业提高是教师应有之义。另一方面,教育工作的复杂性、教育理论的动态性、学生群体的变化性都给教育教学带来巨大的挑战,"无研究即退步""不研究落伍"逐渐成为共识。

教师是学校课程的建设者。学校遵循民主、开放、科学的课程理念,执行国家课程、地方课程和学校课程三级管理制度。一方面,鼓励教师本着思想性、时代性、基础性、关联性和选择性的原则积极开发建设校本课程,丰富学生选择,培养学生个性。但是,就整体课程建设来说,教师最大的挑战和任务就是国家课程的校本化实施。首先要确立一个观念,国家课程的校本化实施也是学校的课程建设范畴,并且是最复杂、最重要的课程建设。其次,国家课程校本化实施必须根据学生的学业基础、学校教育目的、课程目标而进行。最后,国家课程校本化实施体现了教师的能动性和创造性,表现出教学风格和教学水平。

第七节　启悟的教育质量观

质量是教育的生命线。教育质量是教育实践的过程与目标,是教育改革的动力与归宿。提升教育质量是教育发展的永恒主题,树立正确科学的教育质量观是教育发展的助推器。

一、教育质量

对于教育质量的多元化理解,是不同的利益相关群体,由于所处的社会结构和教育系统中的位置与角色的不同,对教育质量观的理解和教育理念的接受程度各异,也是社会、历史、经济和文化诉求经历不同社会发展阶段在教育中的反映。国内外的学者已不再致力于追求教育质量概念的一致性,而更关注质量概念的建构性与适切性。教育质量是一个相对概念,以价值观和社会文化为基础动态发展,多重视角和多元建构为其提供了更多的可能性和丰富性。①

(一)我国教育质量概念演化

改革开放后,国内对教育质量概念的研究经历了从单一、固定到多元、动态的发展过程,内容聚焦从学生变化、满足目的与需要到多元化、不确定性的内容指标定义,经历了从概念性定义逐步转化为操作性定义的过程。

20世纪90年代前后,关于教育质量的概念内涵研究相对较少,仍处于管理学或工程学思维理念的内化适应阶段。在这一阶段,教育质量的话语体系依然反映出多种多样的、模糊的和与问责相关的特征,将教育视为一种特殊的产品和服务,强调教育质量是对国家这一教育供给和服务对象提出目标的符合程度,并依此为评价标准。瑞典托斯坦·胡森的定义受到普遍认可,他说"质量是指学校里进行某种教育活动的目标达到什么程度",并指出质量的标准"既可以指绝对的准则参照,也可以指相对的或常模参照"。②顾明远先生主编的《教育大辞典》认为:"教育质量是对教育水平高低和效果优劣的评价,最终体现在培养对象的质量上,衡量标准是教育目的和各级各类学校的培养目标。"③戚业国、陈玉琨教授提出从教育的内适质量、外适质量和人文质量三个方面来把握教育质量,通过概念的内部层次再次论证了学校培养的人才为社会、经济、文化的发展所做准备的充分程度和满足情况,实质上它是一种满足质量。④朱益明认为:"教育质量是指学生获取的知识、技能及价值观与人类和环境的条件及需要所相关的程度。"⑤这阶段教育质量概念主要是程度说,即"合需要"。

21世纪初期,对于教育质量的研究逐渐增多,但对教育质量内涵的直接研究仍然匮乏,处于概念"标准化"的概念应用阶段。ISO9000标准被视为当代世界质量管理领域的国际化标准,得到广泛认可并应用于教育质量

---

① 王学男.何谓"教育质量"——"十三五"时期提升教育质量的概念前提[J].河北师范大学学报(教育科学版),2017(11):84-89.
② 托斯坦·胡森.论教育质量[J].华东师范大学学报(教育科学版),1987(3):2-9.
③ 顾明远.教育大辞典[K].上海:上海教育出版社,1999:201-203.
④ 戚业国,陈玉琨.论教育质量观与素质教育[J].中国教育学刊,1997(3):26-29.
⑤ 朱益明.教育质量的概念分析[J].比较教育研究,1996(5):55-56.

的内涵阐释,以程凤春教授为代表的部分学者基于 ISO 管理体系及标准的理念,将教育质量理解为"输入—过程—输出"模型,基于过程视角把教育质量理解为"教学过程中通过教师的教和学生的学而体现出来的学生学习的优劣程度",同时将教育质量分解为可观测的数据指标进行评价考核。①王军红、周志刚认为教育是公共服务,对教育服务进行量度有两个维度,一个维度是经过教育服务后状态改变了多少,另一个维度是经过服务后结果状态与期望状态的差距。② 教育质量是教育产品质量和教育过程质量的统一成为当时的一种代表性观点。

2010 年以来,一些学者对教育质量的特性进行了回溯与国际比较,这属于教育质量概念内涵的兼容并包、中西融合阶段。闫震普认为,教育质量是"教育实践活动遵循其内外部关系规律,促进受教育者主体性发展的程度"。教育质量应体现三个方面的基本内涵:应当反映教育作为一种主体生命实践活动的本质;必须体现教育实践活动的基本功能;必须表达教育实践活动的基本规律。③ 王学男认为,教育质量概念应该包括六个方面:回归教育的本质与教育基本要素,符合教育发展的规律;兼具国际视野与我国发展的实际需要;利用好各级教育质量监测;将教育发展还原于社会现实;进一步细化教育质量的分析框架和评价标准;构建教育质量完整的逻辑概念体系。④ 此时,我国学者关于教育质量概念的研究与国际研究基本合拍。

(二)国际主流教育质量概念

国际上广泛通用的主要有四种教育质量的概念框架模型,分别是"输入—过程—输出"模型、学习者中心模型、多元社会互动模式和教育系统质量分析框架。

2004 年 11 月,联合国教科文发布了《2005 全球全民教育监测报告》,提出了教育质量的认识框架和提高教育质量的政策框架,这意味着对教育

---

① 程凤春.教育质量特性的表现形式和内容——教育质量内涵新解[J].教育研究,2005(2):45-67.
② 王军红,周志刚.教育质量的内涵及特征[J].河北大学学报(哲学社会科学版),2012(9):71-73.
③ 闫震普."教育质量"浅析[J].教育教学论坛,2018(11):68-69.
④ 王学男.何谓"教育质量"——"十三五"时期提升教育质量的概念前提[J].河北师范大学学报(教育科学版),2017(11):84-89.

质量问题的关注和理解上升到了前所未有的新高度。该报告强调教育与社会之间紧密的联系和相互影响,提出了教育质量认识框架的五个维度和两个层次。五个维度包括学习者的特点、社会背景、投入、教与学、成果。其中,"学习者的特点"包括学习者自身的状态,一是包括经验、能力、毅力、耐力、学习积极性、先验知识等,这些因素直接影响学习效果;二是所处的社会背景对学习者的影响,包括宗教信仰、家庭条件、居住地点等,这些因素间接影响学习效果。两个层次指学习者和学习系统,前者需要了解学习者已有的知识,组织正式和非正式的教学,进行无歧视性的练习,提供一个安全并具有支持性的学习环境;后者指结构化的系统,需要有效的政策执行、法律颁布、资源配置和测评学习效果,最终形成"输入—过程—输出"模型。① 该框架将学生置于教育的核心地位,充分考虑学习者的个性、所处环境以及学习需求,在教育实践中必须反映学习者的核心地位,多途径创造有利条件来促进教学。从宏观上说,该框架有利于指导政府进行教育改革,以提高教育质量。

2005年,皮戈齐提出的"学习者中心模型"的教育质量概念框架,主张基于儿童权利视角,强调把儿童的学习置于模型的中心,与儿童学习相关的五类要素紧密联系,即发现学习者、学习者特征、学习过程、学习内容和环境。其中"发现学习者"通过三个层次的内涵来突出学习者中心的内在意义:教育机会的均等、教育对象的全纳和教育主体的儿童体验中心。学习特征"可以是学习者一些专业能力或受创伤的体验,也可以是幼年期卓越的发展情况或疾病、饥饿。学生特点中的这些变数应予以考虑"。"学习过程"必须有经过培训能够使用以学生为中心的教与学的方法,并能够使用日常生活所必需的能力的学习方法的教师。"学习内容"应该根据世界上发生的变化,并根据以某种方式使各个社会之间的关系变得更密切的信息技术与全球化过程重新审视。学习环境强调"心理社会环境倒也是值得认真对待的,以排除像性别歧视、戏弄新生、体罚与强迫劳动那样的一些做法"。②

2010年,以尼克尔和劳为代表的研究者从社会学和利益相关者理论的视角,提出了"多元社会互动模型",认为教育质量像织物一样具备一定的

---

① 温从雷,王晓瑜.构建全民教育质量评估体系的蓝图——《2005全球全民教育监测报告》述评[J].开放教育研究,2006(6):93-96.
② 皮戈齐.全民优质教育的要素[J].张人杰,译.外国中小学教育,2005(5):1-5.

弹性与张力,应能在动态中保持平衡,因此提出了"织物模型"及其七个维度,即效率、效益、公平、反身性、相关性、回应性与可持续性。反身性是指在越来越不确定、快速变化的世界里,教育要对学习者的个人发展方向有所贡献,促进学习者对人类活动与环境的理解与互动。回应性是源于特殊儿童教育情境的概念,在此处被应用于整个教育系统,并且强调教育系统应考虑学习者学习能力与风格的差异与多样性。此外,英国哲学家理查德·普林把教育质量分为四种版本,即学术版本、职业版本、本质版本和消费者版本,从不同的概念主体和利益相关群体出发,对教育质量进行了"分类"处理。①

2012年,联合国教科文组织发布了《教育系统质量分析框架》,从5个层面、15个类目构建了更具内在逻辑与有机联系的教育质量的内容体系,由表及里的顺序依次是支持机制(治理、财政、系统有效性)、核心资源(课程、学习者、教师、学习环境)、核心过程(学习、教学、评价)、预期成果(能力、终身学习者)及发展目标(关联性/响应性、公平与包容)。② 显然,这一教育质量的框架体系更为清晰与全面,剔除了一些繁杂的外部因素,通过聚类的方式将其融入教育要素中。教育质量概念又回归到教育的本源,其出发点与归宿均立足于学生发展、教师发展及教育关系发生所需要的教育资源与环境。

(三)我国教育质量提升的演进历程

新中国成立后,具有临时宪法作用的《中国人民政治协商会议共同纲领》强调:"中华人民共和国的文化教育为新民主主义的,即民族的、科学的、大众的文化教育。"③1949年12月召开了第一次全国教育工作会议,会议确定了新中国教育的新民主主义性质,强调教育的主要任务是提高人民文化水平。1951年,新学制颁布,各级各类学校、扫盲教育迅速发展,并学习苏联经验,开展了以提高教育质量为中心的教育教学改革。1953年,全国文教工作的总方针确定为"整顿巩固,重点发展,提高质量,稳步前进"。1958年9月颁布的《中共中央国务院关于教育工作的指示》明确指出:"教

---

① 王学男.何谓"教育质量"——"十三五"时期提升教育质量的概念前提[J].河北师范大学学报(教育科学版),2017(11):84-89.

② 张娜.联合国教科文组织的核心素养研究及其启示[J].教育导刊,2015(7):93-96.

③ 中共中央文献研究室编.建国以来重要文献选编(1921—1949):第26册[M].北京:中央文献出版社,2011:766.

育的目的,是培养有社会主义觉悟的有文化的劳动者,这是全国统一的,违反这个统一性,就破坏社会主义教育的根本原则。"[1]1962年,教育部颁发《关于有重点地办好一批全日制中、小学校的通知》。在国家百废待兴、财政严重匮乏的困难情况下,集中力量办好一批重点学校,以便尽快提高教育质量、带动整个教育水平的提高,成为一项重要的教育政策。当时,培养国家急需人才,教育质量着眼于升学率和考试分数。

"大跃进"时期,教育事业出现盲目冒进的混乱状况。从1961年到1963年,"高教60条""中学50条""小学40条"相继颁布,对稳定教学秩序、改进教学工作和提高教学质量,调动广大教师的积极性,起到了有力促进作用。

改革开放以来,提高质量逐渐成为教育改革发展的核心任务。1978年4月,邓小平同志在全国教育工作会议上的讲话中,首先强调要提高教育质量,提高科学文化的教学水平,更好地为社会主义建设服务。1985年,《中共中央关于教育体制改革的决定》颁布,提出教育必须为社会主义建设服务,社会主义建设必须依靠教育,全面启动以教育体制改革为主导的教育改革。[2] 1992年,党的十四大报告明确提出:"必须把教育摆在优先发展的战略地位,努力提高全民族的思想道德和科学文化水平,这是实现我国现代化的根本大计。"1993年,《中国教育改革和发展纲要》中强调,教育改革和发展的根本目的是提高民族素质,多出人才,出好人才,要求各地教育部门把检查评估学校教育质量作为一项经常性的任务。[3]

1999年《中共中央国务院关于深化教育改革全面推进素质教育的决定》要求全面贯彻党的教育方针,以提高国民素质为根本宗旨,以培养学生的创新精神和实践能力为重点,造就"有理想、有道德、有文化、有纪律"的德智体美等全面发展的社会主义事业建设者和接班人。党的十六大以来,以胡锦涛为总书记的党中央提出科学发展观,坚持以人为本,全面实施素质教育,推动教育事业和人才培养科学发展。2005年,胡锦涛指出:"全面

---

[1] 中共中央档案馆,中共中央文献研究室.中共中央文件选集(1949.10—1966.5):第29册[M].北京:人民出版社,2013:37.

[2] 中共中央关于教育体制改革的决定[EB/OL].(1985-5-27)[2020-03-01].http://www.moe.gov.cn/jyb_sjzl/moe_177/tnull_2482.html.

[3] 中国教育改革和发展纲要[EB/OL].(1993-02-13)[2020-03-01].http://www.moe.gov.cn/jyb_sjzl/moe_177/tnull_2484.html.

贯彻党的教育方针,坚持学校教育、育人为本,德智体美、德育为先。"①从我国基本普及九年义务教育,到全面普及义务教育、高中阶段教育基本普及、高等教育实现大众化,从"有学上"到"上好学",人民群众对优质而公平的教育需求更加强烈,教育观念也逐渐由"育才"向"育人"本质回归。2010年,《国家中长期教育改革和发展规划纲要(2010—2020年)》将"提高质量"纳入二十字工作方针,明确要求树立科学的教育质量观,把促进人的全面发展、适应社会需要作为衡量教育质量的根本标准。随着社会经济、文化的不断发展,国家教育投入不断增加,教育法律法规逐步建立,教师教育不断发展,教育对外交流日益拓展,为教育质量的提升提供了有力保障。

进入新时代,提高教育质量被摆在更加突出的战略位置。党的十八大以来,以习近平同志为核心的党中央坚持教育优先发展,把全面推进素质教育、促进人的全面发展、全面提高教育质量摆在了更加突出的战略位置,开启了提升教育质量的新时代。

2013年,教育部发布《关于推进中小学教育质量综合评价改革的意见》,提出建立体现素质教育要求、以学生发展为核心、科学多元的中小学教育质量评价制度,切实扭转单纯以学生学业考试成绩和学校升学率评价中小学教育质量的倾向。② 2014年,国务院印发《关于深化考试招生制度改革的实施意见》,全面启动新一轮考试招生制度改革。同年,《教育部关于全面深化课程改革落实立德树人根本任务的意见》提出了学生发展核心素养概念。《中国学生发展核心素养》研究成果于2016年发布,对各学段学生应具备的核心素养进行了系统建构。2016年,《中华人民共和国国民经济和社会发展第十三个五年规划纲要》中以"提高教育质量"等为主题,提出了各级各类教育的发展目标和任务。党的十九大明确提出,努力让每个孩子都能享有公平而有质量的教育。在2018年9月召开的全国教育大会上,习近平总书记提出了"教育是国之大计、党之大计"的重要论断,将教育摆在了前所未有的战略地位,提升教育质量成为更具紧迫性的战略任

---

① 中共中央文献研究室编.十六大以来重要文献选编(中)[M].北京:人民出版社,2006:640.

② 关于推进中小学教育质量综合评价改革的意见[EB/OL].(2013-06-08)[2020-03-01].http://www.moe.gov.cn/srcsite/A26/s7054/201306/t20130608_153185.html.

务。① 全国教育大会召开后,《中共中央国务院关于学前教育深化改革规范发展的若干意见》《国家职业教育改革实施方案》《中国教育现代化2035》《加快推进教育现代化实施方案(2018—2022年)》《关于新时代推进普通高中育人方式改革的指导意见》《关于深化教育教学改革全面提高义务教育质量的意见》等一系列文件相继出台,对新时代教育改革发展、提高教育质量进行了系统设计和全面部署。深化教育体制机制改革,着力解决好教育特别是优质教育发展不平衡、不充分的问题,满足人民群众日益增长的享受更加公平、更高质量教育的需求,成为教育发展的时代主题。

二、我国教育质量观的演化

教育质量观是人们对教育质量的看法和认识。教育质量观具有价值导向的作用,影响着教育者的教育信念及其教育行为和工作方式。② 其实,教育质量观也影响着教育外部支持、教育过程、教育内容和受教育者行为,可以这样说,教育质量观对教育具有基础性和全局性的影响。

改革开放以来,随着国际形势的不断变化、国内政治经济文化的持续发展和对国内外教育理论研究的不断深入,我国的教育质量观发生阶段性的变迁。

(一)关注学业成绩的合标准质量观

这一阶段在1978—1984年左右,是教育的"拨乱反正"时期。1977年恢复实行全国统一高考、统一招生的升学政策之后,国家社会开始宣扬"尊重知识、尊重人才"的观念。1978年十一届三中全会召开,改革刚起步,国家急需大批人才投入到国家的重建之中,培养人才是教育的当务之急。同年教育部颁布了《全日制中学暂行工作条例(草案)》和《全日制小学暂行工作条例(草案)》,使基础教育得以快速拨乱反正,恢复重建。当时评判教育质量的标准包括三个方面,一是教育规模的标准;二是人均受教育程度的

---

① 习近平:坚持中国特色社会主义教育发展道路 培养德智体美劳全面发展的社会主义建设者和接班人[EB/OL].(2018-09-10)[2020-03-02].http://www.moe.gov.cn/jyb_xwfb/s6052/moe_838/201809/t20180910_348145.html.

② 温恒福.确立现代教学质量观追求正确的教育质量[J].基础研究参考,2012(12):3-6.

比重;三是入学率与升学率。1980年,教育部召开了中华人民共和国成立后的第一次"全国重点中学工作会议",印发了《关于分期分批办好重点中学的决定》。在教育质量衡量标准单一、质量以成绩为准绳的背景下,这种以学生成绩为主要指标划分学校层次的做法,进一步强化了基础教育的成绩质量观。在此质量观的引领下,这一时期基础教育逐步出现了片面追求升学率、学生学业负担过重的问题。需要说明的是,片面追求升学率问题到现在也没有得到根本解决,这是由于我国教育发展质量仍不够高、不够公平,城乡、地域教育水平差距大,文凭在择业中仍然具有重要作用;还有就是人口众多,人才的选拔不得不依靠考试这一相对公平的方式,导致成绩成为重要的质量指标。

(二)关注教育主体的合需求教育观

这一阶段在1984—2000年前后,可分为两个时期:1985—1992年,关注的是社会主体的需求;1993—2000年,关注对象逐渐转向个人。前一个时期的开始以1985年5月《中共中央关于教育体制改革的决定》(以下简称《决定》)的发布为标志。《决定》明确指出"教育要为我国的经济和社会发展大规模地准备新的能够坚持社会主义方向的各级各类合格人才"。这标志着"全面发展的建设者"的社会人才质量观正式确立,成为我国基础教育的根本指导思想和质量标准。① 1990年,《中共中央关于制定国民经济和社会发展十年规划和"八五"计划的建议》中继续明确提出发展教育事业是建设社会主义的根本大计,"继续贯彻教育必须为社会主义现代化建设服务,必须同生产劳动相结合,培养德、智、体全面发展的建设者和接班人的方针"。② 可见,这一时期的教育质量仅关注教育的结果,即教育能否为现代化建设尤其是经济建设提供人才,强调人才的社会取向。后一个时期的开端以1993年中共中央国务院印发的《中国教育改革和发展纲要》为标志。该纲要指出,"中小学要由'应试教育'转向全面提高国民素质的轨道,面向全体学生,全面提高学生的思想道德、文化科学、劳动技能和身体心理

---

① 中共中央关于教育体制改革的决定[EB/OL].(1985-05-27)[2020-03-02].http://www.moe.gov.cn/jyb_sjzl/moe_177/tnull_2482.html.

② 中共中央关于制定国民经济和社会发展十年规划和"八五"计划的建议[EB/OL].(1990-12-30)[2020-03-02].http://www.people.com.cn/GB/shizheng/252/4465/4466/20010228/405430.html.

素质,促进学生生动活泼地发展",开始提出"国民素质"的概念,开始重视全体学生的全面发展。① 1994年,在《中共中央关于进一步加强和改进学校德育工作的若干意见》的国家政策文本中首次采用了"素质教育"概念,提出要"增强适应时代发展、社会进步,以及建设社会主义市场经济体制的新要求和迫切需要的素质教育"。② 1996年实施的《全国教育事业"九五"计划和2010年发展规划》,提出教育要向全面素质教育转变。教育研究者和实践者一起掀起素质教育的讨论热潮,素质教育作为基础教育质量评价标准逐渐成为共识。1997年国家出台《关于当前积极推进中小学实施素质教育的若干意见》,要求"牢固树立正确的教育观、人才观和质量观,树立素质教育的基本观念","构建以实施素质教育为目标的督导评估制度和教育质量监控制度",明确将素质教育作为中小学教育质量评估的目标。③ 1999年,中共中央国务院《关于深化教育改革全面推进素质教育的决定》提出"实施素质教育,就是全面贯彻党的教育方针,以提高国民素质为根本宗旨,以培养学生的创新精神和实践能力为重点,造就有理想、有道德、有文化、有纪律的、德智体美全面发展的社会主义事业的建设者和接班人",明确将"提高素质",培养"四有新人"作为教育的根本宗旨写入我国教育方针。④ 这一时期出台的国家教育政策注重面向个人的素质教育,明确了教育质量观由重视社会需求向重视学生素质的转变。

(三)关注公平均衡的合基础质量观

这一阶段在2001—2011年左右,在此之前义务教育已经基本普及,政府和群众关心的是教育的高质量、高水平问题和教育的公平均衡问题。2001年国务院发布《关于基础教育改革与发展的决定》,强调基础教育是科教兴国的奠基工程,对提高中华民族素质、培养各级各类人才、促进社会主

---

① 中国教育改革和发展纲要[EB/OL].(1993-02-13)[2020-03-02].http://www.moe.gov.cn/jyb-sjzl/moe.177/tnull-2484.html.

② 中共中央关于进一步加强和改进学校德育工作的若干意见[EB/OL].(1994-08-31)[2020-03-02].http://www.moe.gov.cn/jyb_sjzl/moe_177/tnull_2479.html.

③ 关于当前积极推进中小学实施素质教育的若干意见[EB/OL].(1997-10-29)[2020-03-02].http://www.chinalawedu.com/falvfagui/fg22598/21092.shtml.

④ 关于深化教育改革全面推进素质教育的决定[EB/OL].(1999-06-13)[2020-03-02].http://old.moe.gov.cn/publicfiles/business/htmlfiles/moe/moe_177/200407/2478.html.

义现代化建设具有全局性、基础性和先导性作用,明确指出要实施基础教育的均衡发展政策,并且开始启动"双高普九"项目。① 2005 年教育部出台了《关于进一步推进义务教育均衡发展的若干意见》,要求遏制城乡、地区和学校之间教育差距扩大的势头,积极改善农村学校和城镇薄弱学校的办学条件,逐步实现义务教育的均衡发展。② 2006 年,我国重新修订义务教育法,明确规定"国务院和县级以上地方人民政府应当合理配置教育资源,促进义务教育均衡发展,改善薄弱学校的办学条件,并采取措施,保障农村地区、民族地区实施义务教育,保障家庭经济困难的和残疾的适龄儿童、少年接受义务教育",从法律上保障教育资源合理配置以促进义务教育均衡发展。2007 年党的十七大进一步阐明"教育公平是社会公平的重要基础"。从这一系列的法规、政策可以明显感受到国家对于基础教育质量评价标准已经转变到"教育公平"和"教育均衡"上来。我国的教育质量观由原来只关注学业成绩或主体需求的单一因素,转向关注教育机会、教育资源、教育公平、教育均衡和教育结果的多元因素,关注教育的基础性和全局性。

(四)关注生成发展的合整体性质量观

这一阶段在 2010 年至今,"立德树人""课程改革""高考改革"成为此阶段的教育关键词。2010 年,《国家中长期教育改革和发展规划纲要(2010—2020 年)》明确提出,教育发展重点是"面向全体学生、促进学生全面发展,着力提高学生服务国家服务人民的社会责任感、勇于探索的创新精神和善于解决问题的实践能力","要树立科学的教育质量观,把促进人的全面发展、适应社会需要作为衡量教育质量的根本标准"。③ 自此,我国基础教育质量观呈现出全面、整体的价值取向特点。2013 年,教育部《关于推进中小学教育质量综合评价改革的意见》提出要把学生的品德发展、学业发展、身心发展、兴趣特长、学业负担状况等方面作为评价中小学教育质量的主要指标。中小学教育质量综合评价标准的多元性、综合性,也折射

---

① 关于基础教育改革与发展的决定[EB/OL].(2001-05-29)[2020-03-02].http://www.gov.cn/gongbao/content/2001/content_60920.htm.

② 关于进一步推进义务教育均衡发展的若干意见[EB/OL].(2005-05-25)[2020-03-02].http://www.moe.gov.cn/srcsite/A06/s3321/200505/t20050525_81809.html.

③ 国家中长期教育改革和发展规划纲要(2010—2020 年)[EB/OL].(2010-07-29)[2020-03-02].http://www.gov.cn/jrzg/2010-07-29/content_1667143.htm.

出教育质量观日趋全面化、整体化。① 2017年底教育部出台的《义务教育学校管理标准》围绕"平等权益""全面发展""教师专业""教学水平""美丽环境""学校制度"六大方面提出义务教育学校管理标准。这些政策显示出我国的教育质量观正向着多元、多层、全面、完整的方向转变。2019年6月国务院发布的《关于新时代推进普通高中育人方式改革的指导意见》明确提出,要"落实立德树人根本任务,发展素质教育,遵循教育规律",将教育规律纳入教育发展的指导思想;要"围绕凝聚人心、完善人格、开发人力、培育人才、造福人民的工作目标,深化育人关键环节和重点领域改革,坚决扭转片面应试教育倾向,切实提高育人水平,为学生适应社会生活、接受高等教育和未来职业发展打好基础,努力培养德智体美劳全面发展的社会主义建设者和接班人";注重教育质量的整体与生成。同月,中共中央国务院发布《关于深化教育教学改革全面提高义务教育质量的意见》,提出"坚持立德树人,着力培养担当民族复兴大任的时代新人","坚持'五育'并举,全面发展素质教育",从国家社会及个人层面出发强调教育的全面性,并提出了义务教育的奋斗目标是"推进教育现代化,建设教育强国,办好人民满意的教育"。② 这是远期目标,更加注重教育的生成与发展。

三、启悟的教育质量观

经济社会发展的不同历史阶段对教育发展内涵和质量都有不同的要求。中国特色社会主义进入新时代,我国社会主要矛盾已经转化为人民日益增长的美好生活需要和不平衡、不充分的发展之间的矛盾。随着我国经济社会的快速发展,人民群众对基础教育的需求已经从"有学上"转变为"上好学"。党的十九大报告指出,要"努力让每个孩子都能享有公平而有质量的教育"。因而,发展更加公平、更有质量的教育,是对人民群众教育关切的正面回应,体现出对教育本质的充分尊重。

---

① 关于推进中小学教育质量综合评价改革的意见[EB/OL].(2013-06-08)[2020-03-02]. http://old.moe.gov.cn/publicfiles/business/htmlfiles/moe/s7054/201306/153185.html.

② 关于深化教育教学改革全面提高义务教育质量的意见[EB/OL].(2019-06-23)[2020-03-02]. http://www.moe.gov.cn/jyb_xxgk/moe_1777/moe_1778/201907/t20190708_389416.html.

学校的教育质量观深刻地影响着教育目标的制定、教育环境的建设、教育资源的开发、教育过程的优化及教育目标的达成。"启思明德,悟理达行"办学思想将教育质量看成整体性的系统框架,既注重社会需求,也注重个体需求;既强调教育结果,更强调教育过程;既重视教育资源,也重视教育环境。

(一)讲求均衡性的质量取向

学校重视学生的自由全面发展,强调"以人为本",满足个体需要,培养和谐、独立个性的人,丰富学生生命内涵,促进人的成长并改进人的生活质量。以形成个人能力多方向发展的独立人格为追求,以维护和增强个人在其他人和自然面前的尊严、能力和福祉为目标。培养有理想、有本领、有担当,具有奋斗精神、实干精神、创新精神的时代新人。同时又兼顾社会价值取向,为改革开放和社会主义现代化建设服务,以培养具有理想信念、爱国主义情怀、品德修养、知识见识、奋斗精神、综合素质的德智体美劳全面发展的人为目标,培养学生现代意义的道德人格,包括价值观、公民美德和正义感等,重视教育培养的人才对于社会的贡献。讲求均衡性教育质量取向,不是简单地从抽象人性出发,不是脱离经济与社会发展的客观需要与具体条件抽象地谈论人的全面发展问题,而是将个体置于全面小康社会的具体现实背景下,真正"关注个体的受教育机会和权利,关注国民美好生活需求和生命质量,塑造既适应现代社会需要也满足现代个人生存与发展需要的普通公民"。[①] 从这种意义上说,均衡性质量取向符合教育适应并促进社会发展和个人发展的规律。

(二)讲求发展性的质量标准

质量标准的"发展性"指的是标准有发展区间,意思是学校根据政府要求制定底线标准,再根据学校发展目标制定高级标准,让学校置于"最近发展区",通过师生的不断努力,持续达到不同的高级标准,促使教师和学生不断地发展。底线标准就是政府的各种标准化评估,如初中阶段的义务教育标准化学校评估、义务教育管理标准化评估等就是底线标准,这些标准化评估提出"大力推进学校内部治理法治化、规范化建设,逐步实现义务教

---

① 田娟,孙振东.改革开放40年我国基础教育质量观的演进与反思——基于国家教育政策文本的分析[J].现代教育管理,2008(11):19-25.

育从基本均衡向优质均衡发展"。在经费投入、办学条件、装备教师、教学水平、学校管理等方面制定明确的标准化、量化规定,以一种量化的评价标准,保障义务教育达标。高级标准指的是各种示范性评估,如高中阶段的示范高中评估,申报学校必须"办学特色突出、管理科学规范、教师专业精湛、教育质量优异、社会认可度高",要达成"有效提高人才培养质量和办学水平,建设形成内涵深厚、质量优异、特色鲜明、高考综合改革成果突出、社会公认、辐射带动作用显著"的目标。显然,底线标准与高级标准之间有很大的距离,这就是发展区间。教育质量标准的提高促进教育质量的提升,所以说,学校教育质量标准具有发展性,其要义在于发展学校、发展教师,最终发展学生。

(三)讲求整体性的质量内容

质量内容的整体性是指教育质量不仅仅是教育结果,从教育环境开始,教育资源、教育过程、教育结果和学习者等都是质量内容。教育质量的内容往往转化为教育质量的标准,因而,教育质量评价标准也呈现出整体性特征。许多学校校长将高等级的学校评估标准的内容进行细化分解,形成学校的具体工作内容细则和目标,虽然死板,但仍不失为好办法。如2017版福建省达标高中评估标准中,评估指标含校长教师、规划管理、课程教学、办学效益、硬件配置五大模块共25项。五大模板涵盖了教育环境、教育资源、教育内容、教育结果和学习者等整体性的教育质量内容。这些指标极具导向性、发展性、过程性和效益性,化为学校工作目标和方案后,能成为促进学校全面贯彻教育方针、加强素质教育、深化课程改革、提高教育质量的重要措施。

第八节 启悟的学校治理观

从管理到治理,再到治理体系和治理能力现代化,是我国全面深化改革的总目标之一。在教育现代化方面,《中国教育现代化2035》提出的十大战略任务之一就是要推进教育治理体系和治理能力现代化,具体到微观层面为"提高学校自主管理能力,完善学校治理结构"。学校治理体系和治理能力现代化是学校现代化的重要内容,是学校高水平高质量办学的基石和保障。

一、学校管理与学校治理

法国"现代经营管理之父"法约尔认为:管理是所有的人类组织都有的一种活动,这种活动由五项要素组成的:计划、组织、指挥、协调和控制。法约尔对管理的看法颇受后人的推崇与肯定。据此可以这样认为,管理是组织利用内外环境,对拥有的资源进行有效的计划、组织、指挥、协调和控制,以达成组织目标的过程。在"治理"的各种定义中,全球治理委员会的表述具有很大的代表性和权威性。该委员会于1995年对"治理"作出如下界定:治理是或公立或私营的个人和机构经营管理相同事务的诸多方式的总和。它是使相互冲突或不同的利益得以调和并且采取联合行动的持续的过程。它包括有权迫使人们服从的正式机构和规章制度,以及种种非正式安排。而凡此种种均由人民和机构或者同意,或者认为符合他们的利益而授予其权力。它有四个特征:治理不是一套规则条例,也不是一种活动,而是一个过程;治理的建立不以支配为基础,而以调和为基础;治理同时涉及公立、私营部门;治理并不意味着一种正式制度,而确实有赖于持续的相互作用。"管理"与"治理",虽只有一字之差,意义却完全不一样。两者的具体区别在于:其一,行为主体不同。管理的主体只是政府,而治理的主体还包括社会组织乃至个人。其二,权力运行方向不同。管理是垂直的,是自上而下的;治理是多样化的,既有上行的,也有下行的,还有平行的。其三,运作模式不同。管理重在管,是强制的、刚性的;治理重在治,是合作的、包容的。其四,社会参与程度不同。管理依靠政府的政治权威通过强制的行政命令而实现;治理则强调官民互动和协商,鼓励多元参与。①

党的十八届三中全会确立了推进国家治理体系和治理能力现代化的改革目标。党的十九大报告再次强调:新时代中国特色社会主义全面深化改革总目标是完善和发展中国特色社会主义制度、推进国家治理体系和治理能力现代化。推进学校教育治理现代化是新时代中国特色社会主义教育治理现代化的必然要求。《国家中长期教育改革和发展规划纲要(2010—2020年)》明确提出要"建设依法办学、自主管理、民主监督、社会参

---

① 肖俊华.从管理到治理:领导者如何引领单位建设[J].领导科学,2014(3):11-12.

与的现代学校制度",为推进现代教育治理体系建设指明了方向。

学校管理是学校管理者通过学校机构和制度,通过一系列的手段和措施,充分利用校内外的显现的和隐形的教育资源和教育条件,优化和整合学校教育工作,实现学校的全员、全程和全方位的管理,构建全面目标体系,包括学校性质、培养目标、办学宗旨、办学理念、学生管理、教学管理、教职工管理和后勤管理等,以有效实现学校工作目标的组织活动。[①] 学校管理呈现垂直向下、单一主体和强制性的特征。学校治理是指学校的相关利益主体依据国家法律法规与学校章程,通过多元主体的合意民主、合谋共治、协商对话、相互协调来实现学校共同目标的活动过程。[②] 学校治理强调多元、对话、合作和民主,尊重教育规律与价值差异,激发教育内生动力,更加注重构建教育和谐生态。学校治理呈现上下互动、多元主体和包容性特征。学校治理可以分为学校内部的治理与学校外部的治理。学校内部的治理主要是学校内部的结构性治理,而学校外部的治理更多是外部的功能性治理。学校的结构性治理实质上是处理学校内部权力分配和支配问题,功能性治理是处理学校外部的资源配置与分配问题。[③] 学校外部治理更多的与政府职能改革相关,党的十八届三中全会指出的"深入推进管办评分离,扩大省级政府教育统筹权和学校办学自主权",就是要优化学校发展的外部环境,促进学校的外部治理,但能否落实到位是学校力所不能及的。学校内部治理是学校自身的改进方向,主要表现在学校内部各主体包括校长、校务会、教师、学生等的权力分配及其关系的协调。学校治理与学校管理的区别主要有三:第一,在目的方面,学校管理强调既定目标的实现;学校治理强调治理的过程,保障多元利益主体的利益均衡。第二,在职能方面,学校管理关注决策的组织、计划、指挥、控制与协调;学校治理规范权利与责任,注重责任体系的明确和决策指导的科学化。第三,二者的依据不同,学校管理依据内部层级关系,学校治理依据现行的法律法规。[④] 由上分析可以知道,学校治理并不是对学校管理的完全否定与摒弃,而是在传承、

---

① 张明,石军.学校治理能力现代化的意义、特征与路径[J].教学与管理,2015(11):4-7.

② 程红兵.教育治理现代化进程中学校治理体系变革研究——以深圳明德实验学校为例[J].全球教育展望,2017(11):90-103.

③ 庄西真.论学校的治理[J].当代教育科学,2009(14):3-7.

④ 徐桂庭.关于职业学校治理体系与治理能力建设的若干思考[J].中国职业技术教育,2014(21):166-170.

批判的基础上的发展与超越。从学校管理向学校治理的转变是教育观念的重大理论创新和实践创新,是新时代学校发展改革实践中的重要转折,具有重要意义。

二、学校治理结构

当前学校治理结构是事业单位法人治理结构,就是指学校作为独立的法人实体,在举办者、决策者、管理者和教职工等权益相关人之间建立的有关学校运行与权利配置的一种机制或组织结构,以及通过这种组织结构形成的责权利划分、制衡关系和配套机制(决策、指挥、执行、激励、约束、监督机制等)等运行规则构成的有机整体。法人治理结构讲的就是决策、执行和监督之间的法律关系,其特点也就是决策权、监督权与执行权等相互分离、相互制约、相互合作。反映在教育系统,就应以建设现代学校为目标,充分考虑与片区生源适度的办学规模,集中资金,优化资源配置,从而达到教育资源共享,提高办学效益和质量的目标,提高教师队伍的竞争意识和忧患意识,使更多的学生接受到优质教育,满足家长日益增长的优质教育需求。根据资源供给和支撑的状况,兼顾政府的权益和社会的关切,构建学校组织制度,办更高质量、更加公平的教育。

学校治理的组织结构一般采用科层制,包括决策层、执行层、监督层。决策层主要包括政府代表(教育局)、党委会和校务会,教育局主要用行政管理与划拨的方式决策资源分配和人事分配;党委会和校务会主要决策学校重大事务,包括学校发展规划、学校年度财务预算决算、学校年度审计、学校重大采购工程、校内人事安排、学校教育专业事项,包括课程改革、教育教学管理、学校文化建设、教师队伍发展等。校务会的构成有:正副校长、书记、工会主席、中层干部、共青团等。执行层包括各职能部门、年级组长、教研组长、班主任、备课组长和一般教师。监督层包括教师工会、学生会、家委会、督学等,有权力对学校办学过程进行监督。不同学校的组织结构略有差异,有些学校先行改革,采用科层化与专业化结合的组织结构,设置诸如课程中心、学生中心和教师中心等替代原有处室,取得不错效果。

学校治理的权力配置采用校长负责制下的权力配置,我国自 1985 年以来开始推行校长负责制。1985 年 5 月,《中共中央关于教育体制改革的决定》要求:"学校逐步实行校长负责制,有条件的学校要设立由校长主持的、人数不多的、有威信的校务委员会,作为审议机构。要建立和健全以教师为主体的教职工代表大会制度,加强民主管理和民主监督。"①1993年中共中央和国务院印发的《中国教育改革和发展纲要》则明确规定所有中小学实行校长负责制,提出"校长要全面贯彻国家的教育方针和政策,依靠教职员工办好学校"。② 此后多种相关政策文件都重申坚持和完善中小学校长负责制,同时又要求学校建立由校长、书记、中层、群众组织等多种利益相关主体组成的校务委员会,健全教职工代表大会制度,并且建立家长委员会,加强学校民主管理。这种学校内部治理结构框架既坚持校长负责制,又强调集体管理,体现民主集中制原则。在实际学校治理中,决策主导权力由教育局、党委会、校长、校务会占去绝大部分。

三、我国学校治理结构中的权力配置

扩大学校办学自主权是学校改革及学校现代化的关键手段之一。2019年中共中央国务院《关于深化教育教学改革全面提高义务教育质量的意见》中提出,"落实学校办学自主权,保障学校自主设立内设机构,依法依规实施教育教学活动、聘用教师及其他工作人员、管理使用学校经费等",③从组织决策、人事决策、教学决策和财务决策等方面加以明确学校的自主权。2019年颁布的《关于减轻中小学教师负担进一步营造教育教学良好环境的若干意见》明确指出"要依法保障学校办学自主权",④再次强调依法保障学校的办学自主权。学校办学自主权关系到学校办学质量高低的观念已经成为教育管理者、教育研究者和教育实践者的共识。在学校内部,应该落实校长负责制和事业单位法人治理模式,鼓励教师参与学校治理,增强教师的归属感和获得感,推动学校治理的法治化和民主化。

---

① 中共中央关于教育体制改革的决定[EB/OL].(1985-05-27)[2020-03-05].http://www.moe.gov.cn/jyb_sjzl/moe_177/tnull_2482.html.
② 中国教育改革和发展纲要[EB/OL].(1993-02-13)[2020-03-05].http://www.moe.gov.cn/jyb_sjzl/moe_177/tnull_2484.html.
③ 关于深化教育教学改革全面提高义务教育质量的意见[EB/OL].(2019-06-23)[2020-03-06].http://www.moe.gov.cn/jyb_xxgk/moe_1777/moe_1778/201907/t20190708_389416.html.
④ 关于减轻中小学教师负担进一步营造教育教学良好环境的若干意见[EB/OL].(2019-12-15)[2020-03-06].http://www.moe.gov.cn/jyb_xxgk/moe_1777/moe_1778/201912/t20191215_412081.html.

OECD 的 PISA2015 项目将公办学校治理结构中的权力主体分为政府和学校两大类,其中政府主体又分为国家和地方教育局两类;学校主体分为校长、校务会、教师三类。将学校治理过程中的教师选聘、教师解聘、确定教师起薪、确定教师增薪额度、提出学校预算、决定预算分配、制订学生纪律、制订学生评价政策、制订学生招生政策、确定课程内容、确定课程开放、教材选用等 12 项具有标志性的重大事务列为自主办学的测试选项,以校长作为调查对象,与 PISA 测试同时进行,来调查学校治理中的权力分配。有学者对 PISA2015 数据进行分析[①],研究我国四省市(北京、上海、江苏和浙江)中小学学校治理中各权力主体的平均决策权,同时将 PISA2015 高分国家(经济体)作为对照组。高分国家(经济体)指学生科学、数学与阅读三科成绩均显著高于 OECD 国家平均水平的国家或经济体,具体包括比利时、丹麦、爱沙尼亚、芬兰、德国、爱尔兰、荷兰、挪威、波兰、斯洛文尼亚、加拿大、澳大利亚、新西兰、日本和韩国等 OECD 成员国,以及新加坡、中国香港、中国澳门等经济体,总计 18 个国家(经济体)。分析结果显示,我国四省市中小学学校治理中各权力主体的平均决策权(按总决策权为 100%)的具体配置如下,校长为 13.28%;教师为 7.44%;校务会为 28.10%;地方教育局为 46.27%;国家为 4.91%。高分国家(经济体)中校长为 39.09%;教师为 19.03%;校务会为 10.34%;地方教育局为 16.92%;国家为 14.62%。

上述数据表明,我国中小学学校治理现代化进程任重道远。一是我国中小学学校自主办学权(48.82%,校长、校务会、教师三者相加)远未得到体现与落实,并且远远低于高分国家(经济体)的学校自主办学权(68.46%),这现状与其他调查结果一致。[②] 学校办学自主权极大地影响着学生的学业成绩,有研究表明,学校办学自主权中的"人事自主权和教学自主权不仅对学生学业成就具有显著正影响,它对能力较差学生群体的促进作用更明显"。[③] 二是在我国学校治理中,校长负责制和单位法人治理两项制度设计均流于形式,校长的主导权(13.28%)显著低于校务会的主导权(28.10%)。横向比较,我国校长的主导权也远远低于高分国家(经济体)的校长权力

---

① 赵德成,王璐环.学校治理结构及其对学生成绩的影响:中国四省(市)与 PISA2015 高分国家/经济体的比较分析[J].全球教育展望,2019(6):24-37.

② 陈丽,宋洪鹏.北京普通高中校长眼中的现代学校治理体系建设[J].中小学管理,2015(3):21-23.

③ 范勇,王寰安.学校自主权与学生学业成就——基于 PISA2015 中国四省市数据的实证研究[J].教育与经济,2018(2):57-64.

（39.09%）。究其缘由，政策落实、规范管理、集体领导和校长自身领导力可能是重要因素。OECD在2015年度报告中指出，学校治理实践中拥有权力较大的校长，在学生成绩被追踪分析或对外公布的情况下，其所在学校学生的成绩相对较高。因而，提升校长决策权是促进学校教育质量发展的有效途径之一。三是教师在学校重大事务中几乎没有主导权（7.44%），没有体现民主管理。教师话语权、决策权的缺位削弱了他们的积极性和创造性，不仅影响到学校绩效[①]，也不利于学校健康有序发展。

学校、校长、教师在学校治理中权力配置偏低问题由来已久，有政策原因、历史原因、文化原因、社会原因，以及自身治理能力原因。2019年发布的《中国教育现代化2035》提出"提高学校自主管理能力，完善学校治理结构"作为教育治理体系和治理能力现代化过程中学校的举措与任务，说明现阶段学校的自主管理能力还普遍不强，治理结构有待优化。现代学校治理是对所有的利益相关方进行规划管理，政府尽力解决资源配置和制度治理的科学性和合理性问题，学校努力提升治理的自主性、民主性及科学性，平衡各方利益诉求，呼应各方期待，让学校的教育价值和社会价值最大化。

四、学校治理体系

体系是由事物或现象各要素所组成的结构系统。学校治理体系是由学校各办学主体共同的价值观、不同利益主体的协调机制、各方权力配置的制度安排及基于各方关系的办学行为组成的系统的整体结构。程红兵认为"其核心是权力的制衡与再分配"[②]。学校治理体系是一个有机整体，具备系统性、整体性、协同性，囊括不同的构成要件。学校治理体系的基本结构是多层次、全方位的，包含学校制度体系、学校价值体系和学校行动体系。学校治理体系是以学校运行体系为主，学校治理的目标体系和约束体系为辅的三位一体的系统，既包括引领运行的目标，也包括监督运行的约束，运行体系处于中心，目标体系和约束体系互为起点和终点。其中，目标体系属于宏观的范畴，运行体系属于中观层面，起着承上启下作用；而约束

---

① 解洪涛,李洁,陈利伟.参与式治理、社会文化与学校的教育绩效——基于PISA数据的东亚国家学校治理差异研究[J].清华大学教育研究,2015(3):64-73.
② 程红兵.教育治理现代化进程中学校治理体系变革研究——以深圳明德实验学校为例[J].全球教育展望,2017(11):90-103.

体系则属于微观的范畴,是运行体系落实的基础,三个层面构成稳定的循环往复的闭合结构。运行体系和约束体系是目标体系的载体,学校通过运行体系来传递和实现价值目标,价值目标体现和表达运行追求。目标体系要通过运行体系和约束体系发挥作用,目标体系是运行体系和约束体系的基础依托,贯穿、渗透于运行体系和约束体系之中。一个完整意义上的学校治理体系,既没有无目标导向的运行和约束,也没有无运行支撑和约束控制的目标,约束体系是目标体系和运行体系的保障,为目标体系和运行体系保驾护航。运行体系是约束体系和目标体系的功能发挥。

学校治理的出发点和落脚点都是促进学生发展。学校治理的目标体现学校的教育价值观,教育的价值在于把个体个性化和社会化,从而使教育达到促进个体发展与社会发展的统一。学校的教育价值观一般用学校的个性化的价值体系表达与描述,所以,学校治理目标体系包含于学校的价值体系之内。

学校治理的规范文本可以分为三个层次:作为"基本法"的学校章程;作为"顶层设计"的学校规划;作为"行动指南"的学校制度。章程不仅是学校办学的根本依据,也是学校制度和办学实践的源泉,更是学校的标志和灵魂。章程应明确学校价值取向、文化认同,完善学校治理结构,确定各项工作关系,健全审议程序,明确学校的标识,实现学校精神的重构。章程应该包括办学思想、办学定位、办学目标、培养目标和学校内部运行机制。学校规划是基于学校优势、劣势、机遇和挑战,提出目标愿景,融合学校发展要素,制定发展策略和具体措施,对学校未来进行长期性、战略性设计,是学校未来发展的顶层设计。规划与章程一脉相承,是"基本法"与"顶层设计"的关系,章程讲求稳定,规划讲求发展。章程偏重于理念,规划偏重于操作;章程是规划的依据,是规划的"上位法";规划是章程实现的措施和载体,规划要在章程允许的范围内遵循章程的理念和原则;章程比规划更具有严肃性、稳定性和概括性。[①] 制度确定秩序、决定行为,是重要的办学资源,制度推动学校有序发展。有效的学校治理需要规范的制度提供动力、支撑和保障。学校制度一般包括决策制度、人事制度、岗位制度、财务制度、安全制度、课程制度、教学制度、评价制度和激励制度等。

---

① 刘涛.现代学校治理策略探析[J].中小学校长,2019(12):33-34.

在运行层面,要建立包括校长、教师、学生、家长的合作伙伴关系。[①] 学校治理的运行体系是指学校各权力主体之间的关系,如自上而下的决策、领导、管理、规制、组织和指挥,自下而上的沟通、选举、投票、协商和表达;师生间的组织、引领、指导、讲解与询问、回答、求助、互动;学生间的合作、沟通、交流、互助等;也涵盖家校间的合作、协助、访问等。各主体在办学行为中充分表达自己的利益诉求,求同存异、利益共享、情感共融、形成共识,进而升腾为学校的行为文化,构建和谐生动的学校治理共同体。

五、启悟的学校治理观

学校治理现代化是教育治理现代化的重要内容之一,也是教育现代化的微观表现,其涉及政府层面"管办评"或"放管服"政策的实施与落地。学校治理现代化有三个认知必须把握。一是现代化过程首先是治理权力再分配过程,或者说是学校微观层面的"政治改革"过程,权力再分配不仅发生在学校内部,也发生在学校外部。这点是前提,是基础,没有权力的再分配就无所谓治理现代化。二是学校治理现代化的目标是促进学生更好、更快发展,培养学生自由全面发展,培养学生独立人格和道德人格。"人的发展是学校治理的根本目标"[②],偏离此目标,便是为改革而改革、为现代化而现代化了。学生发展是学校治理的目标,是治理现代化的核心。所有学校层面的改革应该围绕着教育展开与推进。三是学校治理现代化的关键在于现代学校制度的建设。现代学校制度是指符合时代的先进的制度安排,它规定了学校的性质、任务、培养目标、入学条件、修业年限、管理体制以及学校之间的关系。党的十九届四中全会《中共中央关于坚持和完善中国特色社会主义制度推进国家治理体系和治理能力现代化若干重大问题的决定》中的十三个"坚持和完善"为微观层面的现代学校制度建设指明方向。

学校各项工作都是教育实践,而教育实践首先讲求规律化、专业化和理性化,同时追求合法化、民主化和人性化。

---

① 冯晓敏.现代学校治理体系的理念框架与内容建构[J].现代教育管理,2015(8):13-16.
② 赵敏.学校治理策略从何而来[J].四川教育,2020(1):11-12.

(一)治理与办学相统一

学校工作不仅有治理任务,还有更重要的工作是办学和教育,这就是所谓的"办学治校"。治理与办学是对立统一的事物双方,治理是学校组织的普通属性,办学是学校组织的特殊属性。学校中,没有治理的学校办学将是低效的、凌乱的、无序的;没有办学的治理是无源的、非法的、无理的。治理是办学的保障,撇开治理谈办学如起无基之楼;办学是治理的目的,丢下办学谈治理似放无的之矢。治理现代化推动办学现代化,办学现代化要求治理现代化,学校教育现代化的内容是治理现代化和办学现代化。学校教育优质公平发展依赖于治理与办学的良性互动和有机结合。在校长的教育实践中,治理能力较强的称之为"管理型"校长;办学能力偏好的校长称之为"专业型"校长。理想的校长类型应该是混合型,"教育家"加"管理师",既精于专业,又强于治理。

在学校实际工作时,治理与办学密切配合,有机统一于教育实践之中。治理中有办学行为,办学中更有治理动作,二者紧密结合,体现在价值观念、规章制度和日常行为三个方面。首先,如上所述,学校治理的价值体系就是学校的价值体系。而学校办学是以办学思想为核心的价值体系为引领的,这两个价值体系是统一的、同一的。"启悟教育"的价值体系是以"启思明德,悟理达行"办学思想为核心的价值系统,包括办学目标、培养目标、学校精神、校训等。其次,学校的规章制度是学校治理的关键,其理顺了学校各权力主体的关系及行为准则,同时也是学校办学的规范,规定了教育主体间的权力与义务。规章制度既包括体现学校治理中组织结构、职责分工的人事、财务、绩效等制度,也包含体现学校办学中教育形式、教学结构的课程、教学、评价等制度。最后,师生在学校的日常行为是学校治理的落脚点,是治理体系的微观形式,治理使得师生的行为和谐、有序、有效。同时,师生的学校生活就是教育活动,是办学的生动表现,无论课堂内外,教师行为是榜样、是示范,起着言传身教的作用;学生行为是学习、是领悟,起着身心发展的功效。办学使得师生的行为丰富多彩,极具生命力。

(二)依法与遵规相统一

依法进行学校治理顺理成章、人所共知,是现代社会深入人心的法治观念。依法治校是"依照法律来对学校进行治理,是依法治教的重要组成部分"。① 依法治校体现国家治理体系和治理能力现代化的现实需要,其通过学校章程的制订,建立健全以依法办学、自主管理、民主监督、社会参与等为核心内容的现代学校制度,实现学校治理的民主化、法治化与现代化。目前学者研究学校治理更多地聚焦在合法性问题,极少涉及学校治理的合规律性问题。学校教育实践是专业行为,必须由取得专业资格证书的教师来实施。教育具有专业性和科学性,有不以人的意识为转移的客观规律。学校治理的出发点和落脚点都是教育,因而学校治理应该遵循教育规律。

近年来,教育部出台多份文件专门强调依法治教与依法治校。2012年11月发布《全面推进依法治校实施纲要》,指出全面推进依法治校的重要性和紧迫性,提出"必须进一步深化教育改革,加快转变政府职能,全面加快推进依法治校",将依法治校作为深入教育改革的切入点,并且提出"要以建设现代学校制度为目标,落实和规范学校办学自主权,形成政府依法管理学校,学校依法办学、自主管理,教师依法执教,社会依法支持和参与学校管理的格局"的改革目标②,做到政府依法管校、学校依法办学、教师依法执教、社会依法支教。2015年5月教育部出台《关于深入推进教育管办评分离促进政府职能转变的若干意见》指出"推进管办评分离,构建政府、学校、社会之间新型关系,是全面深化教育领域综合改革的重要内容,是全面推进依法治教的必然要求"③,将"管办评"分离作为推进依法治教、依法治校的重要前提。2016年1月教育部又颁布《依法治教实施纲要(2016—2020年)》提出从构建完善的教育法律及制度体系、深入推进教育部门依法行政、大力增强教育系统法治观念、深入推进各级各类学校依法治校、健全组织保障和落实机制五个方面基本实践依法治教④,依法治校是依法治教的重要内容,也是推进法治社会建设,构建多层次、多形式法治创建活动的重要组成部分。学校推进依法治校应该从以下三个方面入手,一是制定学校章程,健全制度体系。学校起草制定章程要坚持社会主义办学方向的基

---

① 周虹.对我国依法治校建设之思考[J].教育评论,2018(12):66-68.
② 全面推进依法治校实施纲要[EB/OL].(2012-11-22)[2020-03-08].http://www.moe.gov.cn/srcsite/A02/s5913/s5933/201212/t20121203_146831.html.
③ 关于深入推进教育管办评分离促进政府职能转变的若干意见[EB/OL].(2015-05-04)[2020-03-08].http://www.moe.gov.cn/srcsite/A02/s7049/201505/t20150506_189460.html.
④ 依法治教实施纲要(2016—2020年)[EB/OL].(2016-01-07)[2020-03-08].http://www.moe.gov.cn/srcsite/A02/s5913/s5933/201605/t20160510_242813.html.

本原则,以促进改革、增强学校自主权为导向,着力规范内部治理结构和权力运行规则,充分反映广大教职员工、学生的意愿,凝练共同的理念与价值认同,体现学校的办学特色和发展目标,突出科学性和可操作性。制定并完善教学、科研、学生、人事、财务、后勤、安全等方面的管理制度,建立健全各种办事程序、内部机构组织规则、议事规则等,形成健全、规范、统一的制度体系。二是健全科学决策、民主管理机制,完善学校治理结构。依法明确、合理界定学校内部不同事务的决策权,健全决策机构的职权和议事规则,完善校内重大事项集体决策规则,大力推进学校决策的科学化、民主化、法治化。要在学校内形成决策权、执行权与监督权既相互制约又相互协调的内部治理结构,保证管理与决策执行的规范、廉洁、高效。要落实《学校教职工代表大会规定》,充分发挥教职工代表大会作为教职工参与学校民主管理和监督主渠道的作用。完善家长委员会的组织形式和运行规则,不断扩大家长对学校办学活动和管理行为的知情权、参与权和监督权。探索扩大社会参与学校办学与管理的渠道与方式。三是落实师生主体地位,形成自由平等、公正法治的育人环境。学校办学活动应当以育人为本,全面贯彻党和国家教育方针,切实依法规范办学行为,全面执行国家课程方案和课程标准,注重教育教学效果,形成良好的校风、教风和学风。大力弘扬平等意识,在体制和制度上落实和体现师生平等、性别平等、民族平等、管理者与师生平等的理念。完善制度规则,健全监督机制,保证学生在使用教育教学设施、资源,获得学业和品行评价,获得奖学金及其他奖励、资助等方面受到平等、公正对待。要依据《教师法》和相关法律法规的规定,进一步建立和完善教师聘任和管理制度,制定权利义务均衡、目标任务明确,具有可执行性的聘任合同,明确学校与教师的权利与义务,依法聘任教师,认真履行合同。落实教师职业道德规范,强化师德建设,明确教师考核、监督与奖惩的规则与程序。学校配置资源以及实施干部选拔任用、专业技术职务评聘、岗位聘任、学术评价和各种评优、选拔活动,要按照公开公正的原则,制定具体的实施规则,实现过程和结果的公开透明,接受利益相关方的监督。

按规律办事是人们在长期社会发展过程中形成的关于客观世界的深刻认识。在学校治理中,也必须按规律办事,按教育规律治理学校。顾明远先生所主编的《教育大辞典》对教育规律的定义是:教育发展过程中的本质联系和必然趋势。① 教育规律是不以人的意志为转移的客观事物(教育内部诸因素之间、教育与其他事物之间)内在的必然的本质性联系,以及事物(教育)发展变化的必然趋势。教育有两条基本规律:一是教育与社会发展关系的规律,教育要适应并促进社会的发展,为教育外部基本规律。二是教育和人的发展关系的规律,教育要适应并促进人的发展,为教育内部基本规律。② 学校治理遵循教育规律要从以下两个进行把握。一是学校治理实践要遵循教育规律。治理实践过程按教育规律开展,绝不能任凭主观创意和自由安排,应当客观地看待教育规律在学校治理中的存在与作用,并致力于探索治理的教育规律呈现方式,按照教育规律进行学校治理。学校治理过程是一个教育规律发生作用的客观过程,是学校治理适应社会和个人并促进社会和个人发展的过程。二是学校治理体系建设要遵循教育规律。如前所述,学校治理体系包括三个子体系,分别为价值体系、制度体系和行动体系。价值体系是治理体系的先导,应充分表达教育规律。如启悟教育的"启思明德,悟理达行"就完整体现了教育本质、教育价值和教育规律。学校每个制度建设应蕴涵着教育规律,并且制度之间的结构与关系也应遵循教育规律。行动体系遵循教育规律是指各权力主体(主要指学校、教师和学生)之间关系呈现求同存异、利益共享、情感共融的和谐景象,以促进学生的发展。

(三)民主与科学相统一

学校治理讲究法治化的同时,还应追求科学化和民主化。科学与民主并不是对立的双方,而是学校治理的两面,其目的都是促进学校治理的现代化,从而推动学校教育的发展,最终促进学生的发展。"科学"因为后现代主义的兴起而倍受骂名,科学管理更是批判的对象,理性主义、科学主义成了反动的、逆时代的思想。然而,即便在最讲求民主与人文的教育领域,新时代人民群众最需要的更加公平、更高质量的教育,只讲民主不求科学是无法达成的。治理的科学化意味着政府资源的更少浪费、消极怠慢的逐渐隐退、目标期望的更快实现。同时,只讲科学不求民主也无法实现更加公平、更高质量的教育。治理的民主化意味着积极性高涨、公平性显现、人性化达成。

---

① 顾明远.教育大辞典(增订合编本)(上册)[M].上海:上海教育出版社,1998:750.
② 伍正翔,柳海民.教育规律研究三十年[J].上海教育科研,2008(10):7.

追求学校治理的科学化首先要对泰勒的科学管理思想进行重读。尽管泰勒的科学管理受尽批评,并且后世涌现出大量的不同的管理思想,但是"目前所谓现代管理方法,如果不说是绝大多数,至少有许多可以追溯到泰勒及其追随者半个世纪以前提出的思想。这些管理方法虽然已改进和发展得几乎同原来面目全非了,但其核心思想通常可以在泰罗的著作和实践中找到"。① 那么,泰勒管理的核心思想是什么?中国人民大学教授马俊峰等人认为,泰勒的科学管理原理蕴含的哲学思想有"管理也是生产力"、"管理主体间的密切合作是管理成功的关键"和"以人为本是管理的精髓"等。② 这三者从管理的本质、管理的规律和管理的价值进行阐述,可以认为是泰勒科学管理的核心思想。从这个角度出发,只有在学校治理过程中体现泰勒的核心思想,才有可能达到治理科学化。首先,要树立科学化治理是生产力的观念,通过治理现代化,能极大地推动学生的发展、教师的发展和学校的发展,进而促进教育的现代化。其次,在学校治理中,要充分考虑治理各方的利益诉求,以协商对话的形式加强沟通合作,形成良好的议事氛围和运行机制,取得治理成功的关键。最后,要确实做到以人为本,以学生为本、以教师为本,注重提高教师的满足感,注重倾听师生的意见,保持沟通渠道畅通与便捷。在治理过程中尊重、关心、激励师生,激发师生的能动性,促进学生的全面自由发展。

追求学校治理的民主化首先要对教师参与管理的缺位进行反思。根据北师大赵德成教授的分析,2015 年我国四省市(京、沪、浙、苏)中小学教师在学校重大事务的平均决策权仅仅为 7.44%(总决策权 100%)③,远低于其他治理主体,也低于其他高分国家的教师的平均决策权。教师在学校治理中的缺位,降低了教师工作的积极性和创造性,并减少了教师的归属感和自豪感,不利于教师的工作成效,不利于学校的工作绩效。学校治理民主化既是教育现代化、学校现代化的要求,也是人类社会政治文明发展进步的体现。学校治理的民主化主要体现在教师参与学校重大事务的决策权的提高,为此,必须从以下几个方面展开工作:一是要提高教师参与治理决策的意识和能力,通过学习、宣传相关法律文件和政策,让广大教师知

---

① 厄威克.管理备要[M].孙耀君,等译.北京:中国社会科学出版社,1994:72.
② 马俊峰,邓俊英,陈志良.重新解读泰罗科学管理原理[J].学术论坛,2005(10):1-5.
③ 赵德成,王璐环.学校治理结构及其对学生成绩的影响:中国四省(市)与PISA2015 高分国家/经济体的比较分析[J].全球教育展望,2019(6):24-37.

晓自己权利和义务,提高教师的参政议政意识和能力。二是建立健全制度机制,让教师参与学校的决策、执行和监督等各个环节。三是要拓宽民主治理的渠道。完善决策制度,规范工作程序,推进学校党务政务公开,落实《学校教职工代表大会规定》,充分发挥教职工代表大会作为教职工参与学校民主管理和监督主渠道的作用,健全民主治理机制,推进治理民主化进程。

第九节 启悟的教育评价观

教育评价是教育领域中一项重要且复杂的活动,直接影响着教育发展的方向,是教育实践的"指挥棒"。美国学者泰勒在其著名的"八年研究"(1933—1940)报告《史密斯-泰勒报告》中,对教育评价的定义是"教育评价本质上是一种测定教育目标在课程和教学方案中究竟被实现多少的过程"①。另一个被广泛采用的定义是教育评价专家克龙巴赫等提出的"为决策提供信息的过程"②;评价标准联合委员会的定义是"评价是对某种对象的价值和优缺点的系统调查"。③ 我国教育界一般把教育评价定义为:在系统地、科学地和全面地搜集、整理、处理和分析教育信息的基础上,对教育的价值作出判断的过程,目的在于促进教育改革,提高教育质量。④ 教育评价有导向、激励、诊断、促进等功能。

一、国际教育评价发展历程

20世纪80年代,美国教育评估专家库巴和林肯在他们的《第四代评

---

① 拉尔夫·泰勒.课程与教学的基本原理[M].施良方,译.北京:人民教育出版社,1994:119.

② 斯塔佛尔比姆.方案评价的CIPP模式[M].陈玉琨,译.//瞿堡奎.教育学文集·教育评价.北京:人民教育出版社,1989:301.

③ 内伏.教育评价概念的形成:对文献的分析评论[M].赵永年,译.//瞿堡奎.教育学文集·教育评价.北京:人民教育出版社,1989:345.

④ 金娣,王刚.教育评价与测量[M].北京:科学教育出版社,2002:2.

估》一书中提出了现代教育评估的"四代理论"。在这著作中,库巴和林肯将教育评价的理论发展分为四代,分别是强调客观工具的第一代评价、强调目标达成度的第二代评价、强调标准鉴定的第三代评价、重视协商与建构的第四代评价。

(一)测量时代

评价理论的第一代又称测量时代,这一时代的评价侧重于"测验和测量",以追求评价结果的数量化、客观化为主要目的,盛行于19世纪末至20世纪30年代。它的主要标志是测量理论的形成以及测量技术和方法的大规模应用。首先是测量理论的大量涌现。1904年,美国著名教育心理学家桑代克发表了《心理与社会测量导论》。1905年,法国人比奈与助手西蒙发表了《异常儿童诊断的新方法》一文,介绍了《比奈-西蒙量表》。1916年,美国斯坦福大学的推孟教授修订了比奈的量表,被称作《斯坦福-比奈量表》。1923年,美国出版了第一个标准化成绩测验——《斯坦福成绩测验》。当时,人们的研究精力主要集中在教育测量的客观化上,评估人员仅扮演"技术员"的角色。他们的工作是选择测量工具,组织测量并提供测量数据。因此,这个时期也被称为评价史上的"测量时代"。其中,客观式测验和常模参照测验就是这一时期的产物,它们在解决学力测验的标准化和客观化方面取得了很大的进展。但是,当时的教育测量仅集中于客观和量化的教育资料的收集,并没有注意分析这些量化资料的意义所在。而教育是有明确目标的活动,教育测量所获得的资料,不仅要能得到测量对象静态的结果,还应当有助于判断教育活动是否达到教育目标和达到目标的程度,才能充分发挥其作用。于是,在对"测量时代"批判的基础上,发展出以描述教育目标与教育结果的一致程度为主要任务的教育评价。

(二)描述时代

教育评价的第二代盛行于20世纪30年代至50年代。其主要标志是泰勒评价模式的产生及应用。在这个时期,评价不仅仅是一两个测验,而是一个过程,评价者亦不再是"技术员",而是一个"描述者",来描述教育目标与教育结果的一致程度,故这个时代被称为"描述时代"。1933年至1940年,美国进步主义教育协会领导的课程改革委员会邀请教育专家泰勒对30所高中的学生4年中学和4年大学的学习进行了为期8年的追踪研究。"八年研究"委员会认为教育的中心目标不是灌输知识,而是促进学生的全面发展。显然,原来的面向考试的测试无法适应这些新的教育目标,因此开发新的评估工具成为研究的主要任务。泰勒在"八年研究"中的主要成果《成绩测验的编制》中,首次将测量与评估区分开来,认为测量只是评估的一种工具,并首次正式提出了"教育评价"的概念。因此,泰勒的教育评价理论被称为"划时代的教育评价宣言",其评价观点被归纳为"泰勒评价模式",泰勒也被人们誉为"教育评价之父"。"泰勒模式是以目标为中心"①的行为目标评价模式。泰勒认为,起源于智力测验的常模参照测验是以区分考生为目的的,它对了解学生的学习进展并无多大意义。而与此相对的目标参照测验则更有利于判明学生学业的进展,改进课程和教学方案。泰勒的行为目标评价模式结构紧密,操作性强,其操作程序相当完备,包括目标群、筛选、目标、学习情境、工具与测验、信息检验等首尾一贯的具体环节。② 在行为目标模式中,目标参照测验是评价的基本工具。与起源于智力测验的常模参照测验相比,目标参照测验更有利于判明学生学习的进展,更有利于改进课程和教学方案。泰勒评价观点的提出,对整个教育界尤其是教育评价领域产生了深刻的影响。行为目标模式的目的是促进学生更全面的发展,但在实践中,它已演变为仅关注评估的总结性功能。虽然总结性评价对教育质量的促进作用不容忽视,仍然具有现实意义。但是,总结性评估对学生的发展有负面影响,它很可能给被评估者带来心理压力和其他压力,其使用筛子进行筛选、分类和选择学生,压抑他们的抱负,破坏学生的自信心和自我意识。

(三)判断时代

教育评价的第三代盛行于 20 世纪 50 年代末至 70 年代末。价值的判断是这个时期评价理论的特点。前两代评估均不涉及"价值判断"问题,第三代评估不仅涉及"价值判断",而且将其用作评估的关键。在此期间,评估人员不仅必须使用某种测量方法来收集各种参数,还必须制定相关判断标准和目标,因而,这个时期也被称为"判断时代"。1966 年,斯塔弗尔比姆同样对泰勒评价模式提出了异议:如果目标本身不可靠或有问题,则这种价值判断也有问题,目标本身也成为评估的对象。斯塔弗尔比姆认为"评

---

① 陈玉琨.教育评价学[M].北京:人民教育出版社,1999:62.
② 李雁冰.课程评价论[M].上海:上海教育出版社,2002:75.

价的最主要目的不是为了证明,而是为了改进"。① 其提出形成性评价思想,建立了 CIPP 模式。CIPP 模式由背景(CONTEXT)评价、输入(INPUT)评价、过程(PROCESS)评价和成果(PRODUCT)评价结合而成。形成性评估更加关注意外的影响,强调评估应该满足各种相关主体的需求,直接指向正在进行的教育实践活动,并为学生发展提供了更多机会。其不但促进被评对象的发展,而且促进利益相关方如学校、教师的发展。CIPP 模型首先在背景评价中评估目标本身,然后使用输入评价和过程评价对教育条件和非预期结果进行价值判断。斯塔弗宾提出的 CIPP 评价模式是在批判泰勒模型的基础上发展起来的,继承了泰勒评价模式的理性核心,摒弃了泰勒模型的局限性,并回答了泰勒模型尚未解决的问题。一是针对泰勒模型中规避教育价值的问题,提出了背景评估,并将目标纳入评估活动,从而对目标本身的合理性进行了评价。二是鉴于泰勒模式对条件和非预期结果的忽视,提出了输入评价和过程评价,并实现了对目标实现情况和任务完成过程的识别和监控。三是 CIPP 模式吸收泰勒模式中关于结果评估的合理组成部分,发展成为基于现代系统理论,具有严格逻辑的操作系统,为主管部门和学校管理者提供了系统的评价模式,还为改善教育和教学提供了系统的解释程序。

  CIPP 评价模式突出了评价的形成性功能。传统的教育评式概念认为,评估的主要任务是通过测试来识别和选择适合教育的儿童,评价的重点是活动的结果。CIPP 模型没有忽略评估的总结和诊断功能,而是更加重视评估的形成性功能。它以决策为中心,决策贯穿于教育活动的整个过程。因此,评价活动始终贯穿于教育活动的全过程。评价时必须考虑决策的需求,并提供决策活动所需的信息。这突出了评价的形成性功能,实现了对教育过程的有效控制,并改善了教育活动。背景评价指导目标的正确制定,输入评价指导计划的选择。这两类评价在改进中也起着重要作用。简而言之,CIPP 模型开发了一套系统的决策方法,从而将评估的目的从证明转变为改进,这是教育评估历史上的又一次重大飞跃。

  CIPP 评价模式重视形成性评价,但它并未忽视诊断性评价和终结性评价,而是试图把三种评价类型整合起来形成一个系统。② 在整个教育过

---

  ① 斯塔弗尔比姆.方案评价的 CIPP 模式[C]//瞿葆奎.教育学文集·教育评价.北京:人民教育出版社,1989:301.
  ② 肖远军.CIPP 教育评价模式探析[J].教育科学,2003(6):42-45.

程中,评价在不同阶段发挥着不同的功能。在背景评价中,监督教育目标的确认;输入评价中,评判教育方案的选择;在过程评价中,指导教育方案的实施;在结果评价中,判断教育目标的达成度。将教育过程的目标、条件、计划、实施、结果和效果置于教育评估的监督之下,并发挥教育评价的所有功能,从而有机地统一几种评估类型。继泰勒模型之后,CIPP模型已成为教育评估中最具影响力的评价模式。目前,中国大多数教育评价仍采用这种模式。

(四)建构时代

由库巴和林肯于20世纪80年代提出的第四代评价理论认为,前三代评价理论的不足之处在于:首先是评价的"管理主义倾向"过强,将评价对象和所有其他相关人员排除在外,而忽略了这一点,使评价工作不完整和深入。其次是"忽略价值的多元性",将评价者观点作为评价的唯一标准,没有考虑他人的价值观念。最后是过分强调"科学实证主义"方法,而忽略了使用其他评估方法,例如定性方法。因此,第四代评估的起点应该是"响应焦点方法",即响应发起人、受益人和受害人这三类人的需求,并响应他们各自的主张、关注和问题。第四代评价认为评价的本质是共同建构评价共识,协商是从出发点通向本质的途径,故评价的方法论应该是"建构性探究方法",即是一个由进入条件、探究过程和探究结果三阶段构成的建构框架。在进入条件阶段,应该在自然情境中进行探究和评价,必须采用"质的研究方法"。在探究过程阶段,不断进入"诠释辩证的循环圈",通过协商形成共识,即共同建构。在探究结果阶段,撰写反映共识形成条件、过程的评价报告。具体说来,建构性评价的操作流程大致可以分解为12个相互联系的步骤,即签订协议;组织评价;鉴定利益相关者;形成每一方的共识;以新信息增进理解,扩大共识;查明主张、担心和问题;确定优先协商的问题;收集信息,增进认识;准备协商方案;进行协商;提出报告;再循环。[①] 在评价理念上,共同建构模式的真正意义和优势在于"对利益相关者赋权、坚持协商与共识的原则"。[②] 20世纪80年代以来,国外教育评价学界提出的质

---

① 张民选.回应、协商与共同建构——"第四代评价理论"评述[J].外国教育资料,1995(3):53-59.

② 杜瑛.协商与共识:提高评价效用的现实选择——基于第四代评价实践的分析[J].教育发展研究,2010(17):48.

量保障模式、共同建构模式和鉴赏批评模式,明确了发展性评估概念,将促进人的发展理念贯穿于评价的每一个环节。评估人员的基本任务是收集各种数据,整理不同人员和不同环境中的建构,使用协商方法逐步改变和协调对不同意见的分歧,并引导他们达成共识。因而,这个时期也被称为"建构时代"。

此外,现行的教育评价可按常规评价和教育评价分类。从常规评价入手,将教育评价视为普通评价的一类,按评价过程本身的顺序划分程序和步骤,评价过程划分调查研究、方案设计、组织实施和反馈检验等四个环节,如建构模式就是属于此类。这类评价适合于个别的、临时性的、诊断性的教育评价。它从评价过程本身来研究评价程序与阶段,是对现实的评价过程的理论再现。当然,它来自评价的现实状态,又超越现实状态。它含有阐述者对评价应有状态的设想,是评价过程的理想状态和典型形式。① 另一种划分方式是按照教育活动过程展开,划分评价程序和步骤。随着教育活动的运行依次进行背景评价、输入评价、过程评价和结果评价,这四个阶段构成一个完整的评价过程,比如CIPP模式,适合于常规的、大规模的教育评价。

二、我国教育评价历史演化

我国在先秦时期已有教育评价的记载,战国时期的《礼记·学记》中指出:"比年入学,中年考校。一年视离经辨志,三年视敬业乐群,五年视博习亲师,七年视论学取友,谓之小成;九年知类通达,强立而不反,谓之大成。"后有以科举制为标志的成熟规范的教育评价。科举制为我国古代教育、经济、社会、政治的发展立下汗马功劳,是当时较为先进的教育评价制度。近现代以来,由于各方面的原因,我国的教育评价理论和实践逐渐落后于西方国家。有学者将我国的教育评价演化分为三个时期:古代的教育评价(606—1905年);中国近代的教育(1905—1949年);中国现代的教育评价(1949年至今)。② 对应的代表性教育评价制度是科举制度、会考制度和高考制度。

---

① 蔡晓良,庄穆.国外教育评价模式演进及启示[J].高教发展与评估,2003(3):37-44.
② 刘尧.中国教育评价发展历史述评[J].北京工业大学学报社会科学版,2003(3):88-92.

(一)古代科举制度

科举制度从隋炀帝大业二年(606年)开始,到1905年清政府推行新政的过程中废除,在中国历史上整整持续了1300年的时间。其源于中国的西汉察举,形成于隋唐,经宋、元、明时代的发展演化,到清代在方法上已非常完备。虽然科举制发展到末期因内容陈腐、权贵干预和沦为统治者营私结党的工具等弊端,从内容、体制等方面看严重阻碍了社会的进步,作为封建王朝选士制度的科举就在清朝行将灭亡的前夕,正式退出了历史舞台。但是,科举制的产生是当时社会政治、经济以及教育发展的必然。科举制的问世,是中国和人类教育领域乃至政治、文化领域的一件大事,它开创了人才教育的评价、选拔的新纪元,并以其鲜明的特点、强大的生命力和作用力对中国和人类社会的发展产生了极为深远的影响。它对当今的教育评估仍然具有积极的参考价值,这是现代(西方)教育评估本土化的生长点。如今,我们经常将科举考试与高考进行比较,实际上,科举考试和高考是两种不同类型的考试。现代高考实际上决定了能上哪所大学,这是教育过程的一部分。而科举认定你的教育过程已经完成了,参加科举成功就能进入官僚队伍,这就是所谓"学而优则仕"。所以从某种意义上来说,科举考试更为接近于现在的公务员考试。科举制度的权威由它的公正性来保证,在科举制度确立了以后,就有公平和择优这两者之间的矛盾。也正是因为这样的一些矛盾,它促使科举制度不断地改变。科举制度逐步走向开放,走向严密化,打破了过去门第背景的限制,重视世人的知识才能,鼓励竞争,这种方式相对来说是比较符合公平的原则。当然,科举取士的标准比较单一,完全依考试的成绩来选拔人才,不利于全面考察素质能力。对于科举制度的影响及作用,必须将之放在历史的脉络里面去考察与评价,观察其历史上演进的过程,观察其在中国历史上促进教育发展、社会公平、社会进步的积极作用,以及其后期对思想的束缚、对进步的阻碍等消极作用。就现代性来说,科举制度推行自由报考、公平竞争,倡导人才评价选用的开放性、公平性和民主性,正是现代社会进步的方向,也是现代社会发展要追求的主流目标。科举制以其严格的管理和先进的方法,在教育评价史上留下了极为光彩夺目的一页。

(二)近代会考制度

1905至1949年期间,教育评价迅速西化,中小学教育质量评价最具代表性的是国民政府的会考制度。中国废止承袭已 1300 年的封建科举制度之时,正值西方教育测量运动方兴未艾,在内外、主动和被动两种力量的共同作用下,西方教育测量理论迅速向中国传播,并在 20 世纪二三十年代形成了中国的教育测量运动。辛亥革命结束了中国长达两千多年的封建君主专制政权,南京临时政府教育部对清末封建教育制度进行了改革。而后的五四运动使国民思想空前解放,西方教育思想大量涌入,在五四前后到 1928 年形成高速发展时期。在此期间,以智力测验为代表的西方各种理论传到了中国。中国学者在翻译和介绍它们的同时,还根据中国的具体情况对它们进行了修改和改造,并积极开展了自己的探索研究工作,取得了丰硕的理论成果。实践方面,国民党政府的毕业会考制度践行了当时的教育评价理论。1932 年 5 月,国民党政府教育部公布了《中小学毕业会考暂时规定》。1940 年 5 月,教育部又通令专科以上学校,从 1941 年起,毕业考试改为"总考制",除第 4 学年的课程外,还"须通考其以前各年级所习专门主要课程三种以上",不及格者不得毕业。这样,中学以上的各级各类学校的毕业会考皆有了明文规定。这期间,我国关于教育测验、测量的研究取得了一定的进步,但发展力度和质量明显不及西方各国的进展,更多的是沿袭西方的研究方法和内容而做进一步的丰富和完善,重复性劳动居多,缺乏创造性的、有新意的研究方法、课题和成果。

（三）现代的高考制度

新中国成立后,高考制度一直是我国最重要、最公平、最受承认的基础教育评价制度。1949 年至 1977 年,由于"照搬苏联""否定苏联"和"文革"的影响,我国教育评价处于理论研究停滞、实践活动无序的状态。1977 年我国恢复高考后,基于反思历史和现实需求,开始引进国外教育评价实践和理论发展来重建秩序。我国陆续译介了国外及中国台湾地区有关教育评价的文章及专著,邀请外国教育评价专家来中国讲学。这些活动全面介绍了世界教育发展方向、发展趋势以及国际教育评价研究与实践活动的发展状况,加强了中国与外国教育评价界的联系与交流。1985 年 5 月,中共中央颁布了《中共中央关于教育体制改革的决定》,[①]明确提出要对教育进行评价的问题。在全国开展了教育评价研究和试点工作、探索评价规律,

---

① 中共中央关于教育体制改革的决定[EB/OL].(1985-05-27)[2020-03-16].http://www.moe.gov.cn/jyb_sjzl/moe_177/tnull_2482.html.

建立评价理论和方法体系,为评价工作的全面展开铺路。1991年4月,原国家教委发布《教育督导暂行规定》[①],标志着我国教育评价理论研究和实践活动进入了一个新的阶段,正式开展教育评估工作,以提高教育管理水平。《教育督导暂行规定》的出台初步建立了教育评价制度,为在全国正规开展教育评价工作提供了制度保证。

1993年2月《中国教育改革和发展纲要》颁布,对教育评价的地位、作用有了明确的规定——"检查评价学校教育质量作为一项经常性的任务"。[②]《中国教育改革和发展纲要》的出台推动中国教育评价的理论研究走向深入。此后,我国教育评价在反思历史、重建秩序、除旧布新的改革实践中,从引进和介绍海外的教育评价理论成果开始,逐步进入创建中国特色教育评价理论的持续发展时期。[③] 1999年《中共中央国务院关于深化教育改革全面推进素质教育的决定》中指出,要建立符合素质教育要求的评价机制。[④] 2002年《教育部关于积极推进中小学评价与考试制度改革的通知》在强调扎实推进素质教育的同时,首次提出了"形成性评价"与"总结性评价"相结合,学生发展变化的过程都要成为评价的内容。[⑤] 这为探索科学的评价方法,促进学生的全面发展和终身发展奠定了基础。"十一五"规划更是要求将促进学生全面发展作为学校教育教学的目标,建立符合素质教育要求的评价和监督机制,这对于素质教育的全面实施具有重要意义。2010年,《国家中长期教育改革和发展规划纲要(2010—2020年)》提出对教育质量评价制度进行改革,建立第三方评价机构,推行专业评价。[⑥] 2013年《教育部关于推进中小学教育质量综合评价改革的意见》发布,提出要

---

① 中华人民共和国国家教育委员会令第15号.教育督导暂行规定[EB/OL].(1991-04-26)[2020-03-16].http://www.moe.gov.cn/s78/A02/zfs__left/s5911/moe_621/tnull_3459.html.

② 中国教育改革和发展纲要[EB/OL].(1993-02-13)[2020-03-16].http://www.moe.gov.cn/jyb_sjzl/moe_177/tnull_2484.html.

③ 刘尧.关于教育评价学理论体系思考[J].北京理工大学学报,2001(3):56-59.

④ 中共中央国务院关于深化教育改革全面推进素质教育的决定[EB/OL](1999-06-13)[2020-03-16].http://www.moe.gov.cn/jyb_sjzl/moe_177/tnull_2478.html.

⑤ 教育部关于积极推进中小学评价与考试制度改革的通知[EB/OL].(2002-12-18)[2020-03-17].http://www.moe.gov.cn/srcsite/A26/s7054/200212/t20021218_78509.html.

⑥ 国家中长期教育改革和发展规划纲要(2010—2020年)[EB/OL].(2010-07-29)[2020-03-17].http://www.gov.cn/jrzg/2010-07/29/content_1667143.htm.

"基本建立体现素质教育要求、以学生发展为核心、科学多元的中小学教育质量评价制度,切实扭转单纯以学生学业考试成绩和学校升学率评价中小学教育质量的倾向,促进学生全面发展、健康成长"。① 把学生的品德发展水平、学业发展水平、身心发展水平、兴趣特长养成、学业负担状况等方面作为评价学校教育质量的主要内容。2014 年《教育部关于加强和改进普通高中学生综合素质评价的意见》出台,从德、智、体、美、劳五个方面评价学生全面发展和个性特长情况,注重考查学生社会责任感、创新精神和实践能力。②

进入新时代,我国教育评价改革加速推进。2018 年 9 月全国教育大会上,习近平总书记指出:"要深化教育体制改革,健全立德树人落实机制,扭转不科学的教育评价导向,坚决克服唯分数、唯升学、唯文凭、唯论文、唯帽子的顽瘴痼疾,从根本上解决教育评价指挥棒问题。"教育部部长陈宝生指出,要贯彻落实全国教育大会精神,"把教育评价改革作为'最硬的一仗'来推进"。2019 年教育部考试中心发布《中国高考评价体系》,在评价理念上,实现了高考由传统的"知识立意""能力立意"评价向"价值引领、素养导向、能力为重、知识为基"综合评价的转变。同时,在评价模式上,实现了高考从主要基于"考查内容"的一维评价模式向"考查内容、考查要求、考查载体"三位一体评价模式的转变。2020 年 10 月,中共中央、国务院印发了《深化新时代教育评价改革总体方案》③,指出:教育评价要坚持科学有效,改进结果评价,强化过程评价,探索增值评价,健全综合评价,充分利用信息技术,提高教育评价的科学性、专业性、客观性。坚持统筹兼顾,针对不同主体和不同学段、不同类型教育特点,分类设计、稳步推进,增强改革的系统性、整体性、协同性。

高考作为我国最重要的教育评价制度,也是一种价值判断,是对教育活动这样的客体满足个人、社会和国家等价值主体需要程度的判断。高考

---

① 教育部关于推进中小学教育质量综合评价改革的意见[EB/OL].(2013-06-08)[2020-03-17].http://www.moe.gov.cn/srcsite/A26/s7054/201306/t20130608_153185.html.

② 教育部关于加强和改进普通高中学生综合素质评价的意见[EB/OL].(2014-12-16)[2020-03-17]. http://www.moe.gov.cn/srcsite/A06/s3732/201808/t20180807_344612.html.

③ 中共中央国务院.深化新时代教育评价改革总体方案[EB/OL].http://www.gov.cn/zhengce/2020-10/13/content_5551032.htm.

的主体价值是明确的、清晰的,是"立德树人、服务选才、引导教学",它是高考评价考试的起点和前提。高考是一种总结性评价,其关注量化的客观指标,体现了评价的"科学性"。作为一种补充,学生综合素质评价也纳入高校招生的参考,以体现质性评价和形成性评价的重要性。

三、我国教育评价现今改革

教育评价是整个教育活动的重要组成部分,是教育实践的"指挥棒",其根本功能是服务于教育目的的实现和促进教育的发展。教育评价是对教育活动进行价值判断的过程,是提供评价信息的过程,是一种共同建构的过程[①],其内涵体现了教育评价的工具性,其本质是为实现教育目的服务。就教育评价的功能而言,它对教育活动的价值进行了判断、发现和创新,并不断达到提高教育价值或增加教育价值的目的,工具价值极为明显。教育评估的意义和功能从根本上规定了它具有服务于教育目的的工具性。教育目的主要表现为社会对人发展的基本需要以及人自身发展的需要,它是教育评价活动的起点,指导教育评价活动的目标和方向;它是教育评价活动的目的,并促进了教育评价活动的变化和发展。教育的目的是通过一定的教育活动促进个人的社会化和个性化,从根本上强调了人的社会性和个性化的协调发展。因而,教育评价之于教育目的具有强烈的工具性,教育目的之于教育评价则具有一定的规约性和指导性,不同的教育目的指导下的教育评价会有不同。

在现实中,高利害的教育评价往往直接影响到资源配置、利益占有及社会声誉,教育评价的强势导致教育活动的无序。更有甚者,教育评价异化为教育目的本身,整个教育活动围绕着教育评价而开展。如以成绩为基础、以分数为标准的高考是现今教育评价的主要表现,通过高考而得的成绩分数自然成为教育各方利益相关者竞相追逐的目标,高考分数淹没了人类发展的需求和社会发展的需求。人们通常以分数为基础的教育评估作为教育活动的目的追求,这导致教育目标的指导作用不断下降,以促进人的全面发展的教育评价本质功能发挥不足,尤其是发展性功能发挥更为受限。教育发展的自然结果或必然结果断然不会导致分数至上或教育评价成为教育活动的目的追求,教育多方利益相关者的共同合谋造成了教育失

---

① 刘志军.教育评价的反思与建构[J].教育研究,2004(2):59-64.

序的结果导致分数至上或教育评价异化。

  针对教育活动失序和教育评价异化的局面,教育研究者、管理者和实践者纷纷提出各自的教育评价改革意见和方案。如刘志军等人的"厘清教育评价与教育目的之间的关系,合理定位教育评价"①,力图从源头破解困境。沈沫提出要"着力打破'学生围绕分数转、教师围绕论文转、学校围绕升学转'的现象,使学生评价、教师评价、学校评价、结果评价和政府评价相互协调、相互补充、相互促进、相得益彰,形成具有中国特色世界水平的现代教育评价体系",②从管理者角度设计教育评价改革方向。唐江澎认为,"在高考统一考试的方式来选择学生、以纸笔测试为主要的检测方式短期内无法改变的情况下,应该在高考命题的形式和目标上进行改革,通过一步一步改革,逐渐将培养目标转向对高阶、通用能力的培养上"。③ 从教育实践者的角度出发,在承认高考的公平与效率的情况下,认为改良高考也是教育评价改革的方向与手段。

  习近平总书记在全国教育大会上指出,要深化教育体制改革,健全立德树人落实机制,扭转不科学的教育评价导向,坚决克服唯分数、唯升学、唯文凭、唯论文、唯帽子的顽瘴痼疾,从根本上解决教育评价指挥棒问题。早在2014年国务院出台《关于深化考试招生制度改革的实施意见》就提出"完善高中学业水平考试,规范高中学生综合素质评价,探索基于统一高考和高中学业水平考试成绩、参考综合素质评价的多元录取机制"。同年,教育部制定了《关于加强和改进普通高中学生综合素质评价的意见》,就改进完善综合素质评价工作提出了进一步要求,进行了全面部署。2019年,国务院办公厅印发了《关于新时代推进普通高中育人方式改革的指导意见》,明确提出了要"构建全面培养体系,完善综合素质评价"。

  基础教育评价改革从利害度来说,可以分为高利害度的评价制度改革和低利害度的评价制度建立与引进。高利害度的评价制度改革就是高考综合改革;低利害度的评价制度建立与引进指的是义务教育阶段的教育质量监测体系的建立和PISA项目的引进。

  高考评价制度改革启动的标志是2014年国务院《关于深化考试招生

---

  ① 刘志军,徐彬.教育评价:应然性与实然性的博弈及超越[J].教育研究,2019(5):10-17.
  ② 沈沫.基础教育评价要破解"五唯"顽瘴[J].人民教育,2018(23):54-58.
  ③ 施久铭,邢星,魏倩.教育评价改革的"破"与"立"[J].人民教育,2019(6):21-24.

制度改革的实施意见》(下称《意见》)的出台。《意见》明确提出,改革的总体目标是"建立中国特色现代教育考试招生制度,形成分类考试、综合评价、多元录取的考试招生模式,健全促进公平、科学选才、监督有力的体制机制,构建衔接沟通各级各类教育、认可多种学习成果的终身学习'立交桥'"。从改进招生计划分配方式、改革考试形式和内容、改革招生录取机制、改革监督管理机制和启动高考综合改革试点等五个任务和措施入手进行深化改革。当年启动上海、浙江为高考综合改革试点,开始实施"不分文理科,高考计分3+3"模式的新高考制度。2017年第二批试点北京、天津、山东、海南顺利启动;2019年第三批试点河北、辽宁、江苏、福建、湖北、湖南、广东、重庆开始启动。高考改革方案由"3+3"模式转变为"3+1+2"模式,选考科目组合从20种减少至12种。同时招生计划分配方式、招生录取机制、监督管理机制三个措施配套进行。2019年教育部考试中心发布《中国高考评价体系》,标志着《意见》的最后一个改革任务即改考试形式和内容设计完成。

  2007年,教育部利用北京师范大学教育测量与评价的资源,成立了教育部基础教育质量监测中心,大范围的基础教育质量监测工作开始进行。经过8年的努力,2015年全国基础教育质量监测工作正式铺开,不仅对学生语文、数学、科学、体育、艺术、德育6个主要学科领域进行学业质量的评估,还涉及了教育系统其他相关因素,测查基础教育均衡状况。基础教育质量监控收集客观和定量的数据,正确评估当前的教育质量状况,探讨影响教育质量的因素,并提出提高教育质量的方法。引入教育质量监测制度,不以中高考的结果为教育质量评价标准,能够更好地打破"唯分数、唯升学"论教育质量的错误评价导向,更公平、更全面地评估教育质量。

  2006年,教育部考试中心引进并启动了PISA中国试测研究项目。PISA项目测试义务教育阶段15岁学生在阅读、数学和科学方面的应用知识、技能和解决问题的能力。除了认知测试外,PISA项目还包括问卷调查,目的是收集有关社会、文化、经济和教育因素的指标。这些指标与学生的学习成绩相关,从学习者、教学、学校和教育系统四个微观方面进行研究分析后,再从社会、文化、经济以及教育因素等宏观方面考查学生和学校的特征,为各国政策分析和研究提供有价值的参考。PISA的目标是开发常规的、可靠的和与政策相关的学生成绩指标,以实现评估国家教育系统的质量、公平性和效率的目标。PISA评价关注四个子目标的实现:学习成果的质量、学习成果的等价性和学习机会的均等性、教育过程的有效性和效率,以及教育对社会经济的影响。① 可以说,PISA 评价的意义在于改善教育的品质,优化学生的素养。在评价内容和标准上,PISA 评估重视利用所学知识和技能来解决与现实世界问题相关的探索能力,并强调探索能力的自主性、独特性、创新性及个性化的表现。PISA 测试每三年一次,2009 年、2012 年中国大陆只有上海参加 PISA 测试,均取得第一的好成绩。2015 年,大陆有上海、北京、江苏和广东四省市参加,成绩第十。2018 年我国北京、上海、江苏、浙江四省市参与此项目,成绩第一。

四、启悟的教育评价观

教育评价贯穿于学校的整个办学过程和治理过程。在许多场合与时间段,教育评价甚至是学校师生的主要任务,主要原因在于,高利害度的教育评价不间断地、规律性地在学校进行着。按照评价对象划分,高利害度的教育评价可分为三类:对学生的评价、对教师的评价、对学校的评价。中考、高考的评价对象涵盖学生、教师和学校,是最重要、最公开的教育评价。对学生来说,中考高考成绩是教育资源分配的依据,在教育资源不充分、不均衡的现今,中高考关系到以后的教育质量和生活质量,中考、高考之于学生是机会,是人生转折点。学生学习期间自然会对照中考、高考要求进行自我调整,以适应考试标准。同时,中考、高考之于学校和教师,也是高利害度的评价,受现时社会文化和主流意识的影响,大众及教育主管部门对学校教师的诸多评价中,中考、高考成绩占据首要位置。可以说,成绩代表着办学水平、办学效益和办学声誉。于是,每年一次的中考、高考,是学校大事、教师要事、学生急事。除了考试之外,面向教师的高利害度的评价是专业职称评聘,这关系到教师的专业发展、职称晋级和工资福利;针对学校的评价有各种标准校、达标校、文明校、示范校的评估,这些关系到学校办学资源的调配、人事福利的调整和社会地位的提升。

高利害度的教育评价从其设计本意出发,是为了坚持社会主义办学方向,落实立德树人根本任务,培养全面自由发展的社会公民,提升学校办学水平,提高教育质量。但诸多高利害度的教育评价汇集到最终承受体,即基层学校时,演化为名目繁多、目不暇接、源源不断、层出不穷的重要的、紧迫的、高利害度的任务,于是评价异化、评价强化、评价负化自然而然地、情

---

① 王蕾.PISA 在中国:教育评价新探索[J].比较教育研究,2008(2):7-11.

理之中地出现。表现为,一是教育评价异化为教育目的,学校的教育实践活动围绕着教育评价内容而开展。二是教育评价强化为办学目标和培养目标,学校及师生的教育教学活动按照评价标准发展自己、培养他人。三是教育评价负化为教育筛选工具,学校、教师及学生被区分为等级明显、地位不同的各类等级品。针对教育评价异化、教育评价强化和教育评价负化的现实情况,学校应该主动作为,坚持教育本质、遵循教育规律,落实立德树人根本任务,着力发展学校教育事业,提升教师专业水准,培养学生核心素养。

(一)教育评价是"价值判断"而非"价值"本身

"价值"这个普遍的概念是从人们对待满足他们需要的外界物的关系中产生的。[①] 教育价值是教育对人和社会的意义或作用,就是教育实践过程中主体的需要和愿望与作为客体的教育活动之间的一种特定关系。价值判断是人们对事物能否满足主体需要以及满足程度所作出的判断,即特定的客体对特定的主体有无价值、有什么价值、有多大价值的判断。教育评价是一种价值判断的过程已成为基本共识,日本评价学者梶田睿一在其《教育评价》一书中认为,"教育评价是对全部与教育活动有直接或间接关系的各种实态把握和价值判断"。[②] 我国学者陈玉琨认为,"教育评价从本质上是一种价值判断的活动,是对教育活动现实的(已经取得的)或潜在的(还未取得,但有可能取得的)价值作出判断的过程"。[③] 教育评价就是对教育属性与人或社会的需要关系作出的判断。教育评价既然是对"关系"作出的判断,就一方面要考虑到教育自身的性质,另一方面又要考虑到主体自身的需要。因此,教育评价既具有客观性、又具有主观性。

在具体的高利害的教育评价中,如中考、高考,从命题者开始,到高校录取结束,无论其设计者、管理者、实施者境界多高,本意多好,都脱离不了人的主观性和局限性。也就是说,教育评价中的价值判断带有主观意识,并或多或少偏离教育本身价值。这是显而易见的,考试无法提升生命质量,无法提高生命价值,无法真实考查立德树人、无法真实考查五育并举。

---

① 中共中央马克思恩格斯列宁斯大林著作编译局.马克思恩格斯全集:第19卷[M].北京:人民出版社,2013:406.
② 梶田睿一.教育评价[M].李守福,译.长春:吉林教育出版社,1988:20.
③ 陈玉琨.中国高等教育评价论[M].广州:广东高等教育出版社,1993:23.

但教育评价者利用其话语权和决策权,不断宣扬自己的教育评价的"科学性",并且"无限逼近教育本质"。于是教育本来属性渐渐离开教育活动,"唯分数""唯成绩"成为部分学校和师生的教育追求,将价值判断当成价值本身。教育评价异化带来教育实践的失真,人们不关心全面发展、自由发展,不关心个性化、多元化和差异化,不关心思想进步和精神成长。

学校通过提高自身"站位"能在一定程度上消解教育评价的异化,提高"站位"指的是学校精神文化追求的高质量。一是要落实立德树人根本任务,将人的自由全面发展作为学校的价值追求,形成先进的学校文化,进而成为师生的精神认同和行为准则。二是大力提升教师的专业素养,包括专业理念、专业技能和专业知识。高水平的教师能在追求教育本质、遵循教育规律的基础上,促进学生个性化和社会化的同时,提高学生考试成绩。三是关注学生的多元智能,扬长避短,通过其他强项智力的发展促使言语—语言智力和逻辑—数理智力的提高,促进学生个性化、多样化的认知风格和学习策略的形成,提升学习效率,在全面发展的同时,提高考试成绩。

(二)教育评价是"帮助决策"而非"决策"本身

教育评价是"为决策提供信息的过程"。① 决策是一个提出问题、确立目标、设计和选择方案的过程。斯塔弗尔比姆认为,评估不应仅基于教学目标,而应以决策所代表的社会为中心,评估应为决策服务,并收集、组织和报告信息。学校最重要的活动是教育教学活动,学校其他重大事务包括人事、财务、工程、采购,莫不围绕教育教学而开展。学校决策的出发点都是为了全体学生的全面发展。教育评价应该为学校决策提供必要的、有用的信息,帮助学校更好地提高办学水平。

在直接涉及学校决策的各式教育评价中,除了中考、高考外,影响最大的是学校类的教育评价,如标准校、文明校、达标校、示范校的评估。此类评价属于 CIPP 教育评价模式,对学校目标、教育条件、教育过程和教育结果等方面内容逐一评价。此类评价无论是合格性评价还是竞争性评价,评价内容繁多、项目详尽,并设有一票否决规定。评价人员由随机抽取的专家学者或管理者组成,人员众多,具有极大的权威和权力。学校类的教育

---

① 斯塔佛尔比姆.方案评价的 CIPP 模式[M].陈玉琨,译//瞿堡奎.教育学文集·教育评价.北京:人民教育出版社,1989:301.

评价结果一般是资源配置的依据,评价结果良好或优秀的学校能得到更多的教育资源和社会资源,包括人员、资金、项目和生源,从而更好地发展学校。学校为了迎接评价,少则准备一个月,多者长达两三年,不知不觉中,此类教育评价的标准内容强化为学校的工作目标或工作方案,成为学校决策本身。如前所述,有校长直接将评估细则作为工作目标,应付检查评估游刃有余。

在实际办学中,学校坚持规范能在一定程度上消解教育评价强化这种异象,坚持规范指的是学校制度文化的高标准。一是坚持初心使命的规范。贯彻党的教育方针,落实立德树人的根本任务,发展素质教育,办出更加公平、更高质量的教育。二是坚持依法办学的规范。倡导尊重规则、依法依章程办事的理念,让法律法规而不是教育评价成为学校管理、运行、调整、完善的根本,保障学生的全面自由发展;用法治思维而不是评价标准指导各项办学活动,保障教育事业健康发展。三是坚持规章制度的规范。制度文化的价值取向在于人及人的发展,而非教育评价及评价的结果。制度的设计与制定的目标是教育教学质量,而非教育评价的标准及细则。制度的执行效果以学生和教师是否发展、发展多大为准则,而非教育评价能否通过为准则。

(三)教育评价为"共同建构"而非"评判"本身

库巴和林肯的自然主义评价的核心是共同建构。所谓共同建构,是通过回应与评估利害相关的各种人的需求、关切和问题,并通过对话和协商逐步达成共识的过程。第四代评价力图避免管理主义倾向、忽视价值的多元性、过分依赖科学范式,在实证的基础上,提出了一种定性方法,并强调评估过程中双方的互动和动态分析。

共同建构的评价方法看似简单,操作起来却十分困难。首先,需要耗费评价者大量的时间与精力,第四代评价流程有十二个环节之多。其次,评价方法对评价人员的素养提出非常高的要求,几乎每个环节都涉及不同的专业要求。最后,在评价中,不同主体的价值利益冲突使得民主协商制度难于建立,达成"共识"极其困难。这些局限性将给第四代的"控制"与"伦理"成功协调的目的带来极大的挑战。

在高敏感性的教育评价中,针对教师的职称评聘制度类似于"共同建构"的第四代评价模式。职称晋级与否直接关系到教师的工资福利、津贴补贴、工作绩效甚至是社会地位的高低,是与教师利益最密切的教育评价。

广大教师积极参与此类评价并关注评价结果。开展职称评聘是对评价利益相关者的回应,是评价的出发点,是为第一阶段。评价的第二阶段是协商。主管部门、学校和教师共同研讨职称评聘的标准、条件、方式和晋升人数,教师代表大会通过后形成学校的职称竞聘方案,算是第二阶段的进入条件;教师自愿报名参加竞聘,准备材料自我评价,与学校相关评价者民主协商评价材料、评价意见和评价结果,为第二阶段的探究过程;第二阶段的探究结果为公示评价结果,参评教师互相验证材料有效性,直到所有评价者和参评者对所有的探究结果无异议。至此,第二阶段完成。由于晋升人数有限,虽然坚持民主协商方式进行评价,但探究结果实质上还是筛选结果,某些教师无法进入第三阶段。评价过程首次显现负面影响:落选者被评判出来。第三阶段共识。参评教师参与其中,或片段教学或论文答辩,与评价人员互动交流。此阶段专业性较强,出现失败者是情理之中,会再次带来负面影响。充满期待的第四代评价模式在实际操作中,评价人员的控制和评价对象的伦理失去协调,评价不可避免成为评判,负化明显。

  学校倡导多元能在一定程度是消解教育评价负化的影响,倡导多元指的是学校生态建设的多样化追求。一是倡导价值多元。承认并尊重师生在学校、社会生活中多种多样的存在意义,容纳不同的价值标准与追求。不再用统一的价值标尺去衡量师生的人生追求,建构师生精神世界的多样化。二是倡导评价多元。将高利害度的评价与低利害度的评价相结合;正规的评价与临时的评价相结合;形成性评价与总结性评价相结合;诊断性评价与发展性评价相结合。评价多元意在消除单一评价带来的挫折感和失败感;意在赋予师生成就感和自豪感;意在让师生的精神世界生机勃勃、奋发向上。三是倡导需求多元。职称评聘涉及教师的安全需求及外部尊重的需求。晋级失败的教师,这两部分的需求得不到满足,易产生消极懈怠心理,学校应该更加关心和照顾,满足其归属感;同时,学校应创造机会,让教师实现个人理想、抱负,达成自我实现。让教师更加关注未来需求和高级需求,不因眼前的低级需求和实现需求得不到满足而丧失前进的动力。同时提供各种平台和项目,助力教师在专业成长道路走得更快、更远,以形成发展自觉。[①] 对于评价失利的学生,亦应如此。

---

① 陈长兴.教师管理当下的问题及其对策[J].福建基础教育研究,2018(1):13-15.

第四章

启悟之用

理论源于实践,在实践中不断成熟发展,在实践中受到检验。同时,理论反作用于实践,为实践的开展提供依据和指导。启悟教育办学思想体系是建立学校价值体系、治理体系、课程体系和教学体系的理论基础,并且间接促进了学生的发展和教师的发展。

第一节 启悟的价值体系

学校的价值体系是以办学思想为核心的精神文化体系,又称学校的办学思想体系,包括办学思想、办学目标、培养目标、校训、教风、学风、校歌、校标等要素。在我校的价值体系中,办学思想为"启思明德,悟理达行";办学目标为"兴贤育才";培养目标为"德才兼备";校训为"守正出新";校风为"知行合一";学风为"成德达材";教风为"敬业乐群",此外,还有校歌、校标、校名等要素。厦门市同安实验中学的价值体系如图4-1所示。

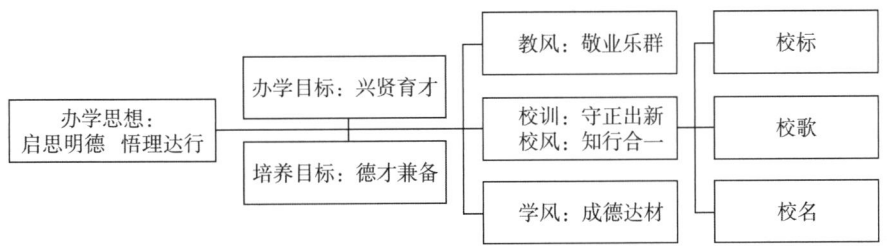

图4-1 厦门市同安实验中学价值体系

一、办学思想

厦门市同安实验中学的办学思想是"启思明德,悟理达行",来源于学校初创时的办学思想"启迪身心,悟通造化"。当时学校校名为"启悟轩",是由林语堂父亲林至诚于1890年创办的教会学校。

"启思",启发思维,又解让学生思考后再启发。《论语》:"不愤不启,不悱不发,举一隅不以三隅反,则不复也。""明德",光明之德,弘扬高尚品德。《大学》:"大学之道,在明明德,在亲民,在止于至善。""悟理",领悟原理,追求真理。唐代苏颋《授吴昇太子左赞善大夫制》:"吴升悟理明达,用心微妙,博以才艺,精於谈吐。"明代陈子龙《萧山寺作》诗:"悟理尘网超,蕴真玄赏契。""达行",勇于实践,强调知行合一。《论语·述而》:"子以四教,文、行、忠、信。"四教之中,"文"是"行"的基础,"行"是"文"的目的,"文"是为"行"服务的,理论学习为实践服务。宋代张栻《论语解·序》:"行之力则知愈进,知之深则行愈达。"

"启思明德,悟理达行"办学思想回答了"学校为什么办教育"的问题,是学校文化的核心灵魂。"启思明德,悟理达行"办学思想本身就是学校的教育目的。一是通过"启、明、悟、达"来丰富学生生命内涵,促进人的成长并改进人的生活质量,是为应然的教育目的。二是"启思明德"就是指德才兼备,以德为先,全面发展,"悟理达行"就是知行合一,因材施教,学用结合,指向了时代性的"培养德智体美劳全面发展的社会主义建设者和接班人"教育目的。三是通过"思、德、理、行"追求个性人格与道德性格的自由全面发展,涵盖了实然的教育目的。

"启思明德,悟理达行"直接面对学生个体,以人文主义为基础,体现生本化倾向,尊重环境、世界观和知识体系的多样性。其中,"启思明德"注重培养现代意义的道德人格,包括价值观、公民美德和正义感等,"悟理达行"以形成个人能力多方向发展的独立人格为价值追求,以维护和增强个人在其他人和自然面前的尊严、能力和福祉为目标。"启思明德,悟理达行"办学思想坚持以马克思主义为指导,全面贯彻党的教育方针。首先,"启思明德,悟理达行"具有个人价值取向,为人民服务,以培养有理想、有本领、有担当,具有奋斗精神、实干精神、创新精神的时代新人为目标;其次,"启思明德,悟理达行"包含社会价值取向,为改革开放和社会主义现代化建设服务,以培养具有理想信念、爱国主义情怀、品德修养、知识见识、奋斗精神、综合素质的德智体美劳全面发展的人为目标；最后，"启思明德，悟理达行"也蕴含国家价值取向，为中国共产党治国理政服务，为巩固和发展中国特色社会主义制度服务，把培养社会主义建设者和接班人作为根本任务，以培养一代又一代拥护中国共产党领导和我国社会主义制度、立志为中国特色社会主义奋斗终身的有用人才为目标。

"启思明德，悟理达行"办学思想积极落实立德树人根本任务，强化理想信念、爱国主义情怀、品德修养、知识见识、奋斗精神、综合素质的培育，同时没有回避高考竞争，直面应试化倾向，以学生的德才兼备、全面发展为目标，以学业减负增效及教育提质达标为核心。首先，"启思明德，悟理达行"努力培养学生的核心价值观念，通过"明德、悟理、达行"引导学生培育和践行社会主义核心价值观，继承弘扬中华优秀传统文化、革命文化和社会主义先进文化，重视文化育人模式的改进，树立正确的国家观、历史观、民族观、文化观，增强中国特色社会主义道路自信、理论自信、制度自信、文化自信，重视学生的政治素质、道德品质和思想方法的培养。其次，"启思明德，悟理达行"追求学科素养的培育，通过"启思、悟理、达行"指引学生在面对生活实践或学习研究问题时，能够在正确的思想价值观念指导下，合理运用科学的思维方式方法，有效地整合学科相关知识，运用学科相关能力，高效率地认识问题、分析问题和解决问题。再次，"启思明德，悟理达行"重视关键能力的培养，通过"悟理"培养孩子认识客观世界的知识获取能力；通过"达行"培养解决实际问题的实践操作能力；通过"启思"培养孩子逻辑推理的思维认知能力。最后，"启思明德，悟理达行"重视必备知识的掌握，通过"启思、悟理"过程，让孩子掌握由社会科学和自然科学的基本事实、基本概念与基本原理组成的知识体系。

二、办学目标

同安实验中学的办学目标是"兴贤育才"。"兴贤育才"一词源自厦门市唯一的劝学坊"兴贤育才"坊（如图4-2所示）。"兴贤育才"坊位于厦门市同安区孔庙内，于明朝天顺五年（1461年）由县丞刘岫器始建，寓意劝勉师生励志精进，教学有成，早日为国家培养出既贤明又能干的栋梁。又传是为了纪念南宋理学大师朱熹任同安县主簿期间，勤政爱民、兴学育才、以礼导民，使同安"文教昌明"，成为海滨邹鲁、闽学开宗之地而兴建。

"兴贤育才"作为办学目标，具有传承性。同安孔庙始建于五代，是纪

图 4-2　兴贤育才坊

念和祭祀"万世师表"孔子的祠庙,明代以后多做县学,故也称文庙。庙内"兴贤育才"坊体现了孔子的教育思想,又是后人纪念集儒学和理学之大成者朱熹在同安兴办县学,出现文教昌明教育成就的举措。"兴贤育才"意在"为天地立心,为生民立命,为往圣继绝学,为万世开太平",在社会文明高度发达的今天,有极好的现实意义。

"兴贤育才"作为办学目标,极具时代性。"兴贤育才"直接指向师生,而非学校,体现人本主义精神,办学的原本目标正是为了学生的全面发展、为了教师的专业发展。清朝朱舜水《劝兴》:"敬教劝学,建国之大本;兴贤育才,为政之先务。"大到治国,推荐贤良培育人才是要务;小至办学,挖掘贤士培养贤才是目标。

"兴贤育才"是践行"启思明德,悟理达行"办学思想的结果,是"启思明德,悟理达行"的逻辑推演。"兴贤育才"有两个指向,一是学生指向,学校办学目标是通过"启思明德,悟理达行"来促进学生全面而又有个性发展,培育学生的独立人格和道德人格,培养既有"贤德"又有"才华"的社会主义建设者和接班人。二是教师指向,全体教师通过践行"启思明德,悟理达行"办学思想,提升自己的专业理念和专业技能,既成为"贤师"又是"才师",培养一支师德高尚、业务精良的教师队伍。

三、培养目标

同安实验中学的培养目标是"德才兼备",以培养全面发展、学用结合的个性化和社会化的具有精神独立、思想进步的社会新人为目标,以培养拥护中国共产党领导和我国社会主义制度、立志为中国特色社会主义奋斗终身的有用人才为目标。

"德才兼备"指同时兼有优秀的品德和才能。元朝无名氏《娶小乔》第一折:"江东有一故友,乃鲁子敬,此人才德兼备。"北宋司马光《资治通鉴》:"夫聪察强毅之谓才,正直中和之谓德。才者,德之资也;德者,才之帅也。"宋朝许月卿《先天集·人邑道中三首》:"天涵地育王公旦,德备才全范仲淹。"在赫尔巴特看来,"才"是"多方面协调的兴趣","德"是"内心自由、完善、仁慈、正义和公平"。教育必要目的和最高目的为道德,通过"多方面协调的兴趣"即"才"的培育,使得道德目的的达成变为可能。

　　"德才兼备"培养目标遵循教育目的。教育目的包括"涵养德性""长善救失""教育即生活""教育即成长""做中学""个人完全和均衡的发展"等。"德才兼备"指向个人的全面自由发展,维护和增强个人在其他人和自然面前的尊严、能力和福祉。

　　"德才兼备"培养目标体现和落实教育方针。坚持社会主义办学方向,坚持教育为社会主义现代化建设服务、为人民服务,把立德树人作为教育的根本任务,全面实施素质教育,培养德智体美劳全面发展的社会主义建设者和接班人,努力办好人民满意的教育。

四、校训

　　同安实验中学的校训是"守正出新"。"守正"指恪守正道,胸怀正气,行事正当,追求心正、法正、行正。"出新"是指勇于开拓,善于创造,懂得变通,不断推陈出新。守正与出新共生互补,辩证统一。守正为出新的根基,发挥主导;出新是守正的补充,相辅相成。"守正出新"很好地诠释了实验中学的"实验"二字。

　　守正是中国传统文化的核心价值。司马迁在《史记·礼书》中讲:"循法守正者见侮于世,奢溢僭差者谓之显荣。"乃是针砭时弊,强调要恪守正道。"正"者,大道也,既包含道德操守,又包含客观规律,还包含正确理论。从哲学上讲,它是事物的本质和规律。一切被实践所证明了的正确东西,以及从无数次成功失败中得出的宝贵经验,都谓之为"正道"。

　　守正是指完整地继承办学过程中师生共同创造和积累的向善向美的理想信念、规范准则,正确体会并遵守核心价值。一是守道德之正,尊重和传承学校文化中向善向美的道德理念,培养学生的道德认知和道德行为。二是守规律之正,尊重和传承学校文化中正确的学生身心发展规律、学生认知规律、教育教学规律等教育规律,并按规律办事、按规律办学。三是守价值之正,尊重和传承学校文化中主流社会价值观、科学教育价值观和正确个人价值观。四是守学问之正。凡学问之形成,均为历代学人累加所致。而学人所为,起点必是继承,完整地继承前人成果,准确地理解前人思想,养成严谨的学风,形成扎实、优化的知识结构和技能结构。五是守处世之正。为人处世当笃守正道,诚实平和,严以律己,宽以待人。善于与人合作,具有团队精神。六是守行事之正。勇于实践、善于实践、勤于实践的作风。扎实做事,不浮不躁。严谨行事,一丝不苟。

出新是创新、变化。"世界上唯一不变的是变化。"《吕氏春秋》中也说:"治国无法则乱,守法而弗变则悖,悖乱不可以持国。世易时移,变法宜矣。"事物是发展变化的。守正不是守成,不是冥顽不化。古往今来,适者生存。在不断变革的社会背景下,必须审时度势,推陈出新,与时俱进。

出新的要旨是创新。提倡述而有作,在完整继承的基础上,敢于挑战权威,善于探索新知,正确看待失败,尊重个性发展,逐步建立超越前人的知识体系和技能体系。以创新作为个人和团体的价值取向。出新主要体现在道德之新、规律之新和价值之新。道德之新指吸收主流道德,如正确的政治信仰、理想信念等。规律之新主要指教育新理念,如学生的全员、全程、全面发展,知行合一等。价值之新指教育价值的新成果,如多元包容、尊重差异等。

五、校风

同安实验中学校风是"知行合一"。知行是中国传统哲学的重要范畴,其始于《尚书》与《左传》,《尚书》有"非知之艰,行之惟艰"之说,《左传》有"非知之实难,将在行之"之说。"知"指认知或良知,"行"指行为、行动。知行关系在中国哲学史上主要指道德认识与道德践履;知行关系也指一般认识论的意义,指理论学习与实践的关系。明朝正德三年(1508),心学集大成者王守仁在贵阳文明书院讲学,首次提出知行合一说。"知"主要指人的道德意识和思想意念。"行"主要指人的道德践履和实际行动。知行关系,是指的道德意识和道德践履的关系,也包括一些思想意念和实际行动的关系。"知行合一"指"知中有行,行中有知",又指"以知为行,知决定行"。作为校风的"知行合一",既指道德意识与道德践履的关系,也指一般的认识和实践的关系。

"知行合一"指向培养有理想、有本领、有担当,具有实干精神、奋斗精神和创新精神的时代新人。

六、教风

　　同安实验中学的教风是"敬业乐群"。"敬业乐群"出自于西汉戴圣《礼记·学记》："一年视离经辨志,三年视敬业乐群。"敬业：专心于学业；乐群：乐于与好朋友相处。原意指学生专心学习,和同学融洽相处；后指专心事业,乐于使众人利益。"敬业乐群"是中华民族的传统美德。唐代孔颖达对"敬业乐群"的解释是："敬业,谓艺业长者敬而视之；乐群,谓群居朋友善者愿而乐之。"南宋朱熹《朱子文集》："敬业者,专心致志,以事其业也；乐群者,乐于取益,以辅其仁也。"黄炎培认为,所谓"敬业",是指"对所习之职业具嗜好心,所任之事具责任心"。所谓"乐群",是指"具优美和乐之情操及共同协作之精神。"

　　作为教风,"敬业乐群"既包含着深厚的教育底蕴,又在新时代伟大的教育实践中被赋予新内涵。敬业是一种积极进取精神,是一种对所从事的职业的热爱,是一种精益求精的境界。乐群就是乐于和谐相处。敬业,就是忠于职守,认真干好本职工作。艰苦创业、勤俭守业、认真务业。乐群,就是要在工作中处理好人际关系,爱群、合群、利群、善群。

　　"敬业乐群"关注的是师德与师能。孔子曰"诲人不倦"、"有教无类"。先秦《吕氏春秋》："为师之务,在于胜理,在于行义。"西汉杨雄《法言》："师者,人之模范也。"教师的为人师表包括学高为师、身正为范；学为人师、行为世范。

　　"敬业乐群"成为厦门市同安实验中学的教风有着一段历史故事。民国二十二年（1933年）,值同安阳翟学校成立二十周年、同安县立中学成立十周年校庆,时任国民党中央常委、中华民国政府监察院院长,著名书法家于右任和时任中华民国国民政府主席林森等民国元老应学校创办者陈延香先生之邀为校庆题词,留下墨宝。于右任先生题词"敬业乐群"（如图4-3所示）,林森先生题词"成德达材"（如图4-4所示）。后因时局动荡,同安县立中学停办,迁出原址。中华人民共和国成立后,1954年,同安实验中学前身福建省同安第三中学迁入阳翟原同安县立中学校舍,继承校产。学校吸收了陈延香先生的热爱家乡、热爱祖国的思想情怀及不畏艰难、倾力办学的崇高精神,秉承延香先生对教师"敬业乐群"的期盼,以之为教风,继续开拓延香先生毕生追求的教育事业。

图 4-3　于右任题词"敬业乐群"　　图 4-4　林森题词"成德达材"

七、学风

同安实验中学的学风是"成德达材"。成德:成就品德。达材:材亦作"才""财",使之通达,成才。"成德达材",造就、教育成为有德行有才能的人。《孟子·尽心上》:"君子之所以教者五:有如时雨化之者,有成德者,有达财者,有答问者,有私淑艾者。"清朝焦循《孟子正义》:"财即才也,才恐其滞而不通,故达之。"元朝姚燧《襄阳庙学碑》:"世祖诏即阙里,聚孔、颜、孟三族,置官而教之,以俟其成德达才者。"明朝宋濂《故熊府君墓志铭》:"自吴公继承伊洛之绪于将坠之余,完经翼传,扶秘阐幽,所以化导其徒者,多成德达财,出而用世。"

在同安实验中学的价值体系或精神文化体系中,直接涉及学生的要素有办学思想、培养目标和学风,三者分别是"启思明德,悟理达行"、"德才兼备"和"成德达材"。办学思想"启思明德,悟理达行"是核心,是逻辑基项,往外展开,就是培养目标"德才兼备"。培养目标是办学思想的具体描述,是办学思想的实践追求。学风就是学校师生在办学思想指引下的治学精神、治学态度和治学方法等方面的风格,也是学校全体师生知、情、意、行在办学目标、培养目标问题上的综合表现。学风是凝聚在如何培养人、如何发展人问题上的精神动力、态度作风、方法措施等,通过学校全体成员的意志与行动,逐步地形成和固化,成为一种传统和风格。"成德达材"就是"启思明德,悟理达行"办学思想指引下的师生的综合表现,是如何实现"知行合一"培养目标的方法措施。这样,办学思想、培养目标和学风就形成逻辑清晰的推演链条。

与教风"敬业乐群"的历史故事一样,学校学风"成德达材"源自时任中华民国国民政府主席林森先生的题词(如图4-4所示)。

八、校歌

学校校歌沿用原同安县初级中学校歌(如图4-5所示),该校歌创作于民国年间,旋律优美,馨心淡雅、轻灵飘逸、气势恢宏、抑扬顿挫。文言文作词,意境儒雅端正、格高意远、气度宽宏、情致高雅。可惜时逢兵荒马乱,只剩词曲留传,何人作曲作词却无从考证。承用时歌词略有修改,将"以化以育以建县中"改为"以化以育以建同实"。

厦门市同安实验中学校歌

图 4-5 厦门市同安实验中学校歌

维负山而面海兮,宝灵气所钟。

维:用于句首,无实义。

负:倚靠。

钟:聚集。所钟:聚集的地方。

句意:背靠青山面朝大海,是灵气聚集的宝地。

引紫阳之过化兮,有海滨邹鲁之风。

引:延请。

过化:经过其地而教化其民。

紫阳过化:南宋朱熹主簿同安任内,政教兼施,兴贤育学,史称紫阳过化。

海滨邹鲁:邹,孟子故乡;鲁,孔子故乡。后因以"邹鲁"指文化昌盛之地。海滨邹鲁延伸含义为沿海文化昌盛之地。

句意:经过朱子教化其民,有海滨邹鲁的风范。

巍峨校舍兮,冠银同。

巍峨:形容建筑物的高大雄伟。

冠:位居第一。

句意:校舍高大雄伟,居于银城同安首位。

普敷教泽兮,发聩振聋。

敷:传布。

发聩振聋:也作振聋发聩。意思是声音很大,使耳聋的人也听得见。比喻用语言文字唤醒糊涂麻木的人,使他们清醒过来。

句意:广泛传播教育的恩泽,使人醒悟给人启发。

以化以育以建同实,菁峨多士勃勃蓬蓬。

化:感化。

菁峨:应为"菁莪",指育才。

勃勃蓬蓬:即蓬勃,形容事物繁荣。

句意:用感化用教育来建设同安实验中学,诸多老师培育人才教育事业蓬勃发展。

讴歌经诵兮,气肃雍,乐共晨夕兮,遐迩来从!

肃雍:意思是庄严雍容,整齐和谐。

遐迩:远近,此处指远近的人。

句意:歌咏经典,庄严雍容,整齐和谐,同学们朝夕一起快乐学习,远近的人都慕名前来求学。

九、校标

学校校标如图4-6所示,校标有如下元素:蓝色、黄棕色、三角梅、1890、书本、火炬等。

图4-6 校标

校标表现了地域特点。蓝色是海洋颜色,代表闽南地区拼搏、冒险的海洋文化;黄棕色是闽南建筑古式大厝(俗称皇宫起)的主基色,代表高贵典雅的建筑文化;三角梅是厦门市花,具有显著的地域特点。

校标体现历史积淀。1890表示学校创办于1890年,当时校名是"启悟轩";三角状的"三"代表学校历时五十年(1952—2002年)的校名"福建省同安第三中学"(简称同安三中);书本、火炬是校名为"厦门市启悟中学"时(2002—2019年)校标的主要元素。

校标体现时代特征。黄棕色代表可靠、信赖和稳定,蓝色代表冒险、探索和创新,两颜色象征校训"守正出新";书本代表正道、传统和文明,火炬代表探求、探究和创造,二者也象征校训"守正出新"。此外,三角形最稳定,代表"正统",三角形状上的断点代表"突破",更是象征着校训"守正出新"。这些元素诠释了新校名"厦门市同安实验中学"中的"实验"二字。

十、校名

与其他学校邀请名人、要人、贵人题写校名不同,厦门市同安实验中学将此荣誉留给师生。2019年同安区政府批复同意学校更名申请后,学校向广大师生征集校名作品,通过集体审议,决定采用初三女生史厦芸同学的作品(如图 4-7 所示),于 2019 年 9 月 19 日正式启用。

图 4-7　初中 2016 级史厦芸同学所题校名

第二节　启悟的治理体系

学校治理是指学校的相关利益主体依据国家法律法规与学校章程,通过多元主体的合意民主、合谋共治、协商对话、相互协调来实现学校共同目标的活动过程。① 学校治理呈现上下互动、多元主体和包容性特征。学校治理强调多元、对话、合作和民主,尊重教育规律与价值差异,激发教育内生动力,更加注重构建教育和谐生态。

学校治理体系主要包括目标体系、运行体系和约束体系。其中,目标

---

① 程红兵.教育治理现代化进程中学校治理体系变革研究——以深圳明德实验学校为例[J].全球教育展望,2017(11):90-103.

体系由学校章程和发展规划组成;运行体系由组织结构和决策系统组成;约束体系由制度系统和评价系统组成。厦门市同安实验中学的治理体系结构如图 4-8 所示。

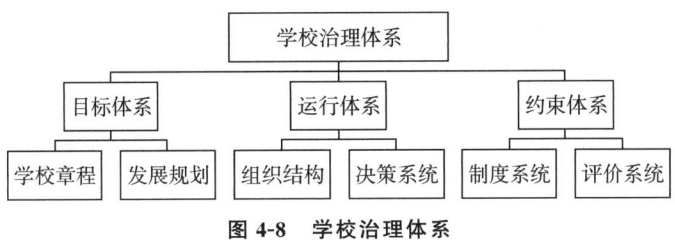

图 4-8　学校治理体系

一、学校章程

章程是学校办学的根本依据,是学校制度和办学实践的源泉,是学校的标志和灵魂。章程明确学校价值取向、文化认同,完善学校治理结构,确定各项工作关系,健全审议程序,明确学校的标识,实现学校精神的重构。章程包括办学思想、办学目标、培养目标和学校内部运行机制。章程是学校依法自主办学、实施管理和履行公共职能的基本准则。学校以章程为依据,制定内部管理制度及规范性文件、实施办学和管理活动、开展社会合作。学校接受举办者、教育主管部门、其他有关机关以及教师、学生、社会公众依据章程实施的监督、评估。章程在学校的制度体系中所具有的基础性、准则性作用,通俗地讲就是学校校内的"基本法";章程具有规范和统领校内管理制度的功能,是学校行为的基本准则;章程为学校接受外部监督、实施自我监督的基本依据。

厦门市同安实验中学章程包括以下内容:学校的登记名称、简称、英文译名等,学校办学地点、住所地;学校的机构性质、发展定位、培养目标、办学方向;学校的校徽等学校标志物;经审批机关核定的办学层次、规模;学校实施的全日制教育形式的性质、目的、要求;学校的领导体制、法定代表人、组织结构、决策机制、民主管理和监督机制、内设机构的组成、职责、管理体制;教职工管理(含教职工聘任或解聘、奖励或处分等权利与义务等);学生管理(含学生入学及学籍管理、日常管理工作制度、学生的权利与义务等);校产和财务管理制度;学校经费的来源渠道、财产属性、使用原则和管理制度;章程修改的启动、审议程序,以及章程解释权的归属;学校与家庭、中学及社区的关系,学校与举办者的关系等。

厦门市同安实验中学章程

序言

厦门市同安实验中学前身为创办于1890年的教会学校"启悟轩";1952年由国家接管并命名为"福建省同安第三中学";2002年9月更名为"厦门市启悟中学";2010年3月被确认为"福建省普通中学一级达标高中";2019年9月更名为"厦门市同安实验中学"。

第一章 总则

第一条 为全面贯彻党的教育方针和国家教育法规,规范学校内部管理体制和运行机制,推进学校依法治校,建设现代学校制度,根据《中华人民共和国教育法》《中华人民共和国教师法》《中华人民共和国义务教育法》《全面推进依法治校实施纲要》等有关法律法规与规定,结合学校实际,制定本章程。

第二条 学校全称为"厦门市同安实验中学",简称为"同安实验",现校址为厦门市同安区祥平街道阳翟二路777号。

第三条 学校由厦门市同安区教育局举办,经登记批准,是具有法人资格的办学机构,独立承担民事责任。学校是一所实施六年制完全中学教育的全日制公办教育机构。

第四条 学校普高根据厦门市教育局相关文件精神的要求确认招生对象和招生规模。学校初中依据上级文件精神的要求确认招生对象和招生规模。

第五条 学校为人民服务,为中国共产党治国理政服务,为巩固和发展中国特色社会主义制度服务,为改革开放和社会主义现代化建设服务,落实立德树人根本任务,以培养一代又一代拥护中国共产党领导和我国社会主义制度、立志为中国特色社会主义奋斗终身的有用人才为目标。培养具有理想信念、爱国主义情怀、品德修养、知识见识、奋斗精神、综合素质的德智体美劳全面发展的社会主义建设者和接班人。

第六条 学校价值体系

办学思想：启思明德，悟理达行
办学目标：兴贤育才
培养目标：德才兼备
校训：守正出新
教风：敬业乐群
学风：成德达材

第七条 学校校标与校歌

厦门市同安实验中学校歌

第二章　组织机构和管理体制

第八条　学校实行校长负责制和学校党委监督保证制度。校长由上级人民政府选拔委派，实行任期制。学校党委委员会按照党章规定，在上级党委的组织领导下由党员选举产生。

第九条　校长依法行使下列主要职权：

校长实行任期目标责任制，主要职责是：

（一）全面贯彻执行党和国家的教育方针、政策、法规，依法治校，坚持社会主义办学方向。

（二）组织制定学校章程、发展规划和学年学期工作计划，建立健全学校规章制度，并负责组织实施、检查和评价。

（三）领导学校各职能部门，完善岗位设置，聘任中层干部和教职工。

（四）负责学校日常事务管理，主持行政会议审议重大事项并作出决策。

（五）负责学校教育教学工作，推进素质教育，落实立德树人工作。

（六）负责教师队伍建设，促进教师专业发展，提高师资的整体素质。

（七）依照法律和学校的规定对教职工和学生实施奖励或处分。

（八）严格管理校产和财务，确定经费预决算，审批财务开支，做好校园建设，逐步改善办学条件。

（九）负责学校安全工作。

（十）协调学校与政府、社区、家庭等方面的关系，为学校创建良好的育人环境。

第十条　副校长协助校长开展工作，分管德育工作、教学工作及教科研等方面的工作并对校长负责。

第十一条　校长办公会是学校决策机构，决定学校日常行政事务及办学中的各项重大问题。校务会议由校长主持，成员为校级党政全体负责人及办公室主任。

学校行政办公会议是学校管理的日常工作机构，主要内容是贯彻执行校务会议决定。校长主持行政办公会，校级党政全体负责人和职能部门、工会、团委主要负责人参加，每两周召开一次。

第十二条　学校党委是学校的政治核心，全面负责学校党的思想、组织、作风、反腐倡廉和制度建设，把握学校发展方向，参与决定重大问题并监督实施，支持和保证校长依法行使职权。学校党委接受上级党委领导，按《中国共产党章程》依法开展活动。

学校依靠中国共产党基层组织,充分发挥工会、教职工代表大会、共青团、少先队、学生会等组织的作用。

第十三条 学校建立以教师为主体的教职工代表大会制度,保障教职工参与学校民主管理和进行民主监督。凡涉及全体教师切身利益或学校今后发展的重大问题,需广泛征求教师意见,都应提交教职工代表大会审议,通过后方可实施。

学校工会作为教职工代表大会的工作机构,依法保障学校民主管理、民主监督的落实,维护教职工的合法权益。

第十四条 学校设置办公室、教务科、教研室、德育科和总务保卫科等职能部门,分别承担相应的管理职能。

各科室主任、副主任、工作人员按编制和工作需要设置。

第十五条 学校加强教育教学管理,主要内容与方法是:

(一)建立年级组、教研组、备课组等教育教学基层管理机制;年级组长负责本年级的德育、教学工作,统筹教师分工与管理、年级教育活动、学生管理工作等;教研组长负责领导、组织教师开展各类教学研究,教研组定期开展教学研究活动,按学校安排参加各种培训和学术活动,贯彻落实教学计划,完成各项教学任务;备课组长负责组织本组教师进行集体备课和教学研究活动,完成教育教学任务。

(二)实行班级授课制和部分学科走班制相结合的教学体制,力求因材施教。

(三)学校按国家及省教育行政部门颁布的教学大纲课程计划,并结合学校制定的《学生选课指导手册》开展选课并实现课程实施,开全科目,开足课时,并严格执行作息时间表、课程表及教学进程,任何人不得擅自停课,特殊情况的停课需经上级领导批准。

按照国家和上级教育行政部门颁发的教学大纲;依据学生个人发展方向选择课程,制定学习计划、选修课程并掌握学习进度。

(四)减轻学生过重的课业负担,合理安排作息时间,节假日、课余时间不组织集体补课或上课。

(五)学校坚持以教学工作为中心,积极进行教育教学改革,不断探索适应素质教育的课堂教学新模式,采用现代化教学技术开展课堂教学实验,细化和优化课程和课时结构,提高学生自主学习能力;以研究性学习课程、校本选修课为抓手,培养学生实验探究能力,提高学生语言阅读能力,全面提高教学质量,为学生的全面发展奠定基础。

（六）学校统一按上级规定征订教材，任何人不得擅自推销学习资料；教务科认真管理和积极使用教学设施、仪器设备、文体器材、图书资料，尤其要提高现代化教学设施的使用效益，同时做好各类教育教学资料的收集与归档。

（七）本着向课堂教学要质量的原则，认真实施教育教学常规工作，努力提高教学质量；按时上下课，严禁旷课、不按课表上课、随意调课等现象。

（八）遵循"学生主体理念""面向全体理念""全面发展理念"，积极推进"自主、合作、探究"的教学方式，构建民主、平等、和谐的生本课堂；积极鼓励学生，让每一位学生在尝试中体验学习。

第十六条　学校依法实行校务公开，切实保障教职工、学生、社会公众对学校重大事项、重要制度的知情权、参与权、表达权和监督权。

第十七条　学校建立健全校内申诉制度，成立教师和学生的申诉组织，保障学生和教师的合法权益。

第十八条　学校依法接受政府有关部门的检查监督，接受社会、家长的舆论监督，听取意见和建议，自觉规范管理行为。

第三章　学生

第十九条　凡按有关规定被学校录取或转入学校学习的受教育者，即取得学校的学籍。

第二十条　学生享有下列权利：

（一）参加学校教育教学计划安排的各种活动，使用学校教育教学设施、设备、图书资料。

（二）按照国家有关规定获得奖学金、助学金。

（三）在学业成绩和品行上获得公正评价，完成规定的学业后获得相应的学业证书。

（四）对学校给予的处分不服，可依据校内申诉制度，向学生申诉处理机构提出申诉；对学校、教师侵犯其人身权、财产权等合法权益的行为，可提出申诉或者依法提起诉讼。

（五）法律、法规规定的其他权利。

第二十一条　学生应当履行下列义务：

（一）遵守法律、法规，遵守《中学生守则》和《中学生日常行为规范》，遵守学校章程及规章制度，遵守公共秩序和学生行为规范要求。

（二）爱祖国，爱学校，爱护身心健康，勤锻炼，珍爱生命，尊敬师长，团结同学,爱劳动,讲卫生,养成良好的思想品德和行为习惯。

(三)勤学好问,努力学习,积极进取,完成学校规定的各项学习任务。

(四)承担在学生自治活动中当选职务的相应职责,承担在比赛活动中作为选手的相应职责。

(五)爱护学校提供的教育教学资源,自觉维护课堂教育教学秩序。

(六)法律法规规定的其他义务。

第二十二条　学校按照福建省、厦门市有关学生学籍管理的规定实行学籍管理,健全学生学籍档案,实现学生依法办理学生转学、休学、复学等手续,依法对学生给予奖励和处分;

学校依托"厦门同安实验中学校园综合管理平台"实现信息化管理;

对修完修学年限内规定课程且综合素质、学科学习业绩合格的学生,准予毕业。

第二十三条　学校建立、健全评价管理和监督制度,建立学生成长档案,着眼于学生的成长过程和整体表现,实施动态的、综合的、完整的、客观的、全面的评价,既反映学生德智体美劳等方面的综合素质,又彰显学生的个性、特长和发展潜能。促进学生全面发展。每学期评价结果记入学生本人档案。

第二十四条　学校对符合入学条件而家庭经济困难的学生,通过学生申请、班主任入户家访、调查,学校审核、公示,并按照市区资助文件要求,通过发放助学金等形式提供资助,保证困难学生享有获得助学金的权利。

第四章　教职工

第二十五条　学校教职工由教师和其他专业技术人员、管理人员和工勤人员等组成。

第二十六条　学校根据编制部门核定的编制数额、岗位数和岗位任职条件及教育行政部门、学校相关规定聘用教职工,对聘用人员实行岗位管理和绩效工资制度。

第二十七条　学校依法建立教职工考核制度,对教职工定期进行考核,考核结果作为续聘或者解聘、奖励或者处分的依据。

学校建立对优秀教师表彰奖励制度,激励教师教育教学工作的积极性,对违纪违规的教职工依照有关规定给予相应的处分。

第二十八条　学校教职工除享有法律法规等规定的权利外,还享有下列权利:

（一）进行教育教学活动和教育教学改革。

（二）从事教育科学研究、学术交流，在活动中充分发表意见。

（三）指导学生的学习和发展，评定学生的品行和学业成绩。

（四）按时获取工资报酬，享受国家规定和福利待遇以及寒暑假期的带薪休假。

（五）参加进修和培训。

（六）知悉学校改革、发展、建设的重大事项，对学校工作发表意见、进行评议，参与民主管理。

（七）就职责权利、聘用、晋升、福利待遇、奖惩等事项处理不当进行投诉、申诉。

第二十九条　学校教职工除履行法律法规等规定的义务外，还应履行下列义务：

（一）遵守法律法规和职业道德，遵守学校各项规章制度，为人师表，忠诚于人民教育事业。

（二）珍惜爱护学校声誉，维护学校利益，自觉为学校事业发展建言献策。

（三）勤奋工作，恪尽职守，严格执行教学计划，完成教育教学任务，提高教学业务水平。

（四）尊重和爱护学生，维护学生合法权益，促进学生全面发展。

（五）不断提高思想政治觉悟和个人专业发展水平。

第三十条　学校保证教职工工资、保险、福利待遇按照国家和本市有关规定执行，逐步改善教职工的工作条件，帮助解决教职工遇到的实际困难。

第五章　学校与家庭、社会

第三十一条　学校主动与社会、家庭联系沟通，通过多种平台的搭建来鼓励家长们积极地参与到学校的相关教育活动之中，加强学校、家庭、社会密切配合的育人体系建设，形成教育合力。

学校根据教育教学需要，聘请兼职教师和校外学生辅导员。

学校建立或者利用社会资源建立德育、科普、法制、社区等各类教育基地，定期组织开展校外教育活动。

第三十二条　学校积极构建学校、家庭、社会一体化的教育体系，按照一定的民主程序，本着公正、公平、公开的原则，在民主推荐的基础上，组织家长选举组成三级家长委员会。学校为家长委员会开展工作提供必要的条件,保障家长委员会履行参与学校管理、参与教育工作、沟通学校与家庭等职责。

学校依托家长委员会办好家长学校,制定教学计划,宣传国家教育方针、政策、法规。指导家长树立科学的家庭教育观念,掌握有效的教育方法,研究和探讨家庭教育问题,交流家庭教育经验和方法。

学校建立教师进社区、进家庭的日常家访机制。密切联系家长,做好家访工作,形成家校教育合力,促进学生健康成长。

第三十三条 学校依托社区,发挥社区教育功能,共同营造良好育人氛围;开发社区教育资源,开展社会实践活动,为学生创造服务社区和实践体验的机会。为学生提供展示才华、服务社会的舞台,开辟认识社会、贴近生活的窗口。

学校配合社区开放校内文化设施和体育场地。

第三十四条 学校建立校友会组织,收集校友录,做好毕业生跟踪调查工作,发挥校友的宣传、桥梁、教育、助学、咨询等作用,促进学校发展。

第三十五条 学校根据办学实际需要,开展校际互动合作,不断扩大对外交流,拓展教育视野,提升办学水平。学校开展与合作校的教育合作与师生交流,学生在合作交流中展现自我,提升素养。

第六章 学校资产及财务管理

第三十六条 学校具体经费来源包括:

(一)财政补助收入,指学校从同级财政部门取得的各类财政拨款。

(二)事业收入,指学校开展教学活动取得的收入,包括物价部门核准收取的高中学杂费及住宿费收入。

(三)其他收入,指上级专项拨款等。

第三十七条 学校资产受法律保护,任何个人不得侵占、私分和挪用。学校对侵占校舍、场地、设施等的行为和侵犯学校名称权及无形资产的行为,学校将履行国有资产管理职责,依法追究侵权者的责任。学校的资产管理实行"统一领导,归口管理,层层负责,合理调配,谁使用、谁负责、谁损坏、谁赔偿"的原则,做到人各有责,职责分明。

第三十八条 学校严格贯彻执行国家有关法律、法规和财务规章制度,根据事业发展需要和资金供给的关系,最大限度提高资金使用效益,促进学校教育教学业务的发展。学校财务活动在校长的领导下,由总务科统一管理，设置报账会计1名，出纳1名，必须持证上岗。财务人员对学校经济活动进行控制和监督，定期进行财务分析，如实向校长反映学校财务状况，合理编制学校经费预算及年终结算工作，做好财务报告和财务分析工作。每学年对财务人员的岗位职责的履行状况进行必要的考核。

学校财会人员的任职条件、工作职责、工作权限、专业技术职务、任免奖罚，严格按照国家会计法律制度执行。

第三十九条　学校严格执行国家收费政策，规范收费行为，根据区物价部门核准确定收费项目和收费标准，以校务公开为载体，实施"阳光收费"。学校的行政事业性收入严格实行收支两条线管理，收费的资金先缴入财政专户，财政返拨后方可使用。

第四十条　学校依法接受社会各界的捐赠，建立健全受赠财产的使用制度，加强对受赠财产的管理并接受社会监督。

<h3 style="text-align:center">第七章　附则</h3>

第四十一条　学校的规章制度不得与本章程相抵触。

第四十二条　本章程未尽事宜按照法律法规及上级文件政策执行。如有抵触，以法律法规及上级文件政策为准。

第四十三条　本章程经学校经教职工代表大会审议，校务会议通过，报同安区教育局备案审查通过后生效。

第四十四条　本章程由学校校务委员会负责解释。

二、发展规划

学校发展规划就是根据国家或地区教育发展战略计划的要求，并结合自身条件和资源优势，对学校的整体设计和学校发展的预期规划。学校发展规划是一所学校在未来几年内要达到的主要目标。既包括硬件方面，如校舍的新建、购置教学仪器设备和图书、配备课桌椅等；也包括软件方面，如教师素质提高、学生学习成绩的提高以及学校管理的改善等。

学校发展规划是通过学校共同体来制定和实施学校发展综合性方案的动态过程，是持续改进教育教学质量而进行的管理行动过程，本质上就是一个过程，而不是一种结果。同安实验中学的发展规划每五年制定一次，根据国家、省、市、区教育五年规划的精神，结合学校实际而制定，学校教职工代表大会通过后正式发布。五年期间,还会根据实际需要召开教代会审议修改调整发展规划,如同安实验中学(当时校名是厦门市启悟中学)的"十三五"建设发展规划在实施过程中,于2017年、2018年两次进行修改调整,并形成《厦门市启悟中学"十三五"建设发展规划(2016—2020)阶段性评估意见(2016—2017)》和《厦门市启悟中学"十三五"建设发展规划(2016—2020)阶段性评估意见(2017—2018)》等两份文件。

学校建设发展规划包括学校发展背景分析、学校办学总目标及实施策略和学校目标实施保障三大部分。

学校发展背景分析采用类似SWOT分析法,学校内部的优势有文化底蕴深厚、党政社会力挺、教改成绩优异、教研成果丰硕、师资队伍优秀等。学校内部的劣势有师资队伍建设有待优化、校舍不足、配套设施不齐全、教育教学质量有待进一步提高、学校管理机制有待进一步完善、管理效率有待进一步提高、教育教学科研有待进一步拓展、教科研训一体化的主动性有待落实。学校外部环境能够提供的机会有学校地处同安区政治、文化发展中心和城区发展中心、社会各界对优质教育的需求越来越大、对教育的公平性和均衡化呼声越来越强烈、普及高中教育,这将大大缓解初中升学压力,有利于实施素质教育。区教育局采取了一系列制度导向,为广大教师的成长和专业发展起到了良好的激励引导作用。学校外部环境的挑战有学校交通便利性较差、学校周边环境复杂、生源质量比不上兄弟学校等。

学校发展总目标是全面贯彻党的教育方针,树立现代办学理念,以质量为生命线,以创新为推动力,以发展为主旋律,办高品位学校,做高价值教师,育高素质学生,力争在2020年把我校建设成为文化底蕴深厚、师资力量雄厚、学校管理科学、办学条件优良、教学质量优异、办学特色鲜明、学生素质优良、适应厦门经济特区跨越式发展的省级示范高中。将总目标细分为硬件建设、学校管理、校园文化建设、学校德育、课程与教学、教科研、教师专业发展、办学特色、示范辐射作用等九个方面,通过九个方面的具体的规划与落实,来促进学校整体办学品位的提高。

学校成立以校长为组长的领导小组,履行组织、指导、协调和服务职责,确保每学年学校都根据最新的教育形势和规划的进展情况,制定学年工作计划;确保发展规划在总的办学思想不变的情况下,结合实际及时修订部分具体内容;确保规划的科学性、先进性、指导性。

下面是《厦门市启悟中学"十三五"建设发展规划(2016—2020)》的目录:

一、学校发展背景分析

（一）学校办学优势

（二）学校发展面临的问题

（三）学校发展机遇

二、学校办学理念及办学总体目标

（一）硬件规划的目标与实施策略

（二）学校管理目标与实施策略

（三）校园文化建设的目标与实施策略

（四）德育工作的目标与实施策略

（五）课程管理的目标与实施策略

（六）学校教育科研的目标与实施策略

（七）教师专业发展的目标与实施策略

（八）办学特色的目标与实施策略

（九）示范辐射作用的目标与实施策略

三、学校目标实施保障

三、组织结构

组织结构是组织在职、责、权方面的动态结构体系，其本质是为实现组织战略目标而采取的一种分工协作体系。即对于工作任务如何进行分工、分组和协调合作，组织各部分排列顺序、空间位置、聚散状态、联系方式以及各要素之间相互关系的一种模式，是整个治理系统的"框架"。

同安实验中学是单位法人治理结构，实行校长负责制和学校党委监督保证制度。校长由上级人民政府选拔委派，实行任期制。学校党委委员会按照党章规定，在上级党委的组织领导下由党员选举产生。

校务会是学校决策机构，决定学校日常行政事务及办学中的各项重大问题。校务会议由校长主持，成员为校级党政全体负责人及办公室主任。

同安实验中学组织结构形式为科层制（如图4-9所示），其中，决策层由校长室和党委会组成，执行层由学校党政后勤部门组成，监督层由党委、教代会、家委会、学生会和督学组成。

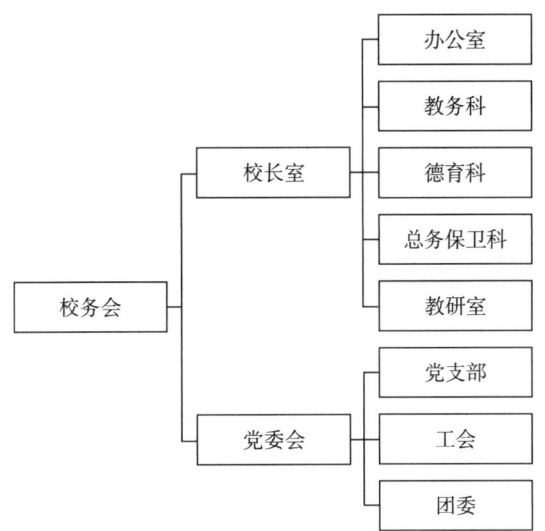

图 4-9　厦门市同安实验中学组织结构

四、决策系统

决策就是做出决定或选择。它既是一个认知过程,也是一个行动过程,包括问题的提出、目标的确立、方案的选择与执行、反馈与评估。① 决策的本质是利益的平衡与资源的分配。决策是学校治理的重头戏,是办学效能提升的基本保障。有什么样的学校决策水平,就有什么样的办学水平。可以说,决策是管理治理的核心,贯穿于学校治理整个过程。

学校决策系统是与学校决策有关的各方面基本要素的有机结合,是学校决策活动的组织平台。学校决策系统的有效运行对于学校治理系统有重要意义,是学校发展的决定力量。

学校决策系统由决策人群、决策内容、决策信息、决策程序和决策方法等五个要素构成。②

厦门市同安实验中学决策系统中的决策人群由以下三类人员组成。第一类是决策者,为校长和书记两人;第二类是决策参与者,主要是其他党委成员和中层干部;第三类是决策审议者,是教师代表。学校实行校长负

---

① 李建军.试论高校内部决策系统及其优化[J].高等教育研究,2009(8):62-65.
② 李雯.学校管理从何入手[M].上海:华东师范大学出版社,2017:119-120.

责制,校长是学校的最高决策者。

决策内容就是决策过程,按时间顺序由决策事由、决策思路、备选方案和确定方案四个环节组成。决策事由主要包括学校发展规划、学校年度财务预算决算、学校年度审计、学校重大采购工程、校内人事安排、课程改革、教育教学管理、学校文化建设、教师队伍发展等。决策思路有按法律办事、按政策办事、按规律办事,是为事实判断思路。另一种思路是价值判断思路,按是非决策、按利害决策。一般采用第一种决策思路。

决策信息是决策活动的依据和参照,是科学的、民主的决策的前提。来源广泛的信息使得决策正确、符合规律,是科学的;来源广泛的信息又使得决策兼顾所有相关者的利益,是民主的。来源广泛的信息一是对上的信息。收集更为广阔的视野,关注时代性、全局性、政策性的信息。二是对外的信息。如重点了解服务对象的需求,学校所处地域环境特质以及当地经济社会文化发展需求。三是对内的信息。教职工往往是决策的执行者,信息收集研究机制有利于了解教职工的真实需求,达成共识,提高决策执行力。对内信息包括不同渠道、不同人群的信息。如正式的、私下的信息,骨干教师的、一般教师的信息。

决策程序主要包括决策模式和决策规则。模式就是范式和路径;规则就是制度和约定。厦门市同安实验中学采用将决策模式和决策规则糅合在一起的"规范决策模式",该模式是由美国管理学家弗鲁姆和耶顿提出的决策模式。规范决策模式认为不同的问题适合不同的决策风格,决策者可以通过改变下属参与决策的程度来改变和确定自己的决策风格。就是说,决策者根据具体的决策情景决定是否需要下属参与决策和下属参与决策的程度,体现了权变管理的思想。这种决策模式非常适合中小学的校长负责制。决策者按学校事务的重要程度或紧急程度采取高度独裁决策、独裁决策、协商决策、高度协商决策和团队决策五种不同的决策风格。

决策方法有定量决策法和定性决策法。由于教育的复杂性,学校决策受社会、经济、政治等非计量因素影响较大、所含因素错综复杂、涉及社会心理因素较多,难以用准确数量表示,所以一般采用定性决策法。定性决策法又称主观决策法,是指在决策中主要依靠决策者或有关专家的智慧来进行决策的方法,这是一种"软方法"。学校决策者运用教育学、教育心理学、社会科学的原理并依据个人的经验和判断能力,采取一些有效的组织形式,充分发挥各自丰富的经验、知识和能力,从对决策对象的本质特征的研究入手,掌握事物的内在联系及其运行规律,对学校决策目标、决策方案的拟定以及方案的选择和实施作出判断。

同安实验中学的决策系统如图 4-10 所示。

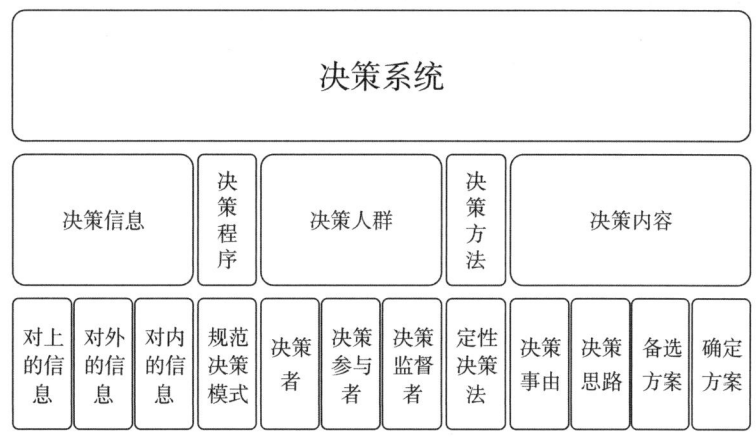

图 4-10 厦门市同安实验中学决策系统

五、制度系统

制度是要求人们共同遵守的办事规程或行动准则。一般是指在特定社会范围内统一的、调节人与人之间社会关系的一系列习惯、道德、法律（包括宪法和各种具体法规）、戒律、规章（包括政府制定的条例）等的总和，它由社会认可的非正式约束、国家规定的正式约束和实施机制三个部分构成。制度表达了组织的核心价值追求，是组织的价值契约。任何组织都有各种任务和活动，因而需要各种相应的制度来指导约束各种活动中人们的行为。组织中各种制度整合起来，相互作用、相互影响、相互配合，构成了组织的制度系统。

学校制度是以完善的学校法人制度和新型的政校关系为基础，以教育观为指导，学校依法民主、自主管理，能够促进学生、教职工、学校、学校所在社区的协调和可持续发展的要求、规定和准则。学校教育有三个基本要素：教育者、教育对象和教育教学过程。在学校治理中，对每一种要素的管理都涉及相关的制度。从其他角度看，学校教育活动可分为不同的部分、不同的维度，因而需要不同的制度。这些不同层次、不同内容、不同类型、针对不同人群的各种制度整合起来，构成关于学校治理的各种要求、规定和准则的总和就称为学校制度系统。

从制度的内容看,学校制度系统主要包括行政管理制度和业务管理制度两大类。行政管理制度包括决策制度、人事制度、评价制度、财务管理制度、岗位管理制度、奖励制度、后勤管理制度、安全制度等方面;业务管理制度包括课程制度、德育制度、教学制度、科研制度、培训制度、学生管理制度等几个方面。

厦门市同安实验中学的制度系统如图 4-11 所示。

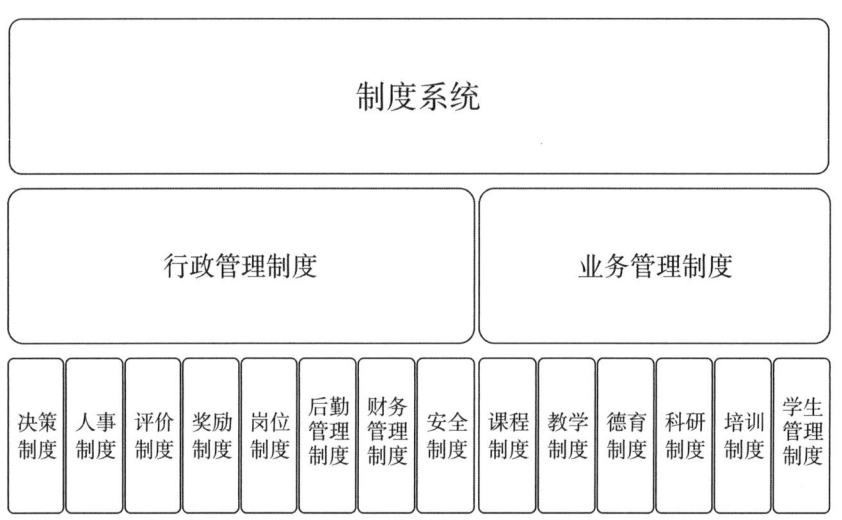

图 4-11　厦门市同安实验中学制度系统

厦门市同安实验中学制度系统目录如下所示:

目录

1　行政管理制度

　1.1　决策制度

　　1.1.1　厦门市同安实验中学校长负责制试行条例

　　1.1.2　厦门市同安实验中学教职工代表大会工作条例

　　1.1.3　厦门市同安实验中学校务公开工作实施方案

　1.2　人事制度

　　1.2.1　厦门市同安实验中学教职工聘用制实施方案

　　1.2.2　厦门市同安实验中学教师聘用制任职条件

　　1.2.3　厦门市同安实验中学教师政治学习制度

　　1.2.4　厦门市同安实验中学教师职业道德规范实施细则

1.2.5 厦门市同安实验中学教职工考勤制度
1.2.6 厦门市同安实验中学行政人员办公制度
1.2.7 厦门市同安实验中学行政坐班查岗规定
1.3 评价制度
1.3.1 厦门市同安实验中学教职工年度考核实施方案
1.3.2 厦门市同安实验中学关于各级各类先进评选的实施方案
1.3.3 厦门市同安实验中学班主任考评工作实施方案
1.4 奖励制度
1.4.1 厦门市同安实验中学奖励性绩效工资分配方案
1.4.2 厦门市同安实验中学聘用合同制教师奖励性绩效工资分配实施方案
1.5 岗位制度
1.5.1 校长职责
1.5.2 党委书记、副书记工作职责
1.5.3 教学副校长职责
1.5.4 德育副校长职责
1.5.5 综治副校长职责
1.5.6 工会工作职责
1.5.7 工会主席、副主席职责
1.5.8 校长办公室工作职责
1.5.9 办公室主任、副主任工作职责
1.5.10 教务科工作职责
1.5.11 教务科主任、副主任工作职责
1.5.12 教研室工作职责
1.5.13 教研室主任、副主任工作职责
1.5.14 德育科工作职责
1.5.15 德育科主任、副主任职责
1.5.16 总务科工作职责
1.5.17 总务保卫科主任、副主任职责
1.5.18 团委会工作职责
1.5.19 团委书记、副书记工作职责
1.5.20 关工委工作职责
1.5.21 年级组长工作职责

1.5.22 教研组长职责

1.5.23 备课组长职责

1.5.24 班主任工作职责

1.5.25 任课教师职责

1.5.26 电教教师职责

1.5.27 监考教师职责

1.5.28 教务科职员职责

1.5.29 德育科职员职责

1.5.30 总务科职员职责

1.6 后勤管理制度

1.6.1 厦门市同安实验中学食堂卫生管理制度

1.6.2 厦门市同安实验中学卫生制度

1.6.3 厦门市同安实验中学教室空调设备使用和管理办法(试行)

1.6.4 厦门市同安实验中学教师资料室规则

1.6.5 厦门市同安实验中学心理辅导室守则

1.6.6 厦门市同安实验中学档案管理暂行规定

1.6.7 厦门市同安实验中学实验仪器领用制度

1.6.8 厦门市同安实验中学实验仪器外借制度

1.6.9 厦门市同安实验中学实验仪器赔偿制度

1.6.10 厦门市同安实验中学实验仪器报损制度

1.6.11 厦门市同安实验中学化学仪器准备室管理制度

1.6.12 厦门市同安实验中学实验室危险、剧毒药品安全管理制度

1.6.13 厦门市同安实验中学物理仪器室管理制度

1.6.14 厦门市同安实验中学生物仪器室管理制度

1.6.15 厦门市同安实验中学教室多媒体电教设备使用制度

1.6.16 厦门市同安实验中学校园网络管理制度

1.7 财务管理制度

1.7.1 厦门市同安实验中学财务管理制度

1.7.2 厦门市同安实验中学采购守则

1.7.3 厦门市同安实验中学固定资产管理制度

1.7.4 厦门市同安实验中学会计档案管理暂行办法

1.8 安全制度

1.8.1 厦门市同安实验中学消防管理制度

1.8.2 厦门市同安实验中学防恐应急预案

1.8.3 厦门市同安实验中学食品安全突发事件应急处理预案

1.8.4 厦门市同安实验中学教学安全事故管理制度

1.8.5 厦门市同安实验中学关于加强上、下学等时段管理的工作预案

1.8.6 厦门市同安实验中学防御台风暴雨灾害预案

1.8.7 厦门市同安实验中学关于高考期间抗台防暴雨防洪的应急预案

1.8.8 厦门市同安实验中学关于火灾事故的应急处理预案

1.8.9 厦门市同安实验中学关于校外集体活动事故的应急处理预案

1.8.10 厦门市同安实验中学学校应急预防踩踏事故工作预案

1.8.11 厦门市同安实验中学关于体育活动事故的应急处理预案

1.8.12 厦门市同安实验中学关于实验室事故的应急处理预案

1.8.13 厦门市同安实验中学关于传染性疾病的应急处理预案

1.8.14 厦门市同安实验中学责任事故认定及处理办法

2 业务管理制度

2.1 课程制度

2.1.1 厦门市同安实验中学校本课程建设规划

2.1.2 厦门市同安实验中学高中课程实施方案

2.1.3 厦门市同安实验中学高考综合改革工作实施方案

2.1.4 厦门市同安实验中学高中课程学生学业综合评价方案

2.1.5 厦门市同安实验中学新高考高中课程指导手册

2.2 教学制度

2.2.1 厦门市同安实验中学实施素质教育方案

2.2.2 厦门市同安实验中学教学常规管理制度(修订稿)

2.2.3 厦门市同安实验中学课堂教学改革创新活动方案

2.2.4 厦门市同安实验中学物理实验室守则

2.2.5 厦门市同安实验中学化学实验室守则

2.2.6 厦门市同安实验中学生物实验室守则

2.2.7 厦门市同安实验中学行政班与教学班管理制度

2.3 德育制度

2.3.1 厦门市同安实验中学全员育人制度

2.3.2　厦门市同安实验中学校园生活常规

2.3.3　厦门市同安实验中学高中学生综合素质评价实施方案

2.3.4　厦门市同安实验中学教师家访制度

2.3.5　厦门市同安实验中学关于禁止在校园内吸烟的若干规定

2.3.6　厦门市同安实验中学关于建立学生成长记录袋的有关条例

2.3.7　厦门市同安实验中学"平安宿舍"评比细则

2.3.8　厦门市同安实验中学"平安班级"评比细则

2.3.9　厦门市同安实验中学文明班级评比细则

2.3.10　厦门市同安实验中学班级消防安全制度

2.3.11　厦门市同安实验中学寄宿生宿舍消防安全制度

2.3.12　厦门市同安实验中学学生宿舍空调设备使用和管理办法(试行)

2.3.13　厦门市同安实验中学关于《校园禁止初中部学生使用手机》的管理意见及处理办法

2.4　培训制度

2.4.1　厦门市同安实验中学教师校本培训制度

2.4.2　厦门市同安实验中学教师进修培训激励

2.4.3　厦门市同安实验中学教师继续教育管理制度

2.4.4　厦门市同安实验中学骨干教师培训计划

2.4.5　厦门市同安实验中学青年教师培养计划

2.4.6　厦门市同安实验中学中青年教师培训计划

2.4.7　厦门市同安实验中学见习教师培训计划

2.5　科研制度

2.5.1　厦门市同安实验中学教育科研五年规划

2.5.2　厦门市同安实验中学校本教研实施方案

2.5.3　厦门市同安实验中学教育科研课题管理办法

2.6　学生管理制度

2.6.1　厦门市同安实验中学学生综合素质评定实施细则

2.6.2　厦门市同安实验中学学生奖惩条例

2.6.3　厦门市同安实验中学学生在校一日常规

2.6.4　厦门市同安实验中学学生文明礼貌要则

2.6.5　厦门市同安实验中学"三好学生""优秀学生干部"评选

条件和办法

2.6.6 厦门市同安实验中学高中部通学生参加晚自习管理规定

2.6.7 厦门市同安实验中学寄宿生管理条例

第三节 启悟的课程体系

课程是指学校学生所应学习的学科总和及其进程与安排,是指学校为实现培养目标而选择的教育内容及其进程的总和,它包括学校老师所教授的各门学科和有目的、有计划的教育活动。学校课程是教育思想、教育目标和教育内容的主要载体,集中体现国家意志和社会主义核心价值观,在立德树人中发挥着关键作用,是学校教育教学活动的基本依据,直接影响人才培养质量。

课程体系是培养目标的具体化和依托,它规定了培养目标实施的规划方案。学校课程体系特别是高中课程体系具有多样性、开放性、可选择性和特色性。多样性是指课程组织方式的多样性和课程实施类型的多样性;开放性是指不分文理和选课走班;可选择性是指国家课程的校本化实施与校本课程的选择性实施;特色性是指区别于其他学校的课程目标、课程内容、课程实施和课程评价。

下面以学校高中课程体系为例展开阐述。厦门市同安实验中学的高中课程体系如图 4-12 所示。

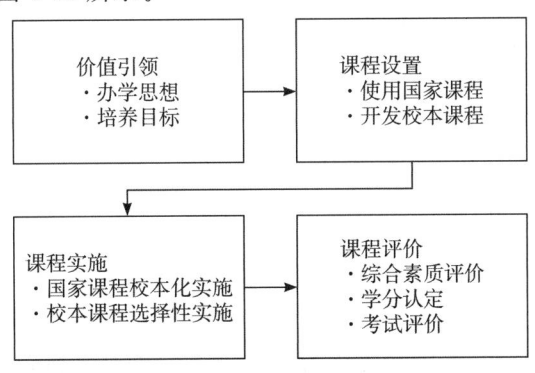

图 4-12 厦门市同安实验中学课程体系

一、价值引领

　　学校课程体系承载着国家意志和办学思想,是学校价值体系的表现。厦门市同安实验中学的办学理念是"启思明德,悟理达行",关注人的意义自由地、充分地自我生成,提高人的生命质量;又关注个人社会化,培育人的道德人格,提升人的生命价值。在个人价值取向、社会价值取向和国家价值取向中取得平衡,有效指导学校教育实践活动,实现学校教育的原本价值。首先,"启思明德,悟理达行"通过"启、明、悟、达"来丰富学生生命内涵,促进人的成长并改进人的生活质量。其次,"启思明德"就是德才兼备,以德为先,全面发展;"悟理达行"就是知行合一,因材施教,学用结合,指向了时代性的"培养德智体美劳全面发展的社会主义建设者和接班人"。最后,"启思明德,悟理达行"通过"思、德、理、行"追求个性人格与道德性格的自由全面发展,注重社会发展的需要。

　　同安实验中学的培养目标是"德才兼备"。以培养全面发展、学用结合的个性化和社会化的具有精神独立、思想进步的社会新人为目标。以培养拥护中国共产党领导和我国社会主义制度、立志为中国特色社会主义奋斗终身的有用人才为目标。

　　厦门市同安实验中学的课程目标是发展学生核心素养,使学生成为有理想、有本领、有担当的时代新人。首先,培育理想信念和社会责任感,使学生初步形成正确的世界观、人生观和价值观。热爱祖国,拥护中国共产党。弘扬中华优秀传统文化,继承革命文化,发展社会主义先进文化,培育和践行社会主义核心价值观,增强文化自信,树立为中国特色社会主义、人民幸福、民族振兴和社会进步做贡献的远大志向。遵纪守法,履行公民义务,行使公民权利,维护社会公平正义,具有法治意识、道德观念。热心公益、志愿服务,具有奉献精神。尊重自然,保护环境,具有生态文明意识。维护民族团结,树立国家总体安全观,捍卫国家主权、尊严和利益。其次,培育科学文化素养和终身学习能力。让学生掌握适应时代发展需要的基础知识和基本技能,丰富人文积淀,发展理性思维,不断提升人文素养和科学素养。敢于批判质疑,探索解决问题,勤于动手,善于反思,具有一定的创新精神和实践能力。具有强烈的好奇心、积极的学习态度和浓厚的学习兴趣。能够自主学习,独立思考,形成良好的学习习惯和适合自身的学习方法。学会获取、判断和处理信息,具备信息化时代的学习与发展能力。最后,培育自主发展能力和沟通合作能力,使学生养成积极健康的行为习惯与生活方式,珍爱生命,强健体魄。自尊自信自爱,坚韧乐观,奋发向上,具有积极的心理品质。具有发现、鉴赏和创造美的能力,具有健康的审美情趣。学会独立生活,热爱劳动,具备社会适应能力。正确认识自我,具有一定的生涯规划能力。文明礼貌,诚信友善,尊重他人,与人和谐相处。学会交流与合作,具有团队精神和一定的组织活动能力,具备全球化时代所需要的交往能力。尊重和理解文化的多样性,具有开放意识和国际视野。

二、课程设置

课程设置是指学校选定的各类各种课程的设立和安排。课程设置主要包括课程结构和课程内容。合理的课程结构指各门课程之间的结构合理,包括开设的课程合理,课程开设的先后顺序合理,各课程之间衔接有序,能使学生通过课程的学习与训练,培育核心素养。合理的课程内容指课程的内容安排符合知识论的规律,课程的内容能够反映学科的主要知识、主要的方法论及时代发展的要求与前沿。课程设置又称课程规划或学段规划,它是一定学校的培养目标在一定学校课程计划中的集中表现。

厦门市同安实验中学课程从适应社会需求的多样化和促进学生全面而有个性地发展出发,谋求基础性、时代性、选择性的互相统一和渗透整合,并将这一指导思想贯穿于整个高中课程框架设计、内容选择、活动安排,以及教学方案和教学评价体系的构建。

学校高中学制为三年。课程由必修和选修两部分构成,并通过学分描述学生的课程修习状况。具体课程设置见表4-1(本书撰写时福建省高中课程方案仍采用2003版国家课程方案,故以旧方案为准则)。

表 4-1 课程设置

学习领域	科目	国家课程设置 修习课程144学分			厦门市同安实验中学课程设置 分类修习课程≥144学分			
		必修 116学分	选修Ⅰ 22学分	选修Ⅱ 6学分	共同必修(必修+必选)116学分	选修Ⅰ≥22学分		选修Ⅱ 6学分
						适用于人文科学发展倾向学生的组合	适用于理工科发展倾向学生的组合	
语言与文学	语文	10	根据社会对人才多样性的需求，适应学生不同潜能和发展的需要，在共同必修的基础上，按照各科课程标准分类别、分层次设置若干选修模块，供学生选择	学校根据当地社会经济科技、文化发展需要和学生的兴趣，开设若干选修模块，供学生选择	10	6～10	6～8	根据学生兴趣，开设若干学校特色课程模块，供学生选修
	外语	10			10	6	6	
数学	数学	10			10	4～6	6～8	
人文与社会	思想政治	8			8	4～6	鼓励学生选修有兴趣的模块	
	历史	6			6	4～6		
	地理	6			6	4～6		
科学	物理	6			4+2	鼓励学生选修有兴趣的模块	4～6	
	化学	6			4+2		2～6	
	生物	6			6		4～6	
技术	信息技术	4			2+2			
	通用技术	4			4			
艺术	音乐、美术	6			6			
体育与健康	体育与健康	11			11			
综合实践活动	研究性学习	15			15			
	社区服务	2			2			
	社会实践	6			6			

其中,综合实践活动是每个学生的必修课程,三年共计23学分。每学年52周,其中教学时间40周,社会实践1周,假期(包括寒暑假、节假日等)11周。每学期分2个学段安排课程,每学段10周,其中9周授课,1周复习考试(采用学段制修习的科目安排模块结束考试,采用学期制修习的科目安排模块期中考试)。每周5个教学日,每日7课时,每周35课时,每课时45分钟。

(一)使用国家课程

厦门市同安实验中学按照教育部《普通高中课程方案(实验)》的要求使用国家课程,让学生每一学年在所有学习领域都应获得一定学分,确保学生的全面发展。

表4-2 国家课程设置

科目	第一学年				第二学年				第三学年			
	上学期		下学期		上学期		下学期		上学期		下学期	
	第1学段	第2学段	第1学段	第2学段	第1学段	第2学段	第1学段	第2学段	第1学段	第2学段	第1学段	第2学段
语文	必修1/4	必修2/4	必修3/4	必修4/4	必修5/4		选修1/4		必修、选修/4,参加1月合格考		必修、选修/4,参加6月高考	
英语	必修1/4	必修2/4	必修3/4	必修4/4	必修5/4		选修1/4		必修、选修/4,参加1月合格考		必修、选修/4,参加6月高考	
数学	必修1/4	必修2/4	必修3/4	必修4/4	必修5/4		选修1/4		必修、选修/4,参加1月合格考		必修、选修/4,参加6月高考	
政治	必修1/2		必修2/2		非选择等级考学生必修3/2		非选择等级考学生必修4/2,参加6月合格考					
					选择等级考学生必修3/4	选择等级考学生必修4/2	选择等级考学生必修4/1,参加6月合格考并行选修1/3周共4课时		选择等级考学生必修、选修/4,参加6月等级考			

续表

科目	第一学年				第二学年				第三学年			
	上学期		下学期		上学期		下学期		上学期		下学期	
	第1学段	第2学段	第1学段	第2学段	第1学段	第2学段	第1学段	第2学段	第1学段	第2学段	第1学段	第2学段
历史	必修1/2		必修2/2		非选择等级考学生必修3/2,参加1月合格考							
					选择等级考学生必修3/2,参加1月合格考并行选修1/1周共3课时		选择等级考学生必修、选修/4,参加6月等级考					
地理	必修1/2		必修2/2		非选择等级考学生必修3/2,参加1月合格考							
					选择等级考学生必修3/2,参加1月合格考并行选修1/1		选择等级考学生必修、选修/4,参加6月等级考					
物理	必修1/2		必修2/2		非选择等级考学生必选①/2,参加1月合格考							
					选择等级考学生必修3/2,参加1月合格考并行选修I/1周共3课时		选择等级考学生必修、选修/4,参加6月等级考					

续表

科目	第一学年				第二学年				第三学年			
	上学期		下学期		上学期		下学期		上学期		下学期	
	第1学段	第2学段	第1学段	第2学段	第1学段	第2学段	第1学段	第2学段	第1学段	第2学段	第1学段	第2学段
化学	必修1/2		必修2/2		非选择等级考学生必选①/2,参加1月合格考							
					选择等级考学生必修3/2,参加1月合格考并行选修I/1周共3课时		选择等级考学生必修、选修/4,参加6月等级考					
生物	必修1/2		必修2/2		非选择等级考学生必修3/1		非选择等级考学生必修3/1,参加6月合格考					
					选择等级考学生必修3/2,并行选修I/1周共3课时		选择等级考学生,参加6月合格考并行必修、选修/4周共4课时		选择等级考学生必修、选修/4,参加6月等级考				
信息技术	必修1/2		必选①/2,参加1月合格考									
通用技术					必修1/2		必修2/2,参加6月合格考					

续表

科目	第一学年				第二学年				第三学年			
	上学期		下学期		上学期		下学期		上学期		下学期	
	第1学段	第2学段	第1学段	第2学段	第1学段	第2学段	第1学段	第2学段	第1学段	第2学段	第1学段	第2学段
音乐美术	音乐(或美术)①②/1		音乐(或美术)③/2，参加6月合格考		美术(或音乐)①②/1		美术(或音乐)③/2，参加6月合格考					
体育与健康	必选①/2	必选②/2	必选③/2	必选④/2	必选⑤/2	必选⑥/2	必选⑦/2	必选⑧/2	必选⑨/2	必选⑩/2	必选(11)/2	
											参加4月合格考	
研究性学习	从高一年至高三上学期5个学期，每学期完成1个课题获3学分，共完成5个课题获15学分											
社区服务	高中三年累计完成不少于10个工作日的社区服务，并取得相关证明。											
社会实践	每学年由学校统一组织学生参加1周的社会实践											

其中，"必修1"表示该学科的必修模块1，其余类推；斜杠后的数字(如"/4")表示周课时数。

(二)开发校本课程

校本课程是课程的有机组成部分，是充分利用当地和学校的课程资源，以学校为基地、由学校组织编制、实施和评价的多样性的、可供学生选择的课程。

在校本课程开发上，学校坚持五个原则。一是思想性。充分反映习近平新时代中国特色社会主义思想，全面落实社会主义核心价值观的基本内容和要求，提升道德修养，有机融入中华优秀传统文化、革命文化、社会主义先进文化、法治意识、国家安全、民族团结和生态文明等教育，充分体现中国特色。二是时代性。充分体现先进的教育思想和教育理念，紧密联系学生生活经验，及时更新教学内容。三是基础性。面向全体学生，依据学生发展核心素养，精选学生终身发展必备的基础知识和基本技能，夯实学生成长的共同基础。四是选择性。适应国家人才培养需要，在保证每个学生达到共同基本要求的前提下，充分考虑学生不同的发展需求，结合学科特点，遵循学习科学的基本原理，分类分层设计可选择的课程，满足学生不同学习需要，促进学生发展。五是关联性。

学校努力将校本课程的开发科学化、开设制度化、实施规范化，初步形成具有学校特色的校本课程系列。以落实立德树人为根本任务，以高考综合改革要求为背景，以"启思明德，悟理达行"为引领，以培养学生核心素养为目标，我校校本选修课程分四大类：启思类、悟理类、明德类、达行类，力求引导和促进学生有个性的发展，全面提高学生的素养。下面是厦门市同安实验中学的校本课程群类。

表 4-3　校本选修课程

类别	模块名称
启思类	"学习对联，美化环境""校园邮话""英语课外阅读""集邮""语言表达""积累与运用""厦门乡土历史""现代汉语知识选讲""议论文语言分项训练""人体生理与健康""高一心理辅导""高考与数学文化""英汉语言与文化差异简介""新课标高中英语词汇记忆""高中英语写作指南""高职教育（面向普高）信息复习指导""提取材料的关键信息""掌握好解题'三部曲'""高中英语书面表达""语文之阅读与写作指导""荔园邮迹""化学·生活·健康""闽南文化""语文之积累与应用""语文之文学名著""语文之文言文""诗歌鉴赏""现代文阅读""数学基础选讲一""数学基础选讲二""入门英语 ABC""信息技术基础""信息技术应用"
明德类	"校园安全与法律实例""让安全为生命护航""生命教育之探索生命""做自己生命的舵手""生命教育之礼仪滋养生命（一）""生命教育之礼仪滋养生命（二）""心·晴""心的探索" 校园艺术节、升旗仪式、开学典礼、毕业典礼、十八岁成人礼、读书节、集邮主题活动
悟理类	"趣味化学""应用地理学""电与生活""趣味化学实验""生活中的化学""同安旅游地理""走进生活见地理""化学实验探究""生活中实用的地理"
达行类	"FLASH 动画制作""电子报刊设计""网页设计制作""生物食品的家庭制作与健康""足球" 夏令营心理拓展、新生军训、校运会、校园足球联赛、研学实践、社区服务、志愿者服务、科技节

下面是校本课程目录和课程说明(节选)。

表 4-4　课程目录和课程说明

课程代码	类别	模块名称	课程说明
X001	启思类	学习对联，美化环境	《语文课程标准》中指出：语文教学过程中，让学生"认识中华文化的丰厚博大，吸收民族文化智慧"。对联是汉语特有的一种文学样式，作为一种独特的文学形式，源于我国古代汉语的对偶现象，在我国有着悠久的历史。西晋时期(公元290年左右)，出现合律讲究的对句，可视为其形成的重要标志。从五代十国开始，出现完整意义上的春联，明清两代尤为兴盛，发展到今天已经有一千七百余年了。对联是中华民族的文化瑰宝，是我国文学宝库中的一朵雅俗共赏的奇葩，在中国传统文化中绽放着奇异的光彩，具有独特的民族色彩，被誉为"诗中之诗"。对联是承诗经、楚辞之绪，沿律诗一脉而来的，它与明清小说同为时代的典型文学样式。而且对联与中国书法、民俗等诸多传统文化有着千丝万缕的关系
X036	明德类	生命教育之探索生命	生命给我们提供了种种机会，让我们去爱、去学习……而生命教育既是一切教育的前提，同时还是教育的最高追求，是对学生的每一次生命活动进行关怀。通过生命教育，让每一个学生了解生命，认识生命的可贵，懂得欣赏生命的美好，实现生命的价值。同时，在生命的长河中，能够做自己的舵手，为自己引航，学会拒绝诱惑，保护自己，不做违法犯罪的事情，不迷失在生命航程的迷雾中
X048	悟理类	趣味化学	化学是一门以实验为基础的自然学科，很多与生活有关的实验趣味横生。通过学生自己动手，寓学于乐，激发学生学习化学的兴趣，纠正人们对化学物质的误解，树立起正确的科学世界观，并拓展学生的化学知识面
X059	达行类	生物食品的家庭制作与健康	健康是人类全面发展的基础，关系千家万户的幸福。民以食为天，健康的饮食方式能够维护和促进自身健康。随着经济的发展，社会的进步，人民生活水平不断提高，饮食需求和饮食观念也在不断地改变，人们越来越喜欢自己动手制作食品。本模块结合高中生物学微生物发酵的有关知识。通过本模块的学习，学生将了解多种发酵食品的营养价值、制作原理、制作过程等，并尝试亲自动手制作食品

三、课程实施

课程实施既是课程体系的执行情况,也是作为动态的过程而存在的。课程实施的整体含义有三方面:一是课程实施是将编制好的课程计划付诸实践的过程,是实现预期的课程理想,达到预期的课程目的,实现预期教育结果的手段;二是课程实施是通过教学活动将编制好的课程付诸实践;三是课程实践的焦点是实践中发生改革的程度和影响课程实施的那些因素。判断课程实施的成败不应以对原有计划的执行程度为标准,而应关注执行过程中教师在特定的情境下对课程计划的调适和改造。因此,课程实施一般认为是将规划的课程付诸实际教学行动的实践历程。

根据美国教育家古德莱德的理论,课程分为五个层次:一是理想的课程,即专家提出的应该开设的课程;二是正式的课程,即由教育行政部门规定的课程;三是领悟的课程,即任课教师所领悟的课程;四是运作的课程,即在课堂上实际实施的课程;五是经验的课程,是学生在课堂学习中实实在在体验到的东西,即课程经验。五个层次实际上是从理论到实践的运动形态,对课程的理解也从静态的角度转换到动态的角度。从古德莱德的这一课程层次理论中可以看出,理想的课程和正式的课程是我们传统认识范畴中的课程概念,而领悟的课程、运作的课程,尤其是经验的课程,才是创生性课程。

课程实施是师生在具体的课堂情境中共同合作、创造新的教育经验的过程。真正的课程并不是在实施之前就固定下来的,它是情境化、人格化的。课程实施本质上是在具体的课堂情境中"创生"新的教育经验的过程。既有的课程体系不过是一种供这种经验创生过程选择的工具而已。创生性课程强调"课程是实践"。课程不是被传递的教材或教案,不是理所当然的命令与教条,而是需要加以质疑、批判、验证和改写的假设。创生性课程强调"教师即课程"。教师是决定新课程成败的关键角色。课程知识不是由专家、学者发展出来传递给教师,再由教师传递给学生的。专家设计的课程仅仅是一种暂时性的假设,教师要在课堂教学中加以实验,与学生交互作用,与同事讨论对话,经由这种过程建构的结果才是知识。教师和学生是在观察、实验、分析、对话和争论中建构知识的。因此,教师必须改变角色,做一个学习者、反思者、课程设计者。

(一)国家课程校本化实施

国家课程追求教育的共性,是为了培养学生的核心素养,促进学生个性化和社会发展,培养未来国家公民的基本素质。对于学校来说,有不同的情景化的现实需求,有其个性化、特色化的发展需求,其是国家课程所不能满足的。这就需要在学校层面对国家课程进行改造和调整,也就是进行国家课程的校本化实施。换句话说,就是对国家课程进行调整,使其更好地适应学校的发展需求。

从课程角度看,国家课程校本化实施应该从学段规划(课程设置)到学期课程纲要,再到课时方案,最后落实到课堂上的师生互动的知识建构。为了将课程体系与教学体系适度分开,这里将后两个环节归属到教学体系。这样国家课程校本化实施的重点就是学期课程纲要的设计与编写。学期课程纲要不是原先的教学进度表,教学进度表只是对教材的教学进度做出安排,而学期课程纲要是教师对本学期课程的整体设计,用提纲的方式呈现一个学期的学习方案。教师要依据学科课程标准、教材、学情、资源等设计每一个学期的国家课程,撰写学期课程纲要。华东师大崔允漷教授认为,教师撰写学期课程纲要的专业规范是"研读与分解课程标准,研究教材、学情与资源,做好学校课程规划,编制学期课程纲要,内容包括需求分析、课程目标、课程内容、课程实施与评价"。[①] 从学期课程纲要开始,课程才具有创生性。学期课程纲要与课时方案,就是"领悟的课程"。下面是我校李龙宗老师撰写的学期课程纲要。

❈ 高一年下学期语文课程纲要

课程类型:基础型课程。

适用年级:高一年级。

教学材料:人教版普通高中课程标准实验教科书语文必修3、必修4。

---

① 崔允漷.学校课程发展"中国模式"的建构与实践[J].全球教育展望,2019(10):73-84.

一、课程目标

(一)语言积累与建构

1.积累适量的文言词语,包括虚词和实词。

2.积累一定量的成语。

(二)语言表达与交流

1.能够写作比较规范的议论文。

2.能够从横向及纵向两个方向展开思考,对问题进行分析。

3.能够根据不同的目的及对象发表议论。

(三)增强形象思维能力

1.能够感受小说和戏剧中的形象。

2.能够对文学形象展开分析、进行探究,并用语言表达出来。

(四)发展逻辑思维

1.掌握简单的逻辑知识。

2.学会辩证思维。

(五)鉴赏文学作品

能够初步鉴赏文学作品的内容、语言、表达技巧。

(六)传承传统文化

体会中华文化的人文精神。

(七)理解多样文化

初步理解和借鉴不同民族、不同区域、不同国家的优秀文化。

二、课程内容

(一)入学教育(1课时)

1.强调课堂纪律及学习方法。

2.了解本学期的课程内容。

(二)阅读之必修3(32课时)

1.小说阅读(8课时)

(1)学会把握情节结构(以《林黛玉进贾府》为例)(1课时)

(2)学会分析人物形象(以《林黛玉进贾府》为例)(2课时)

(3)学会分析环境(以《祥林嫂》为例)(2课时)

(4)学会分析叙事技巧(以《祥林嫂》为例)(1课时)

(5)挖掘小说的社会价值(以《老人与海》为例)(2课时)

2.古诗阅读(11课时)

(1)学会分析写景(以《蜀道难》为例)(3课时)

(2)学会把握古诗情感(以《杜甫诗三首》为例)(3课时)

(3)学会分析诗中人物形象及描写手法(以《琵琶行》为例)(3课时)

(4)能够赏析用典、对比手法(以《李商隐诗两首》为例)(2课时)

3.文言文阅读(13课时)

(1)《寡人之于国也》(3课时)

(2)《劝学》(3课时)

(3)《过秦论》(4课时)

(4)《师说》(3课时)

(三)阅读之必修4(27课时)

1.宋词阅读(12课时)

(1)赏析《柳永词两首》(3课时)

(2)赏析《苏轼词两首》(3课时)

(3)赏析《辛弃疾词两首》(3课时)

(4)赏析《李清照词两首》(3课时)

2.文言文阅读(10课时)

(1)《廉颇蔺相如列传》(4课时)

(2)《苏武传》(4课时)

(3)《张衡传》(2课时)

3.论说文阅读(5课时)

(1)《拿来主义》(3课时)

(2)《父母与孩子之间的爱》(2课时)

(四)表达与交流(15课时)

1.学会多角度提炼论点(2课时)。

2.学会选择和使用论据(2课时)。

3.学会从横向和纵向两方面展开议论(4课时)。

4.学会拟题、开篇、结尾(3课时)。

5.学会辩证分析(2课时)。

6.学会辩论(2课时)。

(五)语言梳理

1.交际中的语言运用(2课时)。

2.逻辑和语文学习(2课时)。

三、课程实施

(一)文言词语积累

1. 随堂积累。一课积累一个虚词。《寡之于国也》(积累"于")、《劝学》(积累"而")、《过秦论》(积累"为")、《师说》(积累"则")、《廉颇蔺相如列传》(积累"乃")、《苏武传》(积累"以")、《张衡传》(积累"因")。

2. 专题积累。如叙述官职变化的词语,叙述官员审案过程的词语。

(二)阅读教学

1. 任务驱动。每课设置若干任务,促使学生去阅读、去思考。

2. 讨论交流。每课设一重点问题,让学生在课堂上充分表达自己的感受及自己的思考。

3. 撰写赏析文字。

(三)写作教学

1. 读写结合。按主题搜集若干篇千字短文,供学生阅读,以读带写。

2. 片段写作与完篇写作相结合。

3. 构成系列。将议论文写作按能力点组成专题,构成议论文写作教学系列。

四、课程评价

(一)过程评价

1. 学生参与课堂活动的评价。教师借由学生参与课堂讨论情况观察学生的语文素养。教师多采用表扬和鼓励性的语言对学生进行积极有效的评价。

2. 学生学习习惯评价。教师借由学生的课堂表现及课后作业完成情况,评价学生的学习习惯。

3. 课后作业评价。课后作业主要观察学生完成作业的态度及质量,分优秀、良好、合格、不合格四等进行评价。

4. 书面测试。分单元测试及阶段测试。单元测试总分100分,60分及格。阶段测试有月考、期中考,总分150分,90分及格。

5. 评价形式除了教师评价学生外,还有学生之间的评价和学生的自我评价。

(二)结果评价

参加全市统一的质量检查。总分150分,90分及格。

(二)校本课程选择性实施

校本课程(选修课程Ⅱ)是学校根据当地需要、学生兴趣,为进一步突显办学特色和满足学生的兴趣而开设的校本选修课程,学生需在选修Ⅱ中至少获得6学分方可达到毕业要求。学生根据所提供的选修课程（校本课程）目录和课程说明选择自己感兴趣的模块。具体安排如下：高一年获3学分：两学期开设必选校本课程"校园邮话""心的探索"，分单、双周，每周1节课，每个模块共18学时，共获2学分，高一上学期学生再自选一门，走班上课，每周1节课，获1学分。高二年获3学分：上学期开设自选校本课程一门，每周1节课，走班上课，每个模块共18学时，获1学分，高二下学期学生再自选两门，每周2节课，走班上课，每个模块共18学时，获2学分。

校本课程实施流程如下：第一步是选课。教务科在学期开学前两周，公布每个年级开设的校本课程方案及相关任课教师，供学生选择。学生根据自己的兴趣爱好，在《厦门市同安实验中学校园综合平台》开展网络选课。为了便于统筹安排，允许每位学生选报两个课程项目，分第一志愿和第二志愿，年段长、班主任对学生的志愿表进行统计汇总，规定凡校本课程选修学生人数不足30人的暂不开设。第二步是排课。校本课程应和国家课程、地方课程一样统筹兼顾排课，纳入总课表。一般每周1~2课时，一学期按18周安排，开学初下发到每个班级及同学手中，并公布授课教师、学习地点等。第三步是上课。教师及校本课程开发小组根据学校安排，在指定地点组织开展教学活动。按照校本课程的实施要求进行教学，并建立教学授课班，确定班主任，实施教学班级的管理。任课教师精心备课，认真上课，履行该课程应该达到的教学目标。

四、课程评价

课程评价的对象包括"课程的设置、实施、结果等"诸种课程要素。也就是说，课程评价对象的范围很广，它既包括课程计划本身，也包括参与课程实施的教师、学生、学校，还包括课程活动的结果，即学生和教师的发展。课程评价是一个价值判断的过程。不同的评价主体因其自身的需要和观念的不同，对同一事物或活动会产生不同的判断。

课程评价的方式是多样的，既可以是定量的方法，也可以是定性的方法。主要的常规的方法有三种：考试评价、学分认定、综合素质评价。考试评价和学分认定属于定量评价；综合素质评价属于定性评价。

（一）考试评价

考试评价分为校内考试评价、学业水平考试评价和普通高等学校招生全国统一考试(高考)。其中,后两种考试评价特别是高考属于高利害度评价,是高等教育资源分配的重要依据,有着由教育部门制定的非常严格的制度流程。

校内考试的原则如下:一是考试要有利于学生德、智、体、美、劳等方面的发展,要有利于教师改进教育教学方式,有利于学校教育教学质量的提高。二是评价的内容既要关注学生的学业成就,又要重视学生多方面潜能的发展,提高学生的创新精神和实践能力。三是评价的标准主要包括发展性目标和学科学习目标。评价标准既要体现对全体学生的基本要求,又要关注学生个体的差异,提高学生的综合素质。四是评价要力求方法多样、方式灵活,评价不能只关注结果,更重要的是要关注学生的发展过程,把终结性评价与形成性评价结合起来,把学生发展的过程作为考试评价的一个重要组成部分。

考试内容要依据学科课程标准,改变就教材考教材的传统做法和只注重知识与技能的状况;要力求科学、全面、合理地对学生的必备知识、关键能力、学科素养、核心价值进行评价,坚持"价值引领、素养导向、能力为重、知识为基"的理念。考试应以学科课程标准为根本依据,杜绝出偏题、怪题。对学生平时的知识与技能的检测,由年级备课组或教研组共同研究,任课老师结合班级学生实际自主命题实施。试卷应体现层次性,努力使各个层次学习水平的学生都能感到成功,在原有基础上有所提高。

校内考试评价管理如下:一是成绩不公开、不公布,不排列顺序。二是禁止以考试成绩作为升级或班级、座位安排的依据。三是考试命题应不断改变题目形式,拓宽学生的思维方式,加强变式测试,增加开放性试题,减少机械记忆,注重内容的综合性和实践性。考试成绩的评定方式要灵活多样,不打击学生的学习积极性。考试是评价的主要方式之一,考试应与其他评价方式相结合。四是要根据考试的目的、性质、内容和对象,选择相应的考试方法。五是要充分利用考试促进每个学生的进步,促进学生的全面发展。

(二)学分认定

学分认定是学生学业综合评价的一个重要的客观依据,旨在检查学生的修习情况,促进学生的学习和成长。学分认定既要重视学生的学习结果,又要关注学生的学习过程,既要有教师的评价,又要反映学生的自我体验、终结性评价与过程性评价相结合。学分认定工作必须做到公正、公平、公开,学校学分认定工作应接受学生、家长、社会和上级教育行政管理部门的监督,确保学分认定的权威性和真实性。合格学分是学生取得高中毕业资格的主要依据,按照规定,所有必修课程必修获取学分方可准予毕业。

厦门市同安实验中学学科类课程学分认定以学科模块为单位,并按模块规定的学分值进行认定,一般情况下,合格完成18课时学习可得1学分。学科模块包括高考考查的必修模块和选修模块。模块的综合评分以百分制计算,由学习课时、学习过程和课堂表现、平时测验成绩、模块考试成绩等四项组成,综合评分60分及以上的给予该模块的相应学分。其中,学习课时由该科任教师负责记录,课程结束时由教师审核、评定;学习过程和课堂表现由任课教师根据学生的作业完成、课堂表现、课外表现三方面情况评定;平时测验由科目教师负责记录和评定,最终成绩取各次平均分;模块考试由备课组统一命题,教师负责监考、评卷,给出考试分数。考试内容由各年级备课组根据模块特点确定。其他类课程由指导教师根据学生表现、研修过程和实践成效进行认定,同样是合格完成18课时学习得1学分。

(三)综合素质评价

综合素质评价是对学生全面发展状况的观察、记录、分析,是发现和培育学生良好个性的重要手段,是深入推进素质教育的一项重要制度。全面实施学生综合素质评价,要坚持立德树人,践行社会主义核心价值观,传承与弘扬中华优秀传统文化,客观反映学生综合素质和个性特长发展状况,增强学生的社会责任感、创新精神和实践能力,着力促进学校切实转变人才培养模式,为高校科学选拔人才提供重要参考。

厦门市同安实验中学学生综合素质评价遵循四个原则。一是发展性原则。关注学生成长过程,发掘学生潜能,注重培养学生的社会责任感、创新精神和实践能力,加强学习和生涯规划的指导,促进学生个性化发展与健康成长。二是客观性原则。对学生成长过程中的主要经历和典型事例作客观记录和写实性描述,借助信息管理系统导入客观数据,真实反映学生的发展状况,做到事出有据、评价客观。三是公正性原则。严格规范评价程序,建立健全公示举报制度、申诉复核制度、诚信责任追究制度,确保评价过程公开透明、评价结果真实可信。四是可操作性原则。综合素质评价内容要与学校日常教育教学活动相结合,评价过程应简便、直观、易操作,实现评价操作与管理的信息化。

评价内容主要为德智体美劳五个方面。一是思想品德。主要考查学生在践行社会主义核心价值观、弘扬中华优秀传统文化等方面的情况，包括爱党爱国、理想信念、诚实守信、仁爱友善、责任义务、遵纪守法等方面的表现。重点记录学生遵守日常行为规范的情况，参与党团活动、社团活动、公益劳动、志愿服务等情况。二是学业水平。主要考查学生各门课程基础知识和基本技能掌握情况，以及运用知识分析问题、解决问题等能力。重点记录学生的学业水平考试成绩、基础型课程成绩、拓展型课程和研究型课程学习经历等，特别是具有优势学科的学习情况。三是身心健康。主要考察学生的健康生活方式、体育锻炼习惯、身体机能、运动技能和心理素质等。重点记录学生《国家学生体质健康标准》测试综合得分、体育运动特长项目、参加体育运动的经历及表现水平、坚持每天 1 小时体育锻炼情况等。四是艺术素养。主要考查学生对艺术的审美感受、理解、鉴赏和表现的能力。重点记录学生在音乐、美术、舞蹈、戏剧、戏曲、影视、书法等方面表现出来的兴趣特长，参加艺术活动的经历及表现水平等。五是社会实践。主要考察学生的创新思维、调查研究能力、动手操作能力和实践体验经历等。重点记录学生参加实践活动、研究性学习、科技创新活动的情况，包括军事训练、生产劳动、研学旅行、社会调查、勤工俭学、科学探究、创造发明等。

厦门市同安实验中学学生综合素质评价在"福建省普通高中学生综合素质评价信息管理系统"（以下简称省级管理系统）上完成。所有高中学生入学后均需在系统上建立综合素质档案。采用客观数据导入、学校和社会机构统一录入、学生提交实证材料相结合的方式，客观记录学生的学习成长经历。首先，学校建立学生成长记录制度，及时录入学生的自我陈述介绍、先进个人荣誉称号、违纪违规情况、基础型课程成绩、拓展型和研究型课程学习经历、典型案例材料等内容。学生基本信息、参加社团活动（党团活动）、志愿服务（公益劳动）信息、高中学业水平考试成绩、《国家学生体质健康标准》测试综合得分、体育艺术科技活动项目等内容采用客观数据导入的方式记录。材料收集可以灵活采取文字、照片、录像等形式。其次，学生及时将经公示无异议的信息录入省级管理系统，班主任及有关教师审核确认。学校负责导入学生课程学习成绩，每学期形成一份《学生综合素质评价表》。学校严格按照评价程序，在规定时间内完成信息核实与确认提交工作。确认提交后，学生、教师、学校和教育行政部门可按规定的权限，查看相关内容，但不得更改。如确需更改，学校须提出申请并逐级报批，最后由市教育局审核修改。再次，每学期末教师指导学生整理、遴选具有代表性的重要活动和典型事实材料及其他有关材料。重要活动记录、事实材料要真实可信、有据可查。高中毕业前，班主任要指导学生在整理遴选材料的基础上撰写自我陈述报告和典型案例材料，并撰写简要评语，客观、准确揭示每个学生的个性特点。学生高中毕业前，高中学校归类汇总每学期录入的材料，由省级管理系统自动生成《福建省普通高中毕业生综合素质评价报告》，经学生确认后在本校公示。公示无异议的，经学生、班主任、校长签字以及高中学校盖章后存入学生档案，并提供高等学校招生使用。最后，由学校统一录入的内容及相关实证材料在录入省级管理系统之前必须于每学期末在班级、学校公示栏、校园网等显著位置公示。将拟录入省级管理系统的学生综合素质评价内容及其佐证材料进行公示，公示时间不少于5个工作日。

第四节　启悟的教学体系

教学是在一定教育目的的规范下，教师的教和学生的学共同组成的传递和掌握社会经验的双边活动。它是教师有目的、有计划、有组织地指导学生掌握系统的科学文化知识和技能，发展智力、体力，陶冶品德、美感，形成全面发展的个性的活动。

教学在促进学生个性化、社会化发展，促进社会发展、传承人类文明、继承社会文化上具有不可替代的重大价值。教学是贯彻党的教育方针，实施素质教育，实现教育目的的基本途径。教学在学校工作中居于主要地位，是学校教育的中心工作，学校教育必须坚持以教学为主。

学校的教学体系包括质量标准、教学实施和教学评价与管理。学业质量是学生完成学科课程后的学业成就表现。学业质量标准是以学科核心素养及其表现为主要维度，结合课程内容，对学生学业成就表现的总体刻画。教学实施是实现教学目标、达成学业质量标准的中心阶段，教学实施策略及模式的选择既要符合教学内容、教学目标的要求和教学对象的特点，又要考虑在特定教学环境中的必要性和可能性。教学实施就是师生通过有计划、有目标的互动、沟通、交流，达到知识建构、能力养成、素养形成、品格塑造的过程。教学评价是提高课堂教学质量的关键环节，是促进教师专业发展、保障育人目标顺利实现的重要手段。教学评价有诊断、激励、调节和促进作用,一般以形成性评价为主。教学管理是指管理者通过一定的管理手段,使教学活动达到学校既定的人才培养目标的过程,是正常教学秩序的保证。

相对学校课程体系,学校教学体系是下位体系,包含在课程体系之中。课堂教学是课程实施的重要途径。

厦门市实验中学的教学体系如图 4-13 所示。

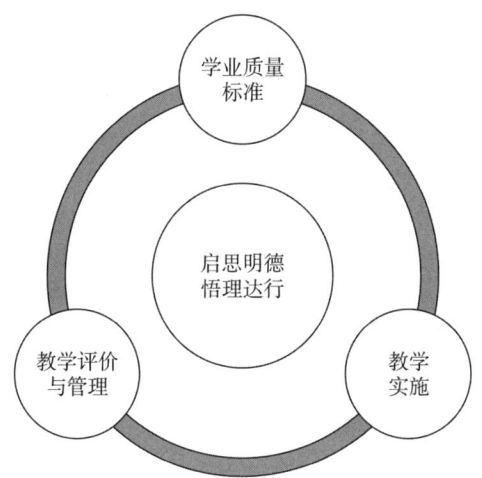

图 4-13　厦门市同安实验中学教学体系

一、学业质量标准

学业质量标准主要界定学生经过一段时间教育后应该或必须达到的基本能力水平和程度要求,是学生核心素养在具体学段、具体学科中的体现,直接反映了学生应达到的学业结果。学业质量标准是核心素养和课程内容的有机结合,是指导教师课堂教学和教育评价的重要依据,是促进核心素养进入学科和课程标准并且指导教育评价的桥梁。学业质量标准是构建现代教学体系的重要组成部分,是促进核心素养融入课程的重要环节。

厦门市同安实验中学以《中国学生发展核心素养》和《普通高中课程标准(2017 版)》为依据,将党和国家的教育方针体现在学业质量标准当中,将核心素养融入课程和教学,面向高考(或学业水平等级性考试)和学业水平合格性考试,制定两种学业质量标准。下面以语文学科为例详细说明。

表 4-5　厦门市同安实验中学高中语文学科质量标准

学科核心素养	水平等级	质量描述
语言建构与运用	学考	具有主动积累的习惯,能进一步扩展语言积累,运用多种方法整理自己积累的语言材料,发现其中的联系。能凭借语感,结合具体语境理解重要词语的隐含意思,体会词句所表达的情感;能发现语言运用中存在的比较明显的问题,并运用自己掌握的语言知识予以纠正。具有反思并整理语文学习经验的意识,能用多种形式整理、记录自己学习、生活中的所得
	高考	能不断扩展自己的语文积累,自觉整理在学习中获得的语言材料和言语活动经验;在梳理的基础上,尝试进行专题探究,发现其中蕴含的语言运用规律,并能用自己的语言加以解释;能将发现的语言运用规律用于自己的语文学习实践。能敏锐地感受文本或交际对象的语言特点和情感特征,迅速判断其表达的正误与恰当程度,察觉其言外之意和隐含的情感倾向;能根据具体的语境和表达的目的、要求,运用口头和书面语言,文从字顺、准确生动地表达自己的真情实感。乐于与他人分享自己的学习经验,主动吸收他人成功的经验
思维发展与提升	学考	在理解语言时,能区分主要信息和次要信息,理解并准确概括其内容、观点和情感倾向;能对获得的信息及其表述逻辑作出评价;能利用获得的信息分析并解决具体问题。在表达时,能注意自己的语言运用,力求概念准确、判断合理、推理有逻辑
	高考	在理解语言时,能准确、清楚地分析和阐明观点与材料之间的关系,能就文本的内容或形式提出质疑,展开联想,并能找出相关证据材料支持自己的观点,反驳或补充解释文本的观点。能比较、概括多个文本的信息,发现其内容、观点、情感、材料组织与使用等方面的异同,尝试提出需要深入探究的问题。能用文本中提供的事实、观点、程序、策略和方法解决学习和生活实际中遇到的具体问题。在表达时,讲究逻辑,注重情感,能综合运用多种表达方式,从多个角度、多个方面表达自己的理解和感受,力求做到观点明确,内容丰富,思路清晰,感情真实健康,表达准确、生动

续表

学科核心素养	水平等级	质量描述
审美鉴赏与创造	学考	喜欢欣赏文学作品，能整体感受作品的语言、形象和情感，展开合理的联想和想象；能对作品的内容和形式作出自己的评价。在文学鉴赏中，有正确的价值观，有追求高尚审美情趣和审美品位的意愿
	高考	在鉴赏活动中，能结合作品的具体内容，阐释作品的情感、形象、主题和思想内涵，对作品的表现手法作出自己的评论。能比较两个以上的文学作品在主题、表现形式、作品风格上的异同，对同一个文学作品的不同阐释提出自己的看法或质疑。喜欢尝试用不同的语言表现形式表达自己的思想和情感，尝试创作文学作品。在文学鉴赏和语言表达中，追求正确的价值观、高尚的审美情趣和审美品位
文化传承与理解	学考	表现出对中华优秀传统文化的兴趣，喜欢学习汉语和汉字，喜欢积累优秀古代诗文，能主动梳理和探究语言材料中蕴含的中国传统文化内容。能在自己的表达中运用富有文化意蕴的语言材料和语言形式，增强语言的表现力。能理解各类作品中涉及的文化现象和观念，理解和包容不同的文化观念，能运用所学的知识对学习中遇到的一些文化现象发表自己的看法。关注当代语言文化现象，积极参与相关的多种语文实践活动
	高考	有通过语言学习深入理解、探究文化问题的浓厚兴趣和意愿，能在阅读和表达交流中探析有关文化现象；能结合具体作品，分析、论述相关的文化现象和观念，比较、分析古今中外各类作品在文化观念上的异同。能主动参与语言文化问题的讨论和相关的社会实践活动，能综合运用所学的知识，对自己感兴趣的某些语言、文学、文化现象及社会热点问题进行专题探究，尝试撰写相关调查报告或专题研究报告。发展自己的文化理解与探究能力，主动吸收先进的文化，传承中华优秀传统文化

二、教学实施

教学实施就是开展教学活动。教学实施从选择教学组织形式开始,教师根据学校价值观念、课程目标、学业质量标准和学生需要设计教学方案,在课堂现场进行师生双方的互动,让学生在活动中走进学科、体验学科,在亲身体验中建构学科知识,形成学科能力。

(一)教学组织形式

教学组织形式是指为完成特定的教学任务,教师和学生按一定要求组合起来进行活动的结构。教学组织形式不是固定不变的东西。在教学史上先后出现的影响较大的教学组织形式有个别教学制、班级授课制、分组教学制、道尔顿制和文纳特卡制等。随着社会政治经济和科学文化的发展及其对培养人才要求的不断提高,教学组织形式也不断发展和改进。随着课程改革和高考综合改革的不断深入,班级授课制已经不能完全适应高中教学要求,多样化、个性化的课程组合要求学校采用选课走班制的教学组织形式。

福建省高考综合改革采用"3+1+2"方案。"3"是指统一高考的语、数、外3门;"1"是指在选择性考试的物理或历史中选择的1门科目;"2"是指在思想政治、地理、化学、生物学4门科目中选择2门科目。选择性考试科目共有12种组合方式。厦门市同安实验中学初中部采用班级授课制教学组织形式,高中部采用班级授课制与选课走班制相结合的形式。高一年级体育、艺术、校本课程采用选课走班制授课,其他学科采用班级授课制,高二年级起采用走班授课制。具体流程如下:首先,新生入学后在高一年进行生涯规划指导(学生发展指导),内容包括学科认识、心理品质、个性特征、职业倾向、社会需求、高校录取等。其次,根据高考综合改革实施方案,结合学生意愿,由学生家长进行网上选课,学校收集所有数据后,结合实际情况进行微调,由学生家长确认。再次,学校根据学生选课情况进行排教室、排教师、排课程表,每位学生、老师各有不同的课程表。最后,采用行政班和教学班相结合的管理形式进行走班授课。下面是厦门市同安实验中学新高考选课走班常规用表目录。

厦门市同安实验中学选课走班常规用表：
(1)厦门市同安实验中学选课走班教学计划；
(2)厦门市同安实验中学选课走班考勤表；
(3)厦门市同安实验中学校本课程开课申报表；
(4)厦门市同安实验中学学生选课单；
(5)厦门市同安实验中学学生学期模块修习清单；
(6)厦门市同安实验中学学生个人课程表；
(7)厦门市同安实验中学学生学科记录单；
(8)厦门市同安实验中学学生高中学习规划表。

(二)教学方法

教学方法是教学过程中教师与学生为实现教学目的和教学任务要求，在教学活动中所采取的行为方式的总称。教学方法体现了特定的教育和教学的价值观念，它指向实现特定的教学目标要求。教学方法受到特定的教学内容和具体的教学组织形式的制约和影响。

教学方法主要有讲授式的教学方法、问题探究式、训练与实践式和基于现代信息技术的教学方法四大类，各大类又可细分为若干种不同的教学方法。科学、合理地选择和有效地运用教学方法，要求教师能够在现代教学理论的指导下，熟练地把握各类教学方法的特性，能够综合地考虑各种教学方法的各种要素，合理地选择适宜的教学方法并能进行优化组合。

下面是我校语文组李龙宗老师的任务驱动教学案例。此案例强调学生的学习活动与任务相结合，以探索问题来引导和维持学习者的学习兴趣和动机，创建真实的教学环境，让学生带着真实的任务学习，以使学生拥有学习的主动权。学生的学习不仅是知识由外到内的转移和传递，更是主动建构自己的知识经验的过程，通过新经验和原有知识经验的相互作用，充实和丰富自身的知识、能力和素养。

任务驱动教学设计:《苏武传》

厦门市同安实验中学 李龙宗

【教学设想】

本文有三个突出之处。一是包含很多文言文重点词语及文言文特殊现象,特别是使动用法,是学习语言的典范文章。二是苏武在传统文化中具有深远影响,苏武精神是民族精神的一部分。三是本文是一篇很精彩的传记,其对比衬托手法的运用非常突出。这样,语言学习、感受苏武形象、鉴赏对比衬托手法构成本文的教学内容。因此,本课的学习相应分解成三个任务。

【教学目标】

1.积累文言词语,并理解文言使动用法。

2.感受苏武形象。

3.能够赏析传记中常用的对比衬托手法。

4.理解在中华传统文化中具有深远影响的苏武精神。

【教学目标重难点】

1.教学重点:感受苏武形象。

2.教学难点:赏析对比衬托手法。

【教学课时】

三个课时。

【教学流程】

任务一:读文言

学习活动1:积累词语。

活动内容:

1.文言文中经常写到审理案件的事情,阅读第3、4、5三个自然段,归纳叙述案件审理常用的字词。

2.依据案件审理的过程对这些词语进行整理,再联系学过或读过的文言文,补充相关文言词语。

学习提示:

1.(1)其一人夜亡,告之。告:告发。(2)恐前语发。发:揭露。(3)而收系张胜。收:逮捕;系:监禁。(4)单于使卫律治其事。治:审理。(5)单于使卫律召武受辞。受辞:受审讯。(6)虞常果引张胜。引:招供。(7)会论虞常。论:判罪。(8)当死。当:判处。(9)当相坐。坐:连坐。

2.以上这些词语大致体现了案件审理的过程:案发(告、发)→抓人(收、系)→审理(治、受辞、引)→判罪(论、当、坐)。除这些词语外,表案发的还有"诬(捏造事实诬陷别人)""构陷(构成罪名陷害)""揭(揭发)""劾(检举揭发罪状)";表抓人的还有"执(捉拿)""购(悬赏)";表审讯还有"鞫(审讯)""讯(审讯)";表判罪的还有"决(判决)""罪(治罪)"。

学习活动 2:总结方法。

活动内容:

1.以下两组句子中①③句加点字为使动用法,②④句是一般用法。翻译两组句子,并加以分析,说说判断使动用法的方法。

①尽归汉使路充国等　③欲因此时降武

②(子卿)终不得归汉　④子卿不欲降

2.依据你归纳出的方法找出本文中其他作为使动用法的词。

学习提示:

1.判断使动用法的方法是看动词的施动者是处于主语的位置还是处于宾语的位置。若动词的施动者处于宾语的位置,则该词为使动用法。①句"归"的施动者是"路充国等",处于宾语的位置;③句"降"的施动者是"武",处于宾语的位置,两句中"归""降"皆为使动用法。若动词的施动者处于主语的位置,则该词为一般用法。②句"归"的施动者是"子卿",处于主语的位置;④句"降"的施动者"子卿"也是处于主语的位置,故两句中"归""降"是一般用法。

2.课本中含有使动用法的词的句子:

(1)空以身膏草野。膏:使……滋润肥美。

(2)反欲斗两主。斗:使……争斗。

(3)宜皆降之。降:使……投降。

学习活动 3:归纳整理重要的词语。

活动内容:课外整理本文中的通假字、词类活用的词及文言特殊句式,并整理其他重点词语的意思,包括稍、币、遗、候、幸、除、恨、分、让等。

注意:整理时要包括例句、用法、意义。

任务二:读苏武

学习活动 1:生死之辩。

活动内容:本文主要写了苏武这些事:两次自杀、饮雪吞毡、北海牧羊。"两次自杀"是选择了死,而"饮雪吞毡""北海牧羊"则是极力求活,如何理解苏武对死和生的不同选择?

学习提示:

王羲之在《兰亭集序》中引用庄子的一句话"死生亦大矣",就是说死和生是人生的大事。苏武先是择死,后又择生,死和生对苏武来说都是关乎尊严的大事,而且关系到的不是苏武个人的尊严,而是他作为一个汉朝使臣的尊严。文本中"见犯乃死,重负国""屈节辱命""杖汉节牧羊,卧起操持"等信息都说明了这一点。其实苏武留给世人最深的记忆不是以死殉国的举动,而是北海牧羊的经历,因为有时生比死更难。比起自杀殉国的壮烈,十九年坚守的意志更让人感动。

学习活动2:劝降之辩。

活动内容:本文写了两次劝降:卫律劝降、李陵劝降。你能说出李陵劝降与卫律劝降的方式有什么不同吗?苏武对两次劝降都拒绝了,你认为哪一次拒绝更难?

学习提示:

卫律劝降是威逼利诱,李陵劝降则是动之以情。苏武既不畏死,卫律以死惧之或以利诱之是没用的。李陵则设想了苏武不降的三个原因:为了名节、顾虑家庭、忠于国君,然后有针对性地加以劝说。李陵把苏武不投降的理由都否定了,苏武内心若有一丝动摇就难以拒绝了,足见苏武的忠诚是不含一丁点杂质。

学习活动3:真伪之辩。

活动内容:课后练习三引用了李陵《答苏武书》的部分文字,有人认为这封信是伪作。请比较这段文字与课文中"李陵劝降"一节所表达的内容,为这种说法提供佐证。

学习提示:

《答苏武书》中的这段文字表达的是国君寡恩的意思。这个意思在李陵劝降中已用来劝苏武,被苏武拒绝。李陵因此很是钦佩苏武之义,感叹道:"嗟乎,义士!陵与卫律之罪上通于天。"他应当不会再拿这种话来和苏武说,所以《答苏武书》可能是伪作。

任务三:读传记

学习活动:自主赏析。

活动内容:苏武成为中国历史上一个熠熠生辉的形象,毫无疑问,得益于班固对苏武形象的成功刻画。请分析班固是如何刻画苏武形象的。

学习提示:

(1)运用对比衬托。用张胜、单于、卫律、李陵来衬托苏武。

(2)运用细节描写和语言描写。

下面是我校信息教研组林永和老师的项目式教学案例。该案例是以学生为主体,以教师为主导,以流程为线索,以项目为中心,以素质和能力为目标,理实一体、做学一体、做学结合的一种教学方法。将学生置身于实践活动中并且按照既定的计划进行的教学活动,真正体现了项目式教学的四要素:学生的自主性、有计划的行动、解决问题的过程、相应的社会情境。

❋ 项目教学案例:"信息系统与社会"项目活动

厦门市同安实验中学　林永和

【单元学习目标分析】

1.了解人、信息技术与社会三者之间的关系。

2.认识信息系统在社会中的作用,合理使用信息系统解决生活、学习中的问题。

3.理解信息安全对当今社会的影响,能安全、守法地应用信息系统。

【学习基础分析】

步入高一年的新生,在九年义务教育阶段信息技术学习过程中,已经具备了扎实的信息技术能力并拥有了较好的信息素养。通过"数据与计算"单元的学习,学生已经具备运用常用的数字化工具(如移动终端、开源硬件、网络学习平台、编程软件、应用软件等)来表达思想、构建知识的能力。学生的创新意识、创新精神和创新能力得到进一步提高,具备较强的信息技术学科素养。

【单元核心素养培育分析】

1.学生能描述信息社会的特征,了解信息技术对社会发展、科技进步以及个人生活与学习的影响(信息意识)。

2.知道信息系统的组成与功能,描述信息系统常用终端设备(如计算机、智能手机和平板电脑等)的基本工作原理;知道信息系统与外部世界的连接方式,了解常见的传感与控制机制,以及接入方式、带宽等因素对信息系统的影响;理解软件在信息系统中的作用,借助软件工具与平台开发网络应用软件(计算思维)。

3.能构建简单的信息系统,积极利用各种信息系统促进学习与发展(数字化学习与创新)。

4.在信息系统应用过程中,能预判可能存在的信息泄露等安全风险,掌握信息系统安全防范的常用技术方法;认识信息系统在社会应用中的优势及局限性,能够自觉遵守相关法律法规与伦理道德规范(信息意识、信息社会责任)。

【单元教学安排】

表 4-6　单元教学安排

单元	教学内容	内容要求	课时安排
信息系统与社会	信息社会特征	2.1 探讨信息技术对社会发展、科技进步以及人们生活、工作与学习的影响,描述信息社会的特征,了解信息技术的发展趋势	1课时
	信息系统组成与应用	2.2 通过分析典型的信息系统,知道信息系统的组成与功能,理解计算机、移动终端在信息系统中的作用,描述计算机和移动终端的基本工作原理 2.3 通过分析物联网应用实例,知道信息系统和外部世界的连接方式,了解常见的传感与控制机制 2.4 观察日常生活中的信息系统,理解计算机网络在信息系统中的作用,通过组建小型无线网络,了解常见网络设备的功能,知道接入方式、带宽等因素对信息系统的影响 2.5 通过分析常见的信息系统,理解软件在信息系统中的作用,借助软件工具与平台开发网络应用软件	7课时
	信息安全与信息社会责任	2.6 在日常生活与学习中,合理使用信息系统,负责任地发布、使用与传播信息,自觉遵守信息社会中的道德准则和法律法规 2.7 认识到信息系统应用过程中存在的风险,熟悉信息系统安全防范的常用技术方法,养成规范的信息系统操作习惯,树立信息安全意识	1课时
	综合活动	2.8 通过搭建小型信息系统的综合活动,体验信息系统的工作过程,认识信息系统在社会应用中的优势与局限性	3课时

教学案例见表 4-7 和表 4-8。

表 4-7 项目教学案例——必修课程模块 2 中"探索信息系统功能"项目活动

所属模块	必修课程模块 2：信息系统与社会
内容标准	2.5 通过分析常见的信息系统，理解软件在信息系统中的作用，借助软件工具与平台开发网络应用软件。 2.6 在日常生活与学习中，合理使用信息系统，负责任地发布、使用与传播信息，自觉遵守信息社会中的道德准则和法律法规。
知识目标	1.根据实际应用了解信息系统的基本功能； 2.区分不同功能类型信息系统的工作原理； 3.体验不同功能类型信息系统的应用方法； 4.形成利用信息系统进行决策、咨询的意识。 概念：信息系统，信息社会，责任。 技能：对生活中典型信息系统懂得体验与感知的能力；学会分析信息系统问题的能力；对信息系统工作原理有基本理解的能力；能形成社会责任意识的能力。 理论：系统论。 元素：信息系统、信息社会。 实验：中小学生心理测试系统。
方法目标	学科方法：系统程序体验方法。 学科探究：数据库管理系统的实验探究。
能力目标	发现问题：对典型系统的案例进行体验与分析，引导学生发现系统差异。 提出问题：什么是信息系统？信息系统的工作原理是什么？ 分析问题：信息系统的组成；信息系统的工作原理；信息社会的特征。 解决问题：形成信息系统意识，合理使用信息系统解决生活、学习中的问题，理解信息社会的特征，具备信息社会责任意识。
素养目标	学科素养： 1.根据受众的阅读操作习惯，选择恰当的方式进行有效的交流。（信息意识） 2.针对给定的任务进行需求分析，明确需要解决问题的关键要素，能选择合适的数据形态进行表达。（计算思维） 3.应用基本算法设计解决问题的方案，使用编程语言或其他数字化工具实现这一方案。（计算思维） 4.针对具体的学习任务，运用一定的数字化学习策略管理学习过程与资源，完成学习任务，创作作品。（数字化学习与创新） 5.在信息交流或合作中，尊重不同的信息交流主体，积极主动地沟通交流、合作分享。（信息社会责任） 学科德育： 在案例学习中，强化学生的知识产权意识和网络道德意识，有目的、有计划地寓德育于教学之中，达到教学与育人的双重功效。 学科情感： 体验信息系统蕴含的文化内涵，激发并保持学生对信息系统原理的求知欲，提高学生信息社会责任意识。 学科价值观： 借助案例教学，激发学生对信息系统的求知欲；加强学生软件知识版权教育，提醒学生在信息潮流中要学会保护自己的知识产权，在掌握技术后更要慎独和自律，做一个遵纪守法和敢于担当的信息社会公民。

表 4-8 "探索信息系统的功能"教学过程

实施环节	活动内容	阶段目标	学科核心素养
明确活动主题：了解信息系统功能，引入不同类型的信息系统	信息系统是信息社会的重要组成机构，各种类型的信息处理功能不仅可以提高人们通讯、出行、图书、人事等信息管理的效率，还可以提供天气、理财、心理等信息咨询服务，提高生活、学习、工作的质量。 不同信息系统虽然有不同的用途，但都有最基本的信息处理功能。 学生围绕着"社会生活中常见的信息系统有哪些？这些系统具有哪些功能，特别是最突出的功能？"开展讨论。	学生对信息系统有了更进一步的认识，进而产生去探究信息系统功能的学习欲，明确本节课的学习目标。	上述核心素养中的第1、3、4条。
体验学习：体验信息系统的事务处理与信息管理功能	通过具体案例"心理测试系统""电子商务系统""网络订票系统""图书管理系统""门禁系统"等系统的探索，激发学生求知的欲望，引导学生总结归纳信息系统的组成要素，了解信息系统的常见功能，以及它们对人们日常生活与学习的作用。 "问卷调查——对信息系统的功能需求"。 结合问卷星调查系统，开展对信息系统的功能需求。 结合生活、学习需要，调查同学们对信息系统的功能需求，进行分类管理，分析信息系统功能的共性与个性。	学生体验不同功能类型的信息系统，探究其工作原理，提高选用信息系统解决问题的意识。	上述核心素养中的第2、3、4条。

续表

实施环节	活动内容	阶段目标	学科核心素养
实践学习：使用智能的决策支持系统和专家系统解决问题。	在考察图书管理系统过程中，同学们对各种信息系统的功能产生了疑问。发现门禁系统可以自动开门，图书管理系统可以管理、借阅图书，心理专家系统可以为治疗心理疾病提供参考建议。使用学校的心理测试系统（中小学生心理测评软件），体验这些信息系统是如何采集个人的测试数据，得出了怎样的结论，给出了怎样的建议，并探讨这些结论得出的原理是什么。 1.选择合适的心理测评系统。观察这些信息系统有哪些测评项目。 2.尝试进行心理测评。开展心理测评体验，对测评结果进行诊断。	在实践中带着问题去探索，结合学生现有的软件使用经验，自主学习了解心理测试系统，理解软件在信息系统中的作用。	上述核心素养中的第2、3、4条。
梳理知识地图，形成知识体系。	通过知识地图，我们可以对信息系统的组成、特点、功能、类型等进行知识梳理与关系分析，有助于形成完整的信息系统知识体系。	对信息系统知识概况。	上述核心素养中的第1、3、4、5条。
项目实验	信息系统，例如"心理测试系统""电子商务系统""网络订票系统""图书管理系统""门禁系统"等系统，任意选择某个信息系统，深入探索，借助网络平台开发软件 Python 集成开发工具，探索平台的开发与应用。 Python 项目下的微项目学习，Python 开源项目（https://www.python.org/）。	项目实验，有能力的学生可以借助平台开发应用软件，深入学习并试着开发，提升学生的创新意识与创新能力。	上述核心素养中的第2、3、4条。

三、教学评价与管理

(一)教学评价

厦门市同安实验中学尊重教与学的多元与差异,主张从重结果转向重过程,从单一评价转向多元评价。主张围绕学生的自主学习、合作学习中的具体表现、知识建构状况等方面进行评价。在教学评价中重视师生合作,重视结果与过程的统一,引导学生从不同角度欣赏自我,开发潜能,并引导师生理解、赏识、评价其他师生,使教学评价从封闭走向开放,从一元走向多元,师生成为真善美的体验者与实践者,从而丰富和拓展教学评价的作用。

课堂教学评价不仅要关注教师教的活动,而且要关注学生的学习活动,同时教与学的互动也应作为重要的评价内容。教的评价内容有教学目标、教学设计、教学方式、教学过程、教师提问、随堂智慧、教学效果等;学的评价内容有学习方式、学生参与、生生讨论、学生提问等;教与学互动的评价内容有师生关系、课堂氛围、师生互动、生成成果等。具体评价框架如表4-9所示。

表 4-9 厦门市同安实验中学课堂教学评价体系

指标	指标要素	指标描述
教师的教	目标确定	明确、具体、可测
	内容设计	开放、生成、流动
	技术运用	关联性、新颖性、多样性
学生的学	学习方式	自主、合作、探究
	学习效果	学会、学好
师生互动	提问应答	启发性、挑战性、全体性
	活动引导	任务、责任、路径、时效
	评价反馈	多元、差异、正向
生生互动	合作研讨	团结、互助、共享
课堂情感	学习状态	有动力、有精力、有活力
	学习体验	感悟、愉悦
课堂文化	气氛营造	活跃、轻松、和谐
	秩序调节	规范、灵活、机智

（二）教学管理

教学管理是学校管理的核心，有效的教学管理能极大地提高教学效率，融洽师生关系，落实教学目标。教学管理是运用管理科学和教学论的原理与方法，充分发挥计划、组织、协调、控制等管理职能，对教学过程各要素加以统筹，使之有序运行，提高效能的过程。教学管理涉及教学计划管理、教学组织管理、教学质量管理等基本环节。

厦门市同安实验中学教学管理遵循治理与办学相统一、依法与遵规相统一和民主与科学相统一的学校治理观。管理内容包括过程管理、业务管理、质量管理和监控管理。下面是《厦门市同安实验中学教学管理制度（修订稿）》的目录。

❈ 厦门市同安实验中学教学管理制度（修订稿）目录

第一章　学校
第二章　教务科
第三章　教研组
第四章　备课组
第五章　教师
第六章　学生
第七章　常规考评

下面是《厦门市同安实验中学教学管理制度（修订稿）》的部分内容。

❈ 厦门市同安实验中学教学管理制度（修订稿）（节选）

根据基础教育课程和课程改革的实际需要，为深入贯彻和落实中共中央、国务院《基础教育课程改革纲要（试行）》《关于深化教育改革，全面推进素质教育的决定》，进一步加强我校教学常规管理，规范教学行为，践行"启思明德，悟理达行"办学思想，保证学校的正常教学秩序，推进教育教学改革的深入，全面实施素质教育，促进学校教学质量稳定发展，特制订本制度。

第一章　学校

第一条　学校教学工作要全面贯彻党的教育方针，根据基础教育课程改革和课程改革的精神和要求，积极转变教育思想，更新教育观念，面向全体学生，加强学生思想品德教育，重视培养学生的创新精神和实践能力，全面推进素质教育，为学生全面发展和终身发展奠定基础，努力培养造就有理想、有道德、有文化、有纪律的一代新人。学校要依法规范办学行为，加强对教学过程的全程管理，根据实施新课程的需要重新建立教学管理制度，制定学年和学期教学工作计划，并认真组织实施。

第二条　必须严格执行省颁课程计划。根据省颁课程计划，完善教育行政管理，制订合理、科学的课程实施计划，包括课程门类、课时分配、周课程表，作息时间表、活动安排总表及课程实施要求与评价建议等内容；开齐、开足、开好各门课程，不得随意增删各科教学课时数。未经教育行政主管部门批准，任何部门不得打乱正常教学秩序，不得随意变更教师的工作岗位，不得随意调整课程构架，学生因为参加校外活动，的确需要改动课程计划的，必须经市教育行政部门同意审批，方可实施。

第三条　校长是学校教学工作的第一责任人。校长要深入教学第一线，要真正确立科研兴校的办学理念，建立教学研究的导向机制、激励机制和保障机制；积极思考教育教学前沿性问题，主要精力应投入到教育教学领域。要采取切实有效措施，认真开展课程改革各项工作。校长每星期主持召开校务会议，整合研究、决策学校教学管理工作。每月至少主持召开二次有关教学工作专题会议，研究解决教学工作实际问题。学校领导每学期要分别召开一次教师、家长、学生座谈会，重视加强家校联系，听取教师、学生、家长对教学的意见，及时采取措施，纠正存在问题；要组织开展多形式多层次教研活动，学校每学年要召开一次教学研讨会或教学经验交流会，积极总结和推广教改成果。建立听课制度，学校领导每人每学期听课20节以上，分管教学校长、教务科主任每人每学期听课30节以上，要有听课笔记，从关注"教"转向关注学生的"学"，并注意与任课教师交换意见，以学论教。

第四条　教学管理部门要根据教育科研与学科教学的实际需要，按照管理的基本原则，建立和完善学校的常规教学的管理组织。按照在学校教学分管副校长的领导下，建立教研室、教研组、集备组三级教学教研管理机构，统筹负责学校的教育科研、教学管理工作，保证学校教学教研的秩序。

第五条 学校要大力加强教师队伍的职业素质的建设,引导教师树立"以人为本"的教育思想,努力提高教师的道德水平和业务水平,要紧密配合学校党委、教育工会,开展师德师风的建设活动,培养教师的爱岗敬业、乐于奉献的精神,培养教师爱生乐教、教学相长的专业态度,培养教师积极开拓、勇于创新的教风,在基础教育课程改革工作中,积极探索,认真实践,努力创造良好的教育教学业绩。

第六条 要坚持走科研兴校的道路,教学管理部门要把教育科研的管理作为教师队伍建设的重要工作载体。根据学校的教育教学的实际问题,结合教师队伍发展的实际需要,结合教育教学发展的基本要求,做好每个学年的学校课题研究、问题研究、专项研究的立项工作。积极为教师的教育科研的发展提供良好的平台,创造良好的环境,要进一步完善学校教育科研的管理机制,进一步提高教育科研的水平。

第七条 教务科要做好学校教学的具体管理、指导工作。学期初组织各教研组、年级组学科备课组制定教学教研活动计划并加以落实。要及时收集、分析、反馈学科教学情况,提出学科教学的改进意见。每学期要检查一次教师的教案、抽查学生的作业,对其中优秀的教案、作业,可组织展览或给予表扬。要认真组织好各科考试工作,并及时组织进行年级组学科的教学质量分析,抓好教学反馈。

第八条 积极探索科学的评价办法,发挥评价的教育功能,建立促进学生的全面发展的考试评价制度、评价体系,帮助学生树立自信心,促进学生积极主动地发展。要改变以学生学习成绩作为评定教师的唯一标准的做法,努力抓好高中学分制的实验工作,积累经验,充分发挥学分制在管理过程中的作用。学校要改革考试内容和方法,要采用形式多样的考试方式,使学生在考试中有展示特长和潜能的机会。部分学科可实行开卷考试,重视实验操作能力考查和外语听说能力考查。学校和教师不得以任何形式公布学生考试成绩和按考试结果公开排队。学校可以对期末试卷进行分析评分,推荐优秀试卷,提高教师的命题能力和水平。期末考试应按学科分年级进行质量分析,连同试卷作为资料存档。突出水平考试的性质,学生期末考试全科合格率达到85%以上。

第九条 要大力开展常规性的教学研究。建立以校为本的教研制度,开展形式多样、行之有效的校本培训。教研组每周必须定期开展一次教研活动,各学科每学期至少组织一次校级公开课,每学年至少举行一次面向片区和家长的学校教育教学开放周活动。在此基础上,组织一次校内教学经验交流会(研讨会)。学校要鼓励教师观察、发现教育教学中的问题,并进行整合,确定一至两项作为重点专题开展课题研究和教改实验。要积极创造条件,有目的、有计划地组织教师开展信息技术与其他学科教学的整合研究、创建与实验工作,开展网络环境下的学校教学改革,促进教师教法和学生学法的变革。要讲求实效,防止形式主义。特别重视帮助学生学会学习。

第十条 要以基础教育课程改革为核心,制订促进教师发展的评价具体方案、改革评价办法,形成以教师自评为主,学生、家长和学校管理者共同参与的评价机制,每年形成评价报告;引导教师对自己、同事的教学行为进行分析、反思与评价,提高教师专业水平;开展中学教师继续教育,制定持续、有效的师资培训计划;重视青年教师的培养,制订规划、落实措施,注意组织和选拔优秀青年教师参加高师教育硕士和研究生班的进修,组织教师参加教育主管部门举办的骨干教师研修班的学习,建立校内骨干教师培养的机制,做到立足于校本培养,建立多平台发展模式,培养一批高素质的中学骨干教师和学科带头人。

第十一条 要切实加强对学生用书的严格管理,严禁统一征订省颁教学用书目录以外的学生用书。学校的图书馆、实验室、电教室等都是重要的课程资源,要健全管理制度,充分发挥图书馆、实验室、专用教室、各类教学设施等资源的作用;要广泛利用校外图书馆、博物馆、展览馆等各种社会资源以及丰富的自然资源。要切实提高教学仪器设备、图书的使用效益。学生理化生实验开课率要达到100%,电脑室要保证学生每周至少有一节课以上利用电脑室、多媒体教室上课,不断加大校内外课程资源的有效利用。

第十二条 应建立、健全教师业务档案和学生学籍档案,档案要求完整、准确一致。每学年对每位教师进行一次业务考核,有关材料应存入业务档案,每位学生有关学籍管理的卡片、登记表、入学、转学、休学、借读等审批手续等必须开全,表册各项内容填写应该遵循厦门市教育局的学籍管理的制度和要求,做到完整、字迹工整、符合规范。各类档案应按相关要求及时做好存档工作。学生学籍档案要实行计算机管理。

第五节　启悟的学生发展

启悟教育认为,学生是生命个体,是学习主体,是生动群体。学生是生动的人、具体的人、是未完成的人、有待发展的人。学生人格独立,精神自由;学生是主动探索、主动建构、主动思考的认知主体;学生具有主观能动性、发展潜能、创造潜能。

学生的发展应是自由全面发展。"全面发展"指学生的生命质量的提高和生命价值的实现。生命质量提高表现为人的身体素质、心理素质、思想道德素质和科学文化素质等的发展和完善,以及各种素质之间的均衡协调发展。学生的全面发展最终要体现在价值的实现上,它标志着个人能够满足社会的某种需要,在某一方面有所成就,得到社会的认同。"自由发展"指学生个性的自由发展。学生个性的发展,从内容上体现为个人倾向性的充分展现和满足,个人气质、性格、能力更加完美,社会形象更加完善,以及各种个性要素的相互协调;从本质上来说,不但表现为个人主体性水平的全面提高,即人的自觉能动性、创造性和自主性的全面发展,而且表现为个性模式化、同步化、标准化的明显消除,打破个性的单调化、定型化,增加和丰富个人的独特性,使之充满生机和活力。全面发展是个体的社会化发展,是合目的、合理性的,符合社会发展的需求;自由发展是个体的个性化发展,是合规律、合价值的,符合个人发展的诉求。

在学校教育中,学生的发展都是通过课程来实现的,课程是培育人的主要载体和重要媒介。人的自由全面发展问题就是课程设置问题,即学校设置什么样的课程来保证学生既全面发展又自由发展。一方面,培育核心素养是学生全面发展的重要途径,主要通过国家课程和校本课程来实现。另一方面,培育个性素养是自由发展的重要途径,主要通过学校社团活动和各类校本课程来实现。厦门市同安实验中学学生发展培养体系如图4-14所示。

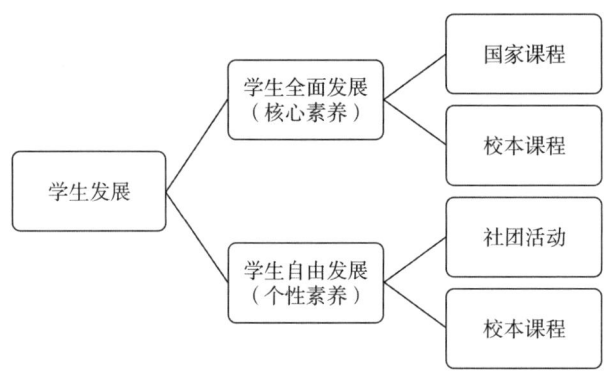

图 4-14　厦门市同安实验中学学生发展培养体系

一、学生全面发展

全面发展是指德智体美劳全面发展。全面发展的人就是和谐的人、社会的人、劳动的人、文明的人和自由的人。2016 年发布的《中国学生发展核心素养》指出,核心素养是以"全面发展的人"为中心,分为文化基础、自主发展、社会参与三个方面,综合表现为人文底蕴、科学精神、学会学习、健康生活、责任担当、实践创新六大素养,具体细化为国家认同等 18 个基本要点。学生发展核心素养指学生应具备的,能够适应终身发展和社会发展需要的必备品格和关键能力,是关于学生知识、技能、情感、态度、价值观等多方面要求的综合表现。

学生全面发展的过程就是培育学生发展核心素养的过程。核心素养的培育主要通过国家课程的学科核心素养的培育而完成。学科核心素养是学生发展核心素养的下位概念,对核心素养的形成起着支持支撑作用,二者有着直接的关联。2017 年发布的《普通高中课程方案(2017 年版)》和各学科课程标准(2017 年版),凝练出国家课程 20 门学科的学科核心素养共 84 条。有学者对学生发展核心素养的 18 个基本要点与国家课程的 84 条学科核心素养进行对接研究[1],得出以下结论(如表 4-10 所示)。

---

[1] 王卫华.普通高中学科核心素养与学生发展核心素养的对接探析[J].课程·教材·教法,2018(6):84-90.

表 4-10　学科核心素养与学生发展核心素养直接对应表

学科	文化基础							自主发展						社会参与					
	人文底蕴			科学精神			学会学习			健康生活			责任担当			实践创新		
	人文积淀	人文情怀	审美情趣	理性思维	批判质疑	勇于探究	乐学善学	勤于反思	信息意识	珍爱生命	健全人格	自我管理	社会责任	国家认同	国际理解	劳动意识	问题解决	技术运用
语文	•		•	•	•									•	•			
数学				•		•											•	
思想政治				•	•								•	•				
历史		•				•								•				
地理						•								•	•			
物理				•		•											•	
化学				•		•											•	
生物				•		•								•				
体育与健康										•								
美术	•		•											•				
音乐	•		•															
信息技术				•			•		•				•					•
通用技术																•	•	•
外语	•			•			•							•				

从表 4-10 可以看出,学生发展核心素养的 18 个基础要点中,理性思维、勇于探究、社会责任、批判质疑、问题解决、人文积淀、国际理解、审美情趣、乐学善学、国家认同和信息意识等 11 个要点在国家课程实施中能够得到较好的训练与培育。其他如人文情怀、勤于反思、珍爱生命、劳动意识、技术运用、健全人格和自我管理等 7 个要点在国家课程实施中较少或没有涉及。

此外,在义务教育阶段的国家课程实施中,有学者研究北京市义务教育阶段学业标准和学生发展核心素养的直接对接关系[①],也得出了义务教

---

① 张咏梅,胡进,田一,等.学生发展核心素养应用路径的实证研究——以北京市义务教育阶段学业标准为载体[J].教育科学研究,2018(01):15-24.

育阶段国家课程实施中,学生发展核心素养中的人文情怀、健全人格、勤于反思、自我管理和劳动意识等 5 个基础要点较少或没有涉及的结论。

无论是义务教育阶段还是普通高中阶段,国家课程均无法完全训练或培育核心素养中的全部 18 个基础要点。这时,学校需要开发校本课程,并付诸实施,才能培养学生发展核心素养,才能培养全面发展的人。校本课程的开发直接面向人文情怀、勤于反思、珍爱生命、劳动意识、技术运用、健全人格和自我管理等 7 个要点。

根据《中国学生发展核心素养》,人文情怀的重点是:具有以人为本的意识,尊重、维护人的尊严和价值,能关切人的生存、发展和幸福等。勤于反思的重点是:具有对自己的学习状态进行审视的意识和习惯,善于总结经验,能够根据不同情境和自身实际,选择或调整学习策略和方法等。珍爱生命的重点是:理解生命意义和人生价值,具有安全意识与自我保护能力,掌握适合自身的运动方法和技能,养成健康文明的行为习惯和生活方式等。劳动意识的重点是:尊重劳动,具有积极的劳动态度和良好的劳动习惯,具有动手操作能力,掌握一定的劳动技能,能将创意和方案转化为有形物品或对已有物品进行改进与优化等;在主动参加的家务劳动、生产劳动、公益活动和社会实践中,具有改进和创新劳动方式、提高劳动效率的意识,具有通过诚实合法劳动创造成功生活的意识和行动等。技术应用的重点是:理解技术与人类文明的有机联系,具有学习掌握技术的兴趣和意愿,具有工程思维,能将创意和方案转化为有形物品或对已有物品进行改进与优化等。健全人格的重点是:具有积极的心理品质,自信自爱,坚韧乐观,有自制力,能调节和管理自己的情绪,具有抗挫折能力等。自我管理的重点是:能正确认识与评估自我,依据自身个性和潜质选择适合的发展方向;合理分配和使用时间与精力,具有达成目标的持续行动力等。

在针对学生全面发展的校本课程实施中,由于国家课程的核心地位,其占据了大量的课时,结果是校本课程的课时容量极少。以我校高中阶段为例,学生在高中三年可选择 6 门校本课程进行学习,除去必选校本课程"校园邮话"和"心的探索"外,只剩下 4 门校本课程可选。这时,开发实施时间灵活、实施形式多样的活动课程尤为重要且实用。针对上述 7 个较少或没有涉及的学生发展核心素养要点,学校开设相关校本课程或交由国家课程进行培育发展(如表 4-11 所示),开设校本活动课程既不挤占国家课程实施时间,又能取得良好效果。

表 4-11　厦门市同安实验中学学生全面发展补充课程体系

素养要点	开设课程
人文情怀	校园艺术节、开学典礼、毕业典礼、十八岁成人礼、读书节、集邮、志愿者服务、社区服务
勤于反思	由国家课程学科教师培养学生的"元学习管理"、读书节
珍爱生命	校本必修心理课程"心的探索"、十八岁成人礼、校本课程"生命教育"系列
劳动意识	国家课程"通用技术"、参与学校卫生保洁、劳动教育课程
技术运用	国家课程"通用技术"与"信息技术"、科技节
健全人格	校本必修心理课程"心的探索"、十八岁成人礼、校本课程"生命教育"系列、社区服务
自我管理	研学实践、夏令营心理拓展、新生军训、校运会

下面以"十八岁成人礼"活动课程为例,进行简要说明。每年我校都为高三学子举办十八岁成人礼,时间大约在每年 12 月,地点在同安孔庙。成人礼是学校文化建设的重要内容,也是传承我国优秀传统文化的重要举措。成人礼在孔庙举行,活动设计隆重热烈,邀请家长、校友、社会名流参加,意在为高三学子加油鼓劲,让孩子感受亲情、体验过程。成人意味着责任和担当、意味着长大与成才、意味着拼搏与坚强。成人礼对培育学生的人文情怀、珍爱生命和健全人格等素养要点有着明显的作用。

成人礼之前,需要一些前期准备:一是开展"我的十八岁感言"征文活动;二是各班出一期主题为"成德达材"的黑板报;三是各班在举行以"成德达材"为主题的班会活动;四是每位同学给父母写一封信——《爸爸妈妈请听听我的成人宣言》,各位家长也给自己的孩子写一封信——《寄语成人的你》。

❋ 厦门市同安实验中学 2020 届高三年十八岁传统成人礼活动议程

主持人:团委副书记王晓露老师

1.介绍主席台就座的来宾与领导、家长代表。

2.全体肃立,奏唱国歌。

3.领导勉励——厦门市同安实验中学陈长兴校长致辞。

4.学长祝福——优秀校友寄语。

5.孔庙介绍——黄亚彬老师致辞。

6.为学生举行传统成人礼。

(1)冠者、笄者入场就位;

(2)赞者、执事入场就位,敬香,献花篮;

(3)四拜先师——孔子;

(4)师长致辞(师长代表致辞);

(5)加冠、加笄(男女老师各四个);

(6)醮酒;

(7)家长颁受成人证书;

(8)拜师长、父母,行敬茶礼;

(9)相互交换信件,家长可回礼纪念(推荐);

(10)聆训:学生家长代表致辞;

(11)学生代表畅谈心声——学生代表发言;

(12)拜先祖;

(13)集体齐诵《论语》片段;

(14)受礼:赠发《宪法》、纪念品;

(15)手持《宪法》面向国旗宣誓;

(16)礼成,入圣殿仰至圣先师祈愿,击鼓立志。

7.全体教师、家长带孩子走青云路,过"成人门"仪式,分发橘子。

8.张贴祈学牌。

9.各班拍成人照,宣布成人宣誓仪式结束。

下面是笔者的讲话稿。

成德达材
——厦门市同安实验中学2020届高三年成人礼校长讲话稿

陈长兴

尊敬的各位领导、来宾,各位家长朋友们,老师、同学们:

大家好!今天我们齐聚在庄严肃穆的孔庙里,为同学们隆重举行"成德达材"厦门市同安实验中学2020届高三年十八岁成人礼。在这个具有特殊意义的日子里,我代表学校全体师生员工向同学们表示衷心的祝贺!向关注学校发展、关爱同学们成长的领导们、家长们表示诚挚的问候和衷心的感谢!

  18岁的年华,正是早晨八九点钟的太阳,看到你们充满朝气,充满活力,充满梦想,我更加坚信"青年一代有理想、有担当,国家就有前途,民族就有希望"。此时此刻,我和所有的家长、老师、亲友们一样,由衷地为你们感到高兴。

  希望同学们传承传统文化,做一名出彩的中国人。子曰:"人能弘道,非道弘人。"希望同学们增强民族自豪感,树立文化自信,坚持古为今用、推陈出新,加强对中华优秀传统文化的学习,身体力行社会主义核心价值观,修德、立志、勤奋、坚毅,成长为中国特色社会主义事业的建设者和接班人。

  希望同学们矢志拼搏奋斗,做一名优秀的同安实验人。正如习近平总书记指出的:"人的一生只有一次青春。现在,青春是用来奋斗的;将来,青春是用来回忆的。"希望同学们珍惜青春,加倍刻苦学习,历练宠辱不惊的心理素质,坚定百折不挠的进取意志,保持乐观向上的精神状态,打赢高考这一仗。当你们披荆斩棘、迈向成功巅峰的时候,始终不忘初心,朝着自己的梦想前行,用奋斗的人生回报学校、回报社会。今天你们以学校为荣,明天学校以你们为傲!

  希望同学们勇于担当责任,做一名合格的成年人。梁启超先生曾说:"人生于天地之间,各有责任。知责任者,大丈夫之始也。行责任者,大丈夫之终也。"到了18岁,你们要勤于修身,对自己负责任,敏而好学,见贤思齐,努力成长为一个自强自立的人;要乐于"齐家",对家庭负责任,承担家务,孝敬父母,关爱家人,不辜负父母的养育之恩;要志于"治国平天下",对国家和社会负责任,以"天下兴亡,匹夫有责"的情怀,"为天地立心,为生民立命,为往圣继绝学,为万世开太平"。

  同学们,我们的国家正在走向繁荣富强,我们的民族正在走向伟大复兴。你们的人生旅程必将经历时代的光荣,也必须担负历史的重任。希望大家郑重对待自己的18岁,扣好人生第一粒扣子,郑重对待这庄严的时刻。从此刻起,同学们要更加自信自强,更加奋发有为,用责任和担当书写出彩人生,紧跟时代而前行,为实现中华民族伟大复兴的中国梦汇聚起源源不断的青春力量!

  最后,祝同学们学习进步、生活愉快、梦想成真!

  谢谢大家!

当然，在促进学生全面发展过程中，国家课程的实施居于主导地位，校本课程的实施只是补充与辅助。学生的全面发展是国家意志的体现，是党的教育方针的要求，是学校教育的主要任务。

二、学生自由发展

学生自由发展就是学生的个性发展。个性发展使学生成为自己，成为与众不同的人，成为独特的、有鲜活生命的人。促进学生自由发展也是学校教育的重要任务之一。个性发展是指个体在需求、生活习惯、性格、能力、兴趣等方面形成稳定的心理特征。全面发展与个性发展之间不是对立关系，而是辩证统一的关系，全面发展是个性发展的基础与前提，个性发展是在全面发展基础上的选择性发展。

促进学生自由发展意味着尊重多元与差异。主要表现在：为个体发展其所具有的某些先天的生理优势创造条件，促进个体形成在相应领域的特殊技能或能力；根据能够提供的可能性，激发个体的需求并提高需求的层次；尊重和培养个体的兴趣，努力创造良好的环境，提高个体的能力并使其能力得到充分发挥。

需要指出的是，学生自由发展应当体现在"才"的自由发展，而不是"德"的自由发展。学校尊重但不鼓励价值多元，提倡思想自由但反对思想极端。学校必须贯彻党的教育方针，落实立德树人根本任务。学校教育必须为人民服务，为中国共产党治国理政服务，为巩固和发展中国特色社会主义制度服务，为改革开放和社会主义现代化建设服务。

培养学生自由发展主要有两个渠道，分别是校本课程和社团活动。校本课程方面，如前所述，厦门市同安实验中学校开发了56门文本课程和15门活动课程，共71门校本课程，包含启思类、明德类、悟理类和达行类等四大类课程，满足了学生的多样化选择需求，极大地促进学生的个性发展。另一个培养渠道是社团活动。学生社团是学生根据自己的要求，以共同的理想、积极的兴趣为动机，为实现自身的需要或目的而自由结合的青少年群众性团体。社团活动是学生成长的阶梯，是课堂教学的延伸，是一个展现自我、张扬个性、培养能力和发展智力的有效路径。目前，我校社团主要有两种存在形式。一种是由学校组建的社团，组建目的是在丰富学生的课外生活的同时，能够代表学校参加各类比赛竞赛，这类社团对学生的个人素质要求较高，参与人数有限。第二种是学生自发组织的社团，他们主要是由共同的爱好和兴趣而走在一起,目的是激发兴趣,提高个人综合素质,丰富校园生活。

从广义上说,社团活动也是学校另一种类型的课程,是有组织的学生学习活动。社团活动本质上是创生性的学习活动,体现在目标的创生性、内容的创生性、实施的创生性和评价的创生性。在厦门市同安实验中学,学生社团活动没有纳入课程管理,没有计入学分。这是基于社团活动创生特性方面的考虑,也是基于学生真正的自由发展层面的考虑。

学校仅从宏观上对学生社团活动进行必要的管理。一是设立社团活动章程。各社团均要设立社团活动章程,在章程内明确规定社团名称、社团性质、社团目标、社团宗旨、社团成员的权利和义务、组织机构和负责人的产生及罢免、社团活动的开展、财物管理和指导老师职责等方面内容。二是明确社团管理机构。学校团委负责日常事务管理。三是明确社团运行机制。在社团运行上,团委下设社团联合会,对学生社团进行规范管理。每学年开学,根据学生社团提交的活动计划书,学校团委拟定校内或校外指导教师名单,报请校务会审议通过,制定社团活动计划。

下面是 L.C 舞社章程。

※ L.C 舞社章程

第一章 关于本社

1.本社名为"L.C 舞社"Loving Center。

2.本社团的性质为:由学生自愿组成并组织管理,为实现成员的共同意愿,在遵守国家法律法规及学校规章制度的前提下,开展校园活动的非营利性艺术类组织。

3.本社团的目标为让更多热爱舞蹈的人都在舞台中央展示自我。

4.本社团的宗旨为在一切场合遵守宪法法律、法规、道德,遵守校团委,社联的规定下尽可能在其范围内提高社员的能力及各方面的艺术修养,以达到社团的目标。

5.本社团是在学校的领导监管下,受指导老师及负责老师的指导,由学生会监督管理。

第二章 关于入社

一、条件

凡能遵守国家宪法及法律法规,遵守校学生会、校团委及校社联规定,承认本章程及管理协议,自愿履行社团义务,热爱舞蹈,肢体协调者,均可申请加入。

二、程序

1.填写申请表。

2.经社团管理人员商讨通过。

3.报告社团内部统计备案。

三、关于义务

1.遵守学校、社联会及社团内部各项制度及本章程。

2.执行本社团的各项决议。

3.维护社联及本社团的合法权益。

4.积极参与社团活动。

5.社团活动不参加务必事先向管理员请假,超过三次自动退出。

6.社团人员同荣共耻,禁止私人情绪带入公事。

四、关于退社

1.由本人主动提出。

2.严重违反社规、章程。

3.因性格、意见不合而影响社团活动者,双方视为自动退社。

4.无故缺席社团活动三次视为自动退社。

第三章　社团管理

一、制定和修改章程、社规。

二、选举和罢免社团管理人员。

三、财务报告及工作报告。

四、目标、发展方向、计划。

第四章　部门及人员

一、舞蹈部

1.涵盖舞蹈种类众多,从古至今,从柔至刚,都是社员。

2.舞蹈部人员走个人适合的风格即可,无须细分。

二、后期部

1.负责拍摄,录制舞蹈。

2.硬件要求有拍摄机器。

3.软件要求懂得一些拍摄技巧,且有耐心。

第五章　社团活动

一、活动范围在必要限定内,如:法律法规、校规及本章程。

二、在经费可支及决议范围内。

第六章　财务管理

一、社团人员自主筹集。

二、学校经费（非必要活动所需不申请）。

第七章　关于本条例

一、仅限于本社团内部。

二、所涉及事项及本条例最终解释权归本社所有。

本学年社团活动计划如表 4-12 所示。

表 4-12　厦门市同安实验中学 2019—2020 年学生社团活动安排表

社团	社长（略去姓名）	活动时间	活动地点	指导老师（略去姓名）
青年志愿者协会		视具体活动而定	小白鹭服务站	
cosplay 社		周三中午	原社团活动室	
乒乓球爱好者联盟		周二中午	跃华馆	
手工制作社		双周周日下午 3:00—5:30	格物楼三楼美术室	
广播站		周一至周五中午	行政楼一楼广播室	
百川古风社		周四中午	格物楼二楼社团活动室	
足球社		周一下午第四节	大操场	
美食社		周二中午	格物楼二楼社团活动室	
集邮社		周一下午第四节 周六上午 9:30	少年邮局	
书法社		周一中午	荔园书法社	
吉他社		周一下午第四节	格物楼二楼社团活动室	
推理社		周二下午第四节	格物楼四楼美术室	
跑步社		周三下午第四节	大操场	

续表

社团	社长（略去姓名）	活动时间	活动地点	指导老师（略去姓名）
篮球社		周三下午第四节	篮球场	
荔园文学社		周四下午第四节	格物楼二楼社团活动室	
生命科学社		周三下午第四节	生物实验室	
世界语言社		周三下午第四节	格物楼二楼社团活动室	
环保社		周一中午	小白鹭服务站	
智能车爱好者联盟		周二下午第四节	启微工作室	
摄影社		周二下午第四节	格物楼二楼社团活动室	
SAR 歌唱社		周一中午	格物楼二楼社团活动室	
黑风音乐社		周二中午	格物楼二楼社团活动室	
魔方社		周四中午	小白鹭服务站	
未来画家集中营		周四中午	美术教室	
L.C 舞社		周五下午第四节	图书馆五楼音乐室	

此外,学校每年的"三节"(体育节、科技节和艺术节)和学科竞赛为学生自由发展提供了展示的舞台。

第六节 启悟的教师发展

"国将兴,必贵师而重傅。"教师承担着传播知识、传播思想、传播真理的历史使命,肩负着塑造灵魂、塑造生命、塑造人的时代重任,是教育发展的第一资源,是国家富强、民族振兴、人民幸福的重要基石。学校不仅是学生生命成长的地方,也是教师发展、教师生命价值实现的场所。

从学校层面来说,教师的发展关系到学校的发展,关系到学生的发展,关系到学校教育目标能否达成,关系到教育改革能否顺利进行。教师作为学校最富有生命力、最富有创造力、最富有想象力的教育资源,直接影响着学校的办学效益和办学水平。学校教师发展理想目标是建设一支师德高尚、业务精湛、精神独立、思想活跃、结构合理、朝气蓬勃的师资队伍。师资队伍建设的理想状态是教师在岗位上有幸福感、事业上有成就感、社会上有荣誉感。在学校中,成就感来自教师的专业发展水平,幸福感来自教师的自由发展水平。

厦门市同安实验中学教师发展培养体系的依据有三:一是习近平总书记提出的关于教师的"四有"好教师和"四个引路人"的重要论述;二是2012年发布的《中学教师专业标准(试行)》和2018年颁布的《中共中央国务院关于全面深化新时代教师队伍建设改革的意见》;三是西方学者关于教师发展的理论,主要是"实践兴趣"范式和"解放兴趣"范式。

2014年,习近平总书记提出了好教师的四个特质:好教师要有理想信念,好教师要有道德情操,好教师要有扎实学识,好教师要有仁爱之心。2016年习近平总书记指出,广大教师要做学生锤炼品格的引路人,做学生学习知识的引路人,做学生创新思维的引路人,做学生奉献祖国的引路人。习近平总书记关于"四有"好教师和"四个引路人"的提出,代表了党和国家对我国教师发展新的要求和希望。这一要求是适应新的教育变革的要求,是引领新时期教师发展的重要指导思想。

2012年公布的《中学教师专业标准(试行)》提出了教师发展的基本理念和基本内容,其中教师发展的基本理念主要包括四个维度:一是学生为本;二是师德为先;三是能力为重;四是终身学习。教师发展的基本内容主要包括三个维度和13个领域:一是专业理念与师德;二是专业知识;三是专业能力。专业理念和师德维度主要包括:职业理解与认知、学生态度与行为、教育教学态度与行为、个人修养与行为等4个领域;专业知识维度主要包括:学生发展知识、学科知识、教育教学知识、通识知识等4个领域;专业能力维度主要包括:教育教学设计、组织与实施、激励与评价、沟通与合作、反思与发展等5个领域。教师专业发展标准从教师必备的哲学素养、基础素养、关键素养和发展素养等四个方面对教师发展的基本理念做了规定。而教师专业标准基本内容的三个维度则是从教师专业发展的必要性、基础性和关键性能力角度对教师发展做了能力发展的基本要求。教师专业发展标准的基本内容,指出了教师专业发展的基础性和必要性的能力要求。2018年颁布的《中共中央国务院关于全面深化新时代教师队伍建设改革的意见》指出,到2035年,教师综合素质、专业化水平和创新能力大幅提升,培养造就数以百万计的骨干教师、数以十万计的卓越教师、数以万计的教育家型教师。教师管理体制机制科学高效,实现教师队伍治理体系和治理能力现代化。教师主动适应信息化、人工智能等新技术变革,积极有效开展教育教学。

"实践兴趣"范式认为,教师的素养是通过教师重视实践情境,并在与实践情境的互动中理解实践情境、通过反思自身实践经验而获得发展的,核心是教师的实践能力与研究能力。教师的知识本质上是个人实践知识。教师培养应该走向实践,以理解或解释实践为要旨。教师发展的目的是培养教师研究与改善教育实践的能力,其能力来源于教师的经验与实践。因此,教师是研究者和反思性实践者。"解放兴趣"范式认为,教师的素养即教师的自由人格、反思意识和反思性实践能力的融合。教师知识的核心是自我知识和反思素养。教师培养的核心是个性自由、自我建构和权力赋予。教师教育的目的在于培养教师的自我反思和研究能力、批判意识和反思性实践能力。"实践兴趣"范式指向教师的专业化发展;"解放兴趣"指向教师的后专业化发展,即自由发展。

在学校中,学生发展和教师发展是一个问题的两个方面。学生发展即是学生的全面发展和自由发展,教师的发展就是教师的专业发展和自由发展。教师的专业发展与自由发展存在不可分割的联系,二者互为基础、相互影响、彼此融合,辩证统一。教师的专业发展必须以自由发展为基础,将专业自由、自主与社会责任化为一体,最终指向教师的自由发展。我校的教师发展建设体系如图4-15所示。

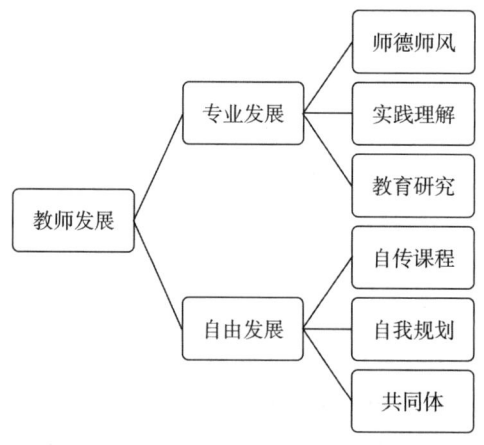

图4-15　厦门市同安实验中学教师发展建设体系

一、教师专业发展

从理论上说,教师专业发展是教师通过独特而复杂的教育实践情境,不断进行的实践行动的反思和研究的过程,由教师的实践知识、实践判断和智慧、实践反思和研究能力等所构成。从实践层面来看,教师专业发展指教师在其职业生涯中,基于个体经验,依据职业发展规律不断提升、改进自我,以顺应职业发展需要的过程。教师的专业发展可以从师德师风、实践理解和教育研究三个方面展开。

(一)师德师风

师德是教师具备的最基本的道德素养,师风是教师职业的风尚风气。师德师风表现为爱岗敬业、教书育人、为人师表、诲人不倦、有教无类等。师德师风建设是教师发展的基础和保障。

首先,师德师风建设要加强党的领导。将全面从严治党要求落实到每个教师党支部和教师党员,把党的政治建设摆在首位,用习近平新时代中国特色社会主义思想武装头脑,充分发挥教师党支部教育管理监督党员和宣传引导凝聚师生的战斗堡垒作用,充分发挥党员教师的先锋模范作用。坚持党的组织生活各项制度,创新方式方法,增强党的组织生活活力。健全主题党日活动制度,加强党员教师日常管理监督。引导党员教师增强政治意识、大局意识、核心意识、看齐意识,敬业修德,奉献社会,争做"四有"好教师和"四个引路人"的示范标杆。健全把骨干教师培养成党员,把党员教师培养成教学、科研、管理骨干的"双培养"机制。

其次,师德师风建设要提高教师的思想政治素质。要加强理想信念教育,深入学习领会习近平新时代中国特色社会主义思想,引导教师树立正确的历史观、民族观、国家观、文化观,坚定中国特色社会主义道路自信、理论自信、制度自信、文化自信。引导教师准确理解和把握社会主义核心价值观的深刻内涵,增强价值判断、选择、塑造能力,带头践行社会主义核心价值观。引导教师充分认识中国教育辉煌成就,扎根中国大地,办好中国教育。加强中华优秀传统文化和革命文化、社会主义先进文化教育,弘扬爱国主义精神,引导教师热爱祖国、奉献祖国。推动教师充分了解党情、国情、社情、民情,增强思想政治工作的针对性和实效性。着眼青年教师群体特点,有针对性地加强思想政治教育。对教师要在政治上充分信任,思想上主动引导,工作上创造条件,生活上关心照顾,使思想政治工作接地气、入人心。

最后,师德师风建设要弘扬高尚师德。要健全师德建设长效机制,推动师德建设常态化、长效化,创新师德教育,完善师德规范,引导教师以德立身、以德立学、以德施教、以德育德,坚持教书与育人相统一、言传与身教相统一、潜心问道与关注社会相统一、学术自由与学术规范相统一,争做"四有"好教师,全心全意做学生锤炼品格、学习知识、创新思维、奉献祖国的引路人。发掘师德典型、讲好师德故事,加强引领,注重感召,弘扬楷模,形成强大正能量。注重加强对教师思想政治素质、师德师风等的监察监督,强化师德考评,体现奖优罚劣,着力解决师德失范、学术不端等问题。

(二)实践理解

教师的本职工作是教育实施、教育实践。在教育过程中发展学生的同时发展自己,合情合理、必要且自然。教育过程是复杂的、不确定的、不稳定的、独特的、充满价值冲突的实践过程,是教师和学生通过互动而达成共识、获得理解的过程。教育即"实践",教师即"反思性实践者",教师发展就是通过对实践过程和经验的研究与反思,发展教师实践智慧和专业伦理的过程。

实践理解就是实践与对实践的理解。教师的所有教育活动皆可称之为实践。借鉴福建省教师技能大赛的评价内容,对实践的理解可以归纳为课程理解、育人技能、评价技能和学科技能等四个个方面。课程理解就是对课程标准的理解与解读;育人技能就是按课程标准的要求进行课程育人;评价技能就是按学生发展核心素养进行评课活动;学科技能就是教师必须拥有的相应学科专项技能。下面是我校教师发展之实践理解培养方案(以高中语文学科为例)。

❋ 厦门市同安实验中学教师发展之实践理解培养方案(高中语文)

一、课程理解

《普通高中语文课程标准(2017版)》的理解和解读。采用书面作答形式。填空题主要为课程标准中关键概念、重要理念、课程要求的理解。问答题主要是课标中重要表述的理解和解读,一般遵循"是什么""为什么""怎么做"的解读思路。"是什么"解释课标表述的理解;"为什么"则解释其意义,特别是对实现学科育人价值的意义;"怎么做"是结合具体教学活动解释课标要求的落实与评价的方法。问答题评价标准如下。

表4-13 评价标准

评价要点	评分参考
主题选择	紧扣案例(或材料)、紧扣主题;方向正确、选点准确
内容依据	结合教学实际或个人体会进行分析,观点准确,论述充分
语言思维	表达清晰、简明,逻辑性强
文字书写	字迹工整、字体美观、行款整齐
创新思路	理解独到、思路独特、创新有效

二、育人技能

从相应的教科书中选取一节内容,按课程标准的要求进行学科核心素养培育或课程育人的教学设计,自选其中片段,作15分钟的片段教学。

表4-14 高中语文片段教学评价指导性标准

项目	要求
语言积累和应用	有明确的语言学习目标,注重通过语言实践活动帮助学生获得并理解知识,并引导学生在活动中运用和巩固知识;指导学生凭借语感和积累及时调整自己的语言表达,使语言表达准确清晰;重视学生语言积累的习惯培养和方法指导
思维发展与提升	能够在阅读与写作教学过程中有层次、有梯度地设置任务活动,引导学生发展抽象思维能力,包括集中性思维与发散性思维、常规性思维与创新性思维、分析思维与直觉思维等,阅读教学注重扎实信息理解、筛选、分类、整合表达即抽象概括能力培养
审美鉴赏与评价	在阅读教学中能够引导学生通过诵读体会汉语言的音韵之美,通过字词句及修辞的赏析品味汉语言文字的魅力,通过作品形象的赏析和评价感受自然界和人性的精神之美,并引发对美的追求;在写作教学中,能够指导学生从生活中发现并创造美,从而指导学生建立正确的审美价值取向
文化理解与传承	能够开展形式多样的任务活动,指导学生在语文学习中感受和理解不同时代和地区的文化,梳理语文课程中涉及的文化现象,了解其中包含的中华优秀传统文化内容,重视优秀传统文化、革命文化、社会主义先进文化的继承,注重文化参与,培养文化自信

续表

项目	要求
课程育人价值	重视培养学生热爱汉语言文字的情感;注重培养学生良好的语文学习习惯;关注学生情感、态度、价值观的正确发展;注重学生德智体美劳全面发展;课堂上学生活动任务明确,能够有效培养学生的学习责任感
教师个人素养	教态端庄、语言标准、板书工整、思路清晰,师生关系良好,落实教书育人;能适当使用多媒体手段辅助教学

三、评价技能

根据指定视角进行评课。评课视角包括教师的教、学生的学、师生互动、生生互动、课堂情感、课堂文化等。观一节不超过45分钟的课堂实录,书面进行指定视角的评课。

教师在观看课堂实录的过程中,撰写简要的评课稿。按照评课角度要求,评课思路建议如下:

表4-15 高中语文课堂评价体系

指标	指标要素	指标描述
教师的教	目标确定	明确、具体、可测
	内容设计	开放、生成、流动
	技术运用	关联性、新颖性、多样性
学生的学	学习方式	自主、合作、探究
	学习效果	学会、学好
师生互动	提问应答	启发性、挑战性、全体性
	活动引导	任务、责任、路径、时效
	评价反馈	多元、差异、正向
生生互动	合作研讨	团结、互助、共享
课堂情感	学习状态	有动力、有精力、有活力
	学习体验	感悟、愉悦
课堂文化	气氛营造	活跃、轻松、和谐
	秩序调节	规范、灵活、机智

四、专项技能

内容为文本解读,根据所提供的课外文本,进行解读。字数要求至少

1000字。

文本解读思路建议如下：

（一）整体感知：理清文章思路、概括文章主题；

（二）内容赏析：结合文章主要内容，分析作品形象的意义；

（三）艺术赏析：结合具体内容，分析文章主要语言艺术手法；

（四）教育价值：分析文章教育价值，梳理知识点（教育资源），阐述如何通过文本教学促进学生语文学科核心素养的提升。

（三）教育研究

教育研究是指总结教学经验，解决教学问题，研究教学方法。与学者的理论建构为目的、深层次的、以演绎逻辑为主的教育研究不同，作为教育实践者的教师是以问题解决为目的、浅层次的、以归纳逻辑为主进行教育研究。教师在教育实践过程中，遇到困惑、挫折和问题后，进行归纳、假设和论证，意在寻求解决教育过程中的实际问题或改良原有的教育措施与方法。

基础教育教师的教研工作一般以制度形式进行规范和规定。下面是我校的教研制度。

❋ 厦门市同安实验中学校本教研制度

一、教师

教学研究是提高教学质量、教师素养的重要手段。教师是开展校本教研工作的承受者和受益者，是开展教研活动的出发点和归宿，教师参加教研活动的质量影响到全校教研活动的质量和教学工作的质量，教师必须主动进行教研活动，在活动中不断成长，提高自己的业务水平和能力。

（一）教师参加学校各级教研活动，态度端正，完成学校、教研组、备课组的任务。

（二）教师要参加教研课组的听课评课活动。

（三）教师要做到"六个一"：每年读一本教育教学著作，确定一个教学研究课题，上好一堂教学公开课，完成一份教学案例，完成一份德育渗透教案，撰写教研论文一篇以上。

（四）教师要熟悉课程标准和教科书，认真制定好一学期的授课计划。

（五）教师要把握好课程标准和教材要求，认真备课，制定教案，备课时，要备课程标准、学生实际、知识能力点、德育心理渗透点、有效教法、学法指导、练习和作业、实验实践材料等要素。

二、备课组

备课组长负责年级备课和教学研究工作，努力提高本年级学科的教学质量。

（一）备课组长要组织教师认真学习课程标准、学科教育理论，贯彻教研组计划。

（二）备课组长要组织制定年级学科教研专题和进修计划，报教研组并组织实施。

（三）备课组长要按照学校工作计划和教研组教学工作计划，制定本年级学期课程纲要，并组织实施，组织教师在个人独立备课的同时进行集体备课，每周进行集体备课一次。共同研究以下内容：

1.单元、章、节、课时的目的和要求。

2.重点、难点、疑点、关键点。

3.作业或练习。

4.教学过程的组织和教学方法的选择。

5.做好学科期中、期末的复习、出题、考试、评卷、成绩统计和质量分析评价工作。

6.落实教科研课题，以教学科研促进教学质量提高。

7.积极探索选修课的教法、学法与评价方法，逐步建立并稳定本学科有特色的选修课。

8.抓好活动课和研究性学习课教学，辅差导优，提高教育质量。

三、教研组

教研组是学校落实教学工作计划，开展教学研究和提高教师业务水平的重要组织之一，教研组长应在校长、教务处领导下负责组织领导本组教学研究的全部工作。

（一）教研组长要组织教师学习本学科课程标准，明确本学科的目的、任务，讨论并确定分年级教学要求，组织领导全组教师制定学期工作计划、年级课程纲要、教学科研计划，并严格执行。

（二）教研组长要积极开展教学研究活动，根据教学实际，围绕学校教科研课题确定教研组、备课组和个人每学期的研究课题，有计划地开展研究与交流汇报,组织教学研究课,公开展示课,及时总结、交流,推广教学经验,撰写经验论文。

(三)教研组长要抓好本学科教师的教学工作,组织本学科教师钻研课标、教材,探索教法和学法,认真备课,规范化教案,讲好每一节课,教好每一个学生。

(四)教研组长要组织好每周一次的教学研究活动(集体备课和公开课),组织备课组备课,检查教案,研究解决教学疑难问题,提出解决问题的措施和办法。

(五)教研组每学期开展一次观摩评论活动,研究教材教法,和学生交流经验,提高教学质量。

(六)教研组长要制订教研组工作计划,并认真组织实施,期中要协助教务处检查落实情况,期末做好工作总结,并定期向学校领导和教师汇报工作,创建严肃活泼、刻苦钻研,文明和谐的教研组。

四、学校

学校要制定教研工作制度,加强管理与指导,并负责监督实施。

(一)学校要选送优秀教师参加高层次进修,做好骨干教师的选送和培训工作,组织全校教师分期分批参加上级组织的业务培训,努力做好校本培训工作,包括学校自己组织的业务培训和教师的自我学习培训。

(二)校长、教务主任必须深入课堂检查了解教学情况,平均每周听课不少于2节。听课之前要了解该节课的教学内容、教学目标、教学要求,要有的放矢、有针对性地听课。听课后要做出评价并和任课教师交换意见,以促进教学。

(三)教学管理人员要经常深入教研活动,至少每两周参加一次教研活动,掌握分管学科的教学和教研情况,及时发现问题并解决问题。

(四)教学管理人员要加强业务学习与研究,不断提高自身的理论素养,以身作则,理念联系实际,促进教师形成实事求是、崇尚学术、勇于创新、不断进取的校本教研风气。

二、教师自由发展

教师的自由发展是指教师专业的自主发展、人格的独立发展,是专业发展后的跨向后专业发展的阶段。自由发展是教师发展的终极目标,是教师发展的本质特征和价值取向。教师是拥有自由人格、独立精神的知识分子。学校应当帮助教师将自我反思、自我研究与专业发展相结合,将理论知识和实践行动相结合,将学术研究与生活体验相结合,最终实现教师的自由发展。

教师的专业发展与自由发展存在差异。首先,教师的专业发展植根于教育实践情境,教师的自由发展植根于人的理性。其次,教师的专业发展更关注教师的个人实践知识,而教师的自由发展则强调教师的理论反思能力。最后,教师的专业发展更多关注教育实践情境本身,而教师的自由发展则在教育与教育者、教育与社会的关系中理解教师发展。当然,教师的专业发展与自由发展存在不可分割的联系,二者互为基础、相互影响,共同构成教师的理想人格。可以这样说,教师的专业发展不仅依赖于自由发展,而且以自由发展为终极目标。

(一)自传课程

美国学者派纳认为,教师通过自传课堂的培养,不断进行自我反思、自我研究,能达到自我意识,从而发展独立人格和精神自由。我校借鉴了派纳的可用于教师自我研究的方法论——"自传课程",用于教师自由发展的培养与训练。

自传课程分为四个阶段:回溯、前行、分析、综合。这四个阶段既可以同时应用,也可以只应用其中的一部分,每一个阶段都有不同的侧重点。回溯就是回忆自己的过去;前行就是畅想自己的未来;分析就是理解分析导致自己现状的根源,包括成功与失败的根源;综合就是通过行动以创造新的自我。

首先是回溯。回溯的方法是自由联想,可以联想到任何事情,主要是受教育经历和教育经历,应该特别注意自己过去在学校中的生活。例如对师生互动、生生互动、课程材料、校园和教室环境、父母等家庭成员对教育的态度以及与学校的关系等的回忆。回溯后是记录,记录过去、记录在回忆的时刻对所回忆内容的反应。

其次是前行。前行阶段就是想象未来。主要方法还是自由联想,表达并记录自己对未来的幻想和渴望,其内容可以是教师自己现在的生活中所缺乏、已经丢失或者特别渴望的状态或设想,以此表达自己理想中的应然的自我状态,诸如"我可以是谁""我将会是什么样的教师""我渴望什么样的外部关系"等。前行阶段的意义在于,在某种意义上,和过去一样,未来也是现在。想象未来并进行记录的做法能提高我们关于未来的直觉以及对现在的更深刻的洞察。

再次是分析。分析阶段的主要任务是反思,目的是揭示过去、现在和将来之间的联系。教师对写出来的过去回忆、未来畅想和现在情形进行比较、分类,尝试进行分析。尝试回答过去如何与现在相联系、未来如何与过去相联系、未来又如何与现在相联系,寻求它们之间复杂、多维的相互关系,寻求自我意识。

最后是综合。这一阶段的主要任务是整合。在前面三个阶段,教师对自己的理智和感情状况已经有了更多的理解。用自由联想的方法回忆过去和展望未来的时候,个体释放了一些被压抑的东西。在分析理解这些被压抑的材料的过程中,个体同时提高了自己的反思能力,并增加了精神的自由。整合过程中教师以不同的方式思考和看待自己,这是一种向内的转向,是个性化的过程,是自我意识的确立和精神独立的表现。

对于自传课程需要指出的有四点:一是自传课程与教育自传、教育叙事不同,自传课程更为深刻、更加系统;二是自传课程在我校教师培养过程中属于探索试验阶段,还不够成熟;三是自传课程不适合对相同教师反复实施;四是课程实施中教师自传认知、自我研究的内容应当保密。

(二)自我规划

教师通过自传课程之后,初步建构自我意识,对生命意义和自身价值有了更深刻的认识。此时,引导教师进行自我规划,使教师的生命潜能和生命价值有目的、有方向、有策略地延伸和扩展,使教师的全部潜能得到多方面发展,实现人格与知识、精神与素养、思想与能力的统一。

首先是自我识别。可以运用SWOT分析、小组讨论、导师指导等形式进行自我分析诊断,如个性分析、行为和能力分析、需求分析等。自我识别里每个分析结论的有效性都来源于教师个人对问题的不同理解。自我识别是一个伴随自身反思、研究与发展的进程而呈现的动态过程。当完成了自我识别以后,教师对自己有了清楚的认识,包括个性特点、已有能力、潜在需求、缺点、劣势和所处的环境因素等。自我识别在自我课程之后,不仅能顺利进行,并且能得到相当准确的事实与判断。

其次是确定目标。目标应是教师从内心呈现出的自发的、主动的、个性化的发展需求和发展标准。只有教师具有自觉的发展意识,使发展成为生命体内在的理性渴求,自由发展才会成为可能。目标可以是学历目标、职称目标、能力目标和成果目标等方面,还可以包括职务目标、经济目标、学生发展目标等。当然,学校在设计相关表格时,尽量使目标往专业目标、能力目标和成果目标靠拢。

最后是实施策略。教师发展的途径因人因时而各有不同,因而实现目标的行动策略也是多种多样的,主要包括以下几方面:一是学习策略;二是实践策略;三是科研策略。

表 4-16 所示为我校教师个人发展规划表。

表 4-16　厦门市同安实验中学教师个人发展规划表

姓名		性别		出生年月	
学历(最高)		现任教学科		年级	
曾何时参加过何种层次的进修、培训					
已经取得的主要成绩(包括荣誉、课题、论文等)					
个人分析(SWOT 分析)	"S"即优势				
	"W"即劣势				
	"O"即机遇				
	"T"即挑战				
个人目标	近期目标(1年)	荣誉称号:□区骨干教师□市骨干教师□省骨干教师 □市学科带头人□市专家型教师 □省学科带头人□省专家型教师 教师类型:□合格教师□成熟教师□优秀教师 论文级别:□校级□区级□市级□省级□CN 级及以上 承担课题:□校级□区级□市级□省级□国家级 其他目标:			

续表

个人目标	中期目标（3年）	荣誉称号：□区骨干教师 □市骨干教师 □省骨干教师 　　　　　□市学科带头人 □市专家型教师 　　　　　□省学科带头人 □省专家型教师 教师类型：□合格教师 □成熟教师 □优秀教师 论文级别：□校级 □区级 □市级 □省级 □CN级及以上 承担课题：□校级 □区级 □市级 □省级 □国家级 其他目标：
	长期目标（5年）	荣誉称号：□区骨干教师 □市骨干教师 □省骨干教师 　　　　　□市学科带头人 □市专家型教师 　　　　　□省学科带头人 □省专家型教师 教师类型：□合格教师 □成熟教师 □优秀教师 论文级别：□校级 □区级 □市级 □省级 □CN级及以上 承担课题：□校级 □区级 □市级 □省级 □国家级 其他目标：
行动策略	具体措施	
个人建议及需要学校提供的帮助		

（三）共同体

教师共同体是指一个由教师自愿共同构成的团体，彼此在学习、实践过程中进行沟通、交流，分享各种学习资源，在成员之间形成了相互影响、相互促进的人际关系，最终促进教师的自由发展。共同体具有以下特征：组织结构的松散性和开放性；活动内容的综合性和多元性；活动方式的互动性和生成性；活动主体的自主性和平等性。共同体活动能激发教师的主动性、积极性和自觉性，从而激发了教师自由发展的主体生长性。

共同体这种发展途径由于成效显著而越来越得到重视。其实在学校传统科层化设置体系中，年级组和教研组也是共同体的一种，只是行政色彩深厚而掩盖了其学术成长目标。现今流行的"工作室""工作坊"是一种崭新的组织模式，它跨学科、跨校际地将有共同愿景的教师聚集起来，通过共同学习、互相交流、经验分享和专业引领等手段促使成员自由发展。尊重差异、崇尚学术、注重实践是新型共同体的主要特征。教师共同体强调共识与分享，不刻意追求同质或统一。

教师共同体运行方式分为课题研究方式、结伴合作方式、同行交流方式、专家引领方式和问题研讨方式等。教师可以置身于不同的共同体之中，例如基于课程发展的跨学科共同体、基于教学改进的合作教学共同体、基于个人发展的指导学习共同体等。在共同体当中，教师是由相同的兴趣或自由发展的需要而相互联系在一起的，并依据他们在组群中扮演的角色和相互之间共享的关系来确定各自在共同体中的身份。

下面是我校李加前教师市级名师工作室的运行方案。

❋ 厦门市首批名师工作室工作方案
（中学体育李加前名师工作室）

一、依据

根据厦门市教育局《关于印发厦门市中小学名师工作室建设与管理办法的通知》（厦教人〔2019〕7号）要求，构建"名师引领、资源共享、全员提高、均衡互补"的教师专业化成长之路，更好地服务于学校体育工作。

二、目标

发挥本工作室成员的指导、示范、引领和辐射作用，促进我市学校体育全面的发展；提高名师工作室骨干成员的教育教学教研能力，造就一批优秀体育教师，培养未来的市、区级年轻体育骨干教师。

三、任务

学习新的教育理念和体育课改精神；总结新型教学方法，形成自身体育教学风格；开展体育学科教育教学研究；指导与帮助青年学员教师提高体育教学能力；通过开设讲座、上示范课、指导课题研究、论文等，提高教师的教育教学教研水平,提高课堂教学质量,为学校、教师与学生服务,促进城乡师资队伍的均衡发展。

四、内容

领衔名师指导骨干成员课题研究;师徒网上对话、电子邮件、微信交流、座谈研讨;领衔名师视导、座谈、听课、评课、上课;邀请区外专家专业指导;公开课展示;撰写并发表论文、出版专著;在区教育局网站平台与广大体育教师交流互动。

五、对象

(一)名师工作室领衔人本人。

(二)名师工作室骨干成员4人,分别来自我市3个区和直属校。

(三)名师工作室学员27人,分别来自我市4个区和直属校。

六、时间与地点

(一)名师工作室开展活动为期三年,2019—2022年。

(二)每个月至少举行一次活动,地点根据活动内容需要。

(三)名师工作室挂牌学校厦门市同安实验中学。

七、要求

工作室全体成员要有刻苦的精神,积极、虚心的学习态度,良好合作作风,潜心研究体育教育教学,学会归纳总结。准时参加工作室的活动,按时完成预定工作任务。

八、预期效果

通过本名师工作室的建设,用三年时间提高工作室成员的业务水平;带动一批年轻的中学体育教师,打造一支师德师风良好、专业能力强的中学体育队伍,全面辐射我市中学体育教育教学教研;促进我市学校体育发展;促进我市均衡教育。

九、工作计划

(一)2019—2020学年工作任务:学习新的教育理念、课改精神和体育与健康新课标等;学习基本体育教育教学实践;听、评课,交流反馈;发现教学实践问题,立项课题。

表 4-17 工作计划

活动内容	活动时间	活动地点	领衔名师	带教学员
计划制定：三年和本学年	2019.09	同安实验中学	主负责	参与
理论学习2次	2019.09—2019.10	同安实验中学	指导	学习
课题：立项市级以上2项	2020.04	同安实验中学	主持与参与	主持与参与
讲座2次	2019.09—2020.07	骨干成员学校或农村校	主讲	参与
公开课4节	2019.09—2020.07	骨干成员学校或农村校	1节	1节
听、评课10次	2019.09—2020.07	骨干成员学校或农村校	集体个别	听评课
指导薄弱教研组	2019.09—2020.07	薄弱教研组	指导2次	学习
座谈、反馈2次	2019.09—2020.07	同安实验中学或者骨干成员学校	集体个别	参与
网络交流	课余时间	网络空间	网络互动	网络互动
邀请专家指导2次	2019.09—2020.07	同安实验中学或者骨干成员学校	学习	学习
外出考察学习1次	2020	全国展示课或十城市公开课	观摩学习	观摩学习
论文、小结	2020.07	同安实验中学	CN1篇 小结1篇	小结1篇

（二）2020—2021学年（略）

（三）2021—2022学年（略）

第五章

启悟之思

办学思想理应围绕着"人"的发展展开论述,包括为谁培养人、培养什么样的人、如何培养人三个层次的问题。启悟教育办学思想正是从上述三方面构建理论体系,但在实际办学中,学校的发展和教师的管理也是校长工作的重点。因此,将学校发展和教师管理中的思考纳入办学思想,算是有益的补充与尝试。

第一节 学校发展之思

发展是校长办学治校的第一要务。学生发展是学校办学的主要目标,是学校教育的出发点和落脚点,教师发展是学校办学的基础与保障。学生发展与教师发展共同推动学校的发展,但学校的发展不仅仅包括学生发展和教师发展,还包括其他诸多要素。

一般情况下的学校发展,校长应从学校本来属性出发,在学校文化、治理体系、课程体系、教学体系、学生发展和教师发展等方面齐头并进。学校理应关注人的发展,注重学生的"快乐成长""有效学习"和教师的"幸福工作"。① 同时在教育资源的投入方面,加强同教育主管部门的沟通,争取更多的教育资源,为学生的校园学习生活创造更好的条件。这种学校发展模式是健康有序的,符合教育发展的规律和社会发展的需要。但是这种模式

---

① 李凌艳,陈慧娟,李希贵.基于学生发展的学校自我诊断[J].教育研究,2017(1):124-131.

难于带来跨越式、突进式的发展,不符合社会和家长对学校和校长的期望。这时,如何突破常规,为学校带来跨越式发展成为校长面临的现实的、紧迫的问题。从现代组织的角度看,跨越式发展必然倾向于资源取向;从现实需求角度看,跨越式发展必然倾向于升学取向;从社会进步的角度看,跨越式发展必然倾向于改革取向。

一、资源取向的学校发展

学校作为一种社会组织,同其他普通组织一般,发展需要源源不断的社会资源作为支撑。若是追求跨越式发展,则是需要特别的社会资源作为保障和支持。就学校来说,特殊资源包括政策资源、资金资源、教师资源和学生资源,其中,政策资源最为宝贵。这里的政策资源是特殊的,指的是政府为某所学校的跨越式发展而量身定做的专门政策。这种政策的目标就是为了促使特定学校快速发展,即使此政策有违公平正义和均衡公正。有了政策资源,资金资源、教师资源和学生资源便不是问题。这种倾政府之力而打造的特殊学校,集万宠于一身,光彩夺目,如明星般吸引社会家长眼球,除非屡犯低级失误,一般可顺利发展、跨越发展。

现实中,对绝大部分学校和校长来说,政策资源非常稀缺,可遇不可求。从政府角度看,政策资源一旦滥用,要么演化成教育均衡和教育公平,雨露均沾;要么无力承担更多资源供给,政策虚化。因而,依靠资源取向特别是政策资源的供给确实可以带来学校的跨越式发展,但多数学校和校长得不到这种机会。

当然,其他三种资源的获取,如招收更多高质量的生源、吸引更多高水平的教师、获得充足教育资金,肯定能推动学校快速发展。那么,在没有特殊政策资源的情况下,怎样获得资金资源、学生资源和教师资源?答案是社会交换,学校必须满足不同社会主体的需求而获取资源。

首先,资金资源掌握在上级主管部门手中,作为教育投资主体的政府,对学校的要求是学校教育要推动素质教育,培养德智体美劳全面发展的社会主义建设者和接班人,培养一代又一代拥护中国共产党领导和我国社会主义制度、立志为中国特色社会主义奋斗终身的有用人才。学校教育要促进社会公平,为人民服务,为改革开放和社会主义现代化建设服务,为中国共产党治国理政服务,为巩固和发展中国特色社会主义制度服务。学校教育要提高民族素质,传承和发展优秀传统文化、革命文化和先进文化,树立正确的国家观、历史观、民族观、文化观,增强中国特色社会主义道路自信、理论自信、制度自信、文化自信,重视学生的政治素质、道德品质和思想方法的培养。因而,学校要落实立德树人根本任务,积极培养学生核心素养,促进学生个性化和社会化成长,建设积极向上、和谐奋进的学校文化,促使师生全面自由发展。在此基础上,学校根据办学历史、办学实际和学校定位,制定学校的发展规划,详细拟定学校发展的各项措施策略,罗列学校需要政府支持的资金项目,提交上级主管部门审议批准,使政府相信学校正在积极改进,学校能够达成政府的期望。如此,学校能够优先得到主管部门的资金支持,改善办学条件。此外,学校积极参与大型、高规格的学校评估,如标准校、达标校、示范校的评估,也能带来政府大量的资金投入。相比之下,政府更愿意将资金投到资源使用效能高、自我发展意愿强的学校。

其次,高质量生源的供给决定权在于家长和学生。家长的需求是孩子在学校能够健康、快乐地成长,能够全面、个性地发展,能够顺利、和谐地成才。家长希望学校提供有质量的、公平的教育服务,让自己的孩子在学校中受到关注重视、受到优质教育、受到细心培养、受到精心爱护。家长渴望自己的孩子能够在安全、舒适、温馨、现代的校园环境中学习生活;能够在和谐、平等、民主、公平的课堂环境中学习生活;能够在积极、奋进、向上、美好的文化环境中学习生活。家长关注学校的文化、秩序和环境,关注学校的教育、教学和成效,关注学校的校长、老师和学生。家长"不会考虑优质教育与一般教育之间成本的差距"①,这就是家长的择校标准。学生有追求美好生活的本能,希望在学校中能享受到高标准的生活条件,享受到团结、互助、友爱的同学关系,享受到细心、耐心、精心的老师爱护。学生有追求精神成长的本能,渴望在学校中能够感受校园文化的精神鼓舞,感受到学校老师的谆谆教诲,感受到同学集体的互帮互助。学生有追求个体发展的本能,希望在学校课程体系和教学体系中得到道德成长、得到智力发展、得到审美培养、得到身心健康、得到劳动锻炼。因而。学校要从"人"的角度出发,创建"怡人"的校园环境和设施设备;建构"育人"的课程体系和教学体系;建设"化人"的学校文化和人际关系。学校要从"发展"的角度出发,立德树人,五育并举,培养全面发展的人;因材施教,尊重差异,培养个性发展的人。相对而言,家长和学生更愿意选择声誉良好、校风严谨、师生融洽、质量稳定的学校。

---

① 钟海青,戚业国.学校发展与资源战略[J].清华大学教育研究,2007(1):78-90.

最后,高水平的教师资源取决于教师队伍的建设情况。教师是学校运行的主体,是学校文化的创造者和践行者,是课程建设和课程实施的实践者,学生学习过程的平等首席。从教育本质出发,教师是学校教育的第一资源,是学校发展的基石和保障。教师在学校中需要实现自己的职业价值和人生价值,才能不断发展,成为优秀的教师。教师的职业价值是指教师从事教育职业后经历适应期、发展期、成熟期、高原期和突破期的过程中带来的职业成就和职业体验。职业价值必须是连续的、进阶的,反映在现实中是教师的专业水平和教育质量不断提升进步,以及教师的职称的不断向上,从初级职称到中级职称,再到高级职称,甚至是正高级职称。教师的人生价值的实现就是个人的需要不断地被满足,从安全需要到情感需要,再到尊重需要,最后到自我实现的需要,都能全部或部分满足。反映在精神层面就是不断地体验安全感、归属感、成就感和自豪感。因而,学校应关注教师的职业成长和精神成长,关注教师的职业价值和人生价值,关注教师的全面发展和自由发展。相对物质层面而言,教师更看重精神层面的满足。

二、升学取向的学校发展

随着教育理论和教育实践的不断深入发展,学校教育的价值、目的、本质和任务不断地清晰明了,人们愈发地重视学生作为"人"本质属性的重要性,要求学校教育以人为本、以德为先,实施素质教育,落实立德树人根本任务。也正是因为对人的发展有了更高的要求,学生完成基础教育后,纷纷进入高等学校继续深造,使自己成为高规格、高层次的人才。由于优质高等教育资源的稀缺,出于公平分配高等教育资源的需要,高考被认为是目前最合理的选拔机制,于是升学成为教育,特别是学校教育的附加任务或者说是衍生目标。

学校或校长将学生升学率的进步作为发展取向是无可厚非的,因为升学率可见、可得,易宣传、易传播,对学校声誉起着积极的、正面的作用,问题在于学校取得升学率的路径选择。若是学校从教育本质出发,遵循教育规律,关注人的发展、关注社会的需要。注重学校的教育环境、学校文化、课程体系、教学水平、师资力量、师生关系等方面的建设,促进学生全面自由发展,以德为先、因材施教、知行合一,培养学生核心素养,其结果必然是本质目标和衍生目标的双丰收,即学生自身素养得到进步发展,同时考试成绩也突出,升学率自然进步提升。这是教育的本质需求和社会的现实需求完美结合的升学取向的学校发展路径选择。相反,若是学校仅从升学率出发,将学生升学当作教育的目标,放弃了学校教育的本质属性,本末倒置,直接将学校的教育教学活动指向考试、指向成绩,这就是"唯分数、唯升学"论了,应当旗帜鲜明地反对。

一般来说,优质学校体现在教育环境优越、学校文化先进、课程体系完备、教学水平优秀、师资力量雄厚、师生关系融洽等方面,其教育结果之一是教育质量突出,表现为学校的升学率高企。因此,学生在优质学校就读,毕业后高校选择较为从容,更有机会进入优秀高校就读。而其他更重要、更高级的教育结果,如学生的全面发展、个性发展、人格养成、精神成长和思想自由,是作为"人"的属性依附在学生身上,不易觉察发现。因而,社会民众误将"升学率"作为优质教育的唯一标准。这种误解造成的不良后果是,不仅教育主管部门将学校升学率的逐年提升作为判断学校发展与否的唯一标准,就连有的学校自身也相信这一说辞并身体力行。

2018年全国教育大会上,习近平总书记指出:"坚决克服唯分数、唯升学、唯文凭、唯论文、唯帽子的顽瘴痼疾。"这说明,对基础教育而言,"唯分数、唯升学"论普遍存在,根深蒂固,不易改变。这反映在两个方面,一是教育主管部门有意无意地将"分数、升学"作为学校教育评价的重要指标。在所有关系到学校重大利益的评价中,分数和升学情况甚至作为一票否决的项目,迫使学校重视学生的考试成绩。社会主流出于对基础教育这一涉及千家万户的公共产品质量的关心,在传统观念和社会现实的影响下,基于对孩子未来升学的焦虑,将孩子的升学要求作为对学校教育的第一要求,忽视甚至忽略了孩子成长的其他要素。只要孩子升学满足家长和社会的期望,便认为学校教育是成功的、优秀的。二是学校在多方压力之下,将绝大部分资源投入到应付考试中。学校组织优秀教师研究高考评价体系、研究高考命题方向、研究试卷题型结构、研究解题方法步骤、研究考试应答技巧、研究考场学生心理、研究高考评卷标准、研究高招录取规则等,而后形成复习迎考工作流程,制定目标计划,拟定时间安排,将充满生机活力的教育教学活动设计成类似工厂的"流水线",师生严格按设计流程开展教与学的活动,使"充满不确定性的高考平添了几分确定性,只要严格遵照'工厂'

的操作流程和规定,学生就会成为预期的'产品'"。①

倾向于"唯分数、唯升学"的学校一般会呈现军事化、精细化的管理特征,表现为严格严苛的制度设计、精细周密的活动安排、几近无休的反复训练、立体时空的全程监督。在这种管理模式下,学校军营化、工厂化,学校工作目标远离教育本质属性,素质教育成为空谈,学校生活机械无趣,干群、师生关系紧张,学生精神压抑、教师体力透支。看得见的好处是:升学率提高和异化的学校发展。

拥有正确的升学取向的学校发展策略应当是科学备考与民主备考相结合。科学备考讲求效率,学校在充分研究高考整个流程特别是高考评价体系的基础上,掌握复习考试规律、命题评卷规则、考场应试技巧,针对"价值引领、素养导向、能力为重、知识为基"的高考理念,科学制定备考计划,引导师生积极备考,创造和谐向上的备考氛围,复习教学追求高效,确保师生的休息锻炼时间,效率为上。民主备考注重人本,学校关注复习迎考中的师生身心健康,尊重学生的多元追求和方向选择,尊重教师的课程理解和策略选择。学校关注高考应试中的育人功能,重视试题训练中的社会主义核心价值观渗透、复习训练中的主流文化传承、复习过程的理想信念树立。学校关注复习迎考中的能力培养,重视现实情景中的问题解决能力培养、科学情景中的探究实验能力培养、热点情景中的思辨批判能力培养。

三、改革取向的学校发展

以改革促发展,不仅是国家社会的发展思路,也是教育发展的主要路径。党的十八届三中全会通过的《中共中央关于全面深化改革若干重大问题的决定》发布后,党中央、国务院和教育部相继颁布了一系列关于基础教育改革的文件,从课程改革、招生考试、师资队伍、育人模式、教育质量等方面全面深化教育领域的各项改革,取得了良好成效,推动基础教育持续健康快速发展,受到人民群众的欢迎和拥护。对于学校,改革亦是发展的主要动力和主要途径,是社会发展和教育发展的必然要求。

学校改革从表到里可分为组织结构改革、课程改革、教学模式改革和育人模式改革。组织结构改革是最表层的改革,从设计到实施到评价,以

---

① 田汉族,王东,蒋建华."超级中学"现象演化的制度逻辑——以衡水中学、毛坦厂中学、黄冈中学为例[J].教育与经济,2016(5):3-11.

学校之力可以单独完成。组织结构改革的方向是由"科层化"向"扁平化""专业化"过渡,减少管理层级,提高管理效率,进而促使教育教学提高效率,促进学校发展。组织结构改革直接涉及人的权责问题,激发一部分人的积极性的同时,会带来另一部分人的消极应对。课程改革由国家政府推动,从2002年至今,所有中小学都处于新一轮课程改革状态中。课程改革是现代教育理论发展的实践应用,是国家教育领域的重大革新,对我国教育发展具有重大意义。在学校层面的课程改革中,更加重要的是国家课程的校本化实施,而不是校本课程的过度开发建设。教学模式改革主要是信息化带来的课程教学革新与改进,如慕课、翻转课堂等。另外是新的教育理论的尝试应用,如多元智能理论、建构主义理论、后现代主义理论等的应用。关于教学模式的改革,有两个事实需要澄清,一是我国不少学校进行的教学改革没有或缺少理论支撑,更多的是应试的产物。二是在一所学校中,不能硬性规定使用同一种教学模式,须知教师之间和学生之间的极大不同要求使用不同的教学模式。育人模式改革对学校来说,难度极大,需要深厚的理论支撑,需要专业队伍的指导和帮助,学校育人模式改革涉及培养体系、课程实施、教学创新、学生发展指导、考试招生和师资队伍建设等方面,是系统性改革,需要由政府层面设计推行。组织结构改革涉及学校中的少数人,用行政命令即可进行,是最容易进行的改革;课程改革由于有国家政府层面的支持指导,并且各学校之间可以借鉴,是次容易的学校改革;教学改革涉及所有教师,涉及理论水平,并且学校缺乏实力进行评估,是较困难的学校改革;育人模式改革是系统性改革,所需条件超出学校能力范围,是最困难的改革。

  相比资源取向和升学取向的学校发展,改革取向的学校发展真正体现了先进的发展理念,理应成为学校跨越式发展的首选。但在现实中,选择改革取向作为发展方向的学校极为少数,取得改革成功更是凤毛麟角。究其原因,一是教师主体没有改革的意愿,对大部分老师来说,学校的各种改革类型都没有涉及自身核心利益。就是说,学校并没有足够的权力对教师的核心利益进行重新分配,所以改革与否,教师并不关心,甚至反对。二是改革设计者的"有限理性"。人所掌握的知识及能力都是有限的,难以作出完美决策及预料某一决策的后果。[1] 对于学校改革,学校领导特别是校长就是改革的设计者。可以想象,局限于自身学识水平,校长几乎无法完成

---

[1] 潘新民,张燕.学校发展机制:改革还是改进[J].教育科学研究,2018(09):23-25.

完美的改革方案。现实的例子是前面两批的高考综合改革的省份,以全省之力制定的改革方案实施后瑕疵到处可见。不管校长对"有限理性"的认识是否到位,学校改革在客观上从一开始便有失败的风险。三是改革实施过程的复杂性,或者说是不确定性。人的社会活动是复杂多样的,教育是教师与学生互动交流,帮助学生知识建构、能力形成的过程;教育活动是与人相关的活动,更是充满随机性与不确定性。"摸着石头过河"便是这个道理,南辕北辙的例子数不胜数。

改革有风险,并不意味着不要改革。改革是学校发展的内生动力,是学校教育现代化的必由之路。学校改革可以从两方面入手,一是积极响应国家级的改革。国家教育改革是教育强国、教育现代化的重要推手,如课程改革、高考综合改革。国家层面改革的政治性和专业性既解决了改革方案设计难于完美的问题,又解决了广大教师参与积极性不高的问题。对单个学校来说,此类教育改革的成效取决于国家改革方案的校本化实施情况。二是在学校层面以改进促改革,改进可以看作"摸索性""小步走"的改革。广大教师在学生管理和教育教学过程中,会遇到许许多多在现有条件下不能解决的小问题、小困难,学校领导要积极应对,与教师共同商讨解决方案并组织实施,这个过程就是改进。教师参与的改进易行易得,更能激发教师的主人翁精神。以改进促改革的方式在组织结构改革和教学改革方面有天然的优势,更容易推进。

第二节 教师管理之思[①]

党的十九大报告指出:"要全面贯彻党的教育方针,落实立德树人根本任务,发展素质教育,推进教育公平,培养德智体美劳全面发展的社会主义建设者和接班人。"而实现教育改革目标和教育培养目标的关键都在于教师群体,如何改进教师管理,培养高素质教师队伍,从而提高教育教学质量?政府层面进行了有效的探索和改革。如中共中央办公厅、国务院办公

---

① 本节内容选自作者发表于《福建基础教育研究》2018年第1期的文章《教师管理当下的问题及其对策》,有修改。

厅印发的《关于深化教育体制机制改革的意见》指出:"要创新教师管理制度。"理论界和学校层面也进行了相当规模的探讨和实践,取得不俗成效。但在新时代更加公平、更高质量的教育要求背景下,教师管理值得再思考与再革新。当前教师管理主要问题是:从宏观层面来说,政策管理呈现效率化倾向;从微观层面来说,学校管理出现功利化倾向;从个体角度来说,教师自我管理存在封闭化倾向。因此,教师管理的现代化、人性化和生态化将是改革的努力方向。

一、教师管理问题思考

中小学教师管理改革与发展是教育改革与发展的重要组成部分。在管理实践中,有三种倾向值得关注与探讨:政策管理效率化倾向、学校管理功利化倾向、教师自我管理封闭化倾向。

(一)宏观政策管理的效率化

改革开放以来,随着社会经济的不断发展和国力的持续强大,国家、社会和民众对教育的要求越来越高,我国对教师的政策管理也越来越精细。以1986年颁布实施的《义务教育法》为起始,到2020年中共中央、国务院印发的《深化新时代教育评价改革总体方案》止,持续制定数十个关于教师管理的法律、法规和文件。这些政策可分为为了优化教师队伍结构和提高教育教学质量的教师资格制度、为了公开公平竞争和择优录取招聘的教师聘任制度、为了提升业务水准和引导专业发展的教师评价制度、为了鼓励爱岗敬业和提高教育教学业绩的教师绩效工资制度。客观地说,这些政策在稳定教师队伍、提高教师待遇的同时,也极大地促进了我国教育事业的快速发展。但是,基于种种原因,这些政策的制定、实施和成效存在偏差。

首先,政策制定的逻辑前提效率化。"每种制度背后都有其赖以存在的逻辑前提,政策出台与执行过程中,通常都假定这些逻辑前提存在并合理。"[1]以"县管校聘"为例,此政策的出台是为进一步推进区域中小学教育的均衡发展,推进教育公平,从而提高整体教育水平。应该说,制度改革的初衷和方向值得赞许。但是,此政策制定中必需的两个逻辑前提是"教师

---

[1] 姜超,邬志辉."县管校聘"教师人事制度改革的政策前提与风险[J].四川师范大学学报(社会科学版),2015(6):57-62.

是义务教育均衡发展的首要因素"和"教师交流能将教学成绩转移"。这两个逻辑前提充分体现了政策制定者的效率意识,但明显的是,两个逻辑前提均不完全合理。

其次,政策实施的过程效率化。教育本身具有复杂性和创造性,因而教师管理特别是政策管理更应该体现教育的本质和规律,鼓励教师专业发展,施展人文关怀。但政策的制定者为了让政策执行更有效率、更加快速,往往采用量化、标准化的程序。如"职称评聘",将教师评价采用量化标准进行,虽然便于操作,但无法将教师在教育教学过程中最重要的价值影响、情感投入和人格魅力等因素计入分数,导致评价出现偏差。

最后,政策实施的成果效率化。由于教师人数众多,以福建省为例,根据福建省统计局的统计年鉴,2018年福建省普通中小学教师人数达325002人,对三十几万教师进行专业管理,难度之大可以想象。于是管理结果效率化成为政策制定者的首要追求。如"教师资格定期注册",采用信息化和宽松化管理,几乎每位教师都能通过定期注册,违背了政策初衷,无法将不合格教师剔除出教师队伍,造成政策浪费。

(二)微观学校管理的功利化

就单个组织来说,管理的目的在于整合优化各种资源,以更好地达成组织目标。学校的管理目标通过办学目标来呈现,"教育是教育者与受教育者在共同生活中分享知识、技能、价值观,培养可持续发展能力的交往互动的过程"①,从这个角度出发,教育是为了促进人和社会的和谐持续发展,这也应该是学校办学的最高目标。但在社会资源匮乏和就业压力沉重的现实中,对学校评价出现严重异化,导致学校过度关注升学率。结果是学校的办学目标也产生异化,于是学校对教师的管理不可避免地产生了功利化。

首先,学校对教师的评价以学业成绩为核心。迫于升学压力,许多学校自觉不自觉地将考试成绩作为评价教师的首要指标。这种功利化的评价虽然能最大程度提升教学成绩,但它至少违背了两个基本事实。一是在影响学生学业成绩的相关因素中,与教师个人因素相比,先天智力和家庭背景这两个因素更加重要;二是老师工作中最重要的创造性、能动性、道德

---

① 徐蕾.教师管理的国际范式转变及其变革启示[J].教育科学研究,2015(4):37-43.

影响与感情投入体现出来的教学成果更多的是学生道德养成、人格发展和素养培育,而不是考试成绩。这种评价的后果之一,是教师不可避免地沦为教学工具。

其次,学校对教师的激励以经济满足为内容。目前,多数学校为了提高升学率,将优良教育资源集中调配到毕业年级,其中包括资金和人才。同时,为了调动工作积极性,学校给予教学成绩高的教师丰厚的物质待遇。这种功利性的管理方式至少造成两个不良后果:一是优秀教师在金钱的不断刺激下,形成给钱干活的思维模式,削弱对教育教学工作的荣誉感和自豪感;二是普通教师不思进取,得过且过,对学校缺乏认同感和归属感。"因此,过分依赖经济手段,崇尚'一切向钱看'的单纯激励手段,不仅不能增强教职员工的动机,反而会降低教师的积极性"①。

最后,学校对教师的管理以责任落实为特征。从本质上说,责任落实是某种压力传导。学校为了顺利完成从上级部门领回或自行制定的目标任务,就会层层加码,分解任务,落实到人。这种压力传导不仅体现在考试成绩方面,还包括安全、卫生各类评比、创建等非教育教学任务。此类单向性的管理方式既漠视教师的基本权利,也忽视教师的民主参与。"这种管控体系极大地削弱了教师的主体意识,强化了教师的消极心理,使教师被动地服从于现有的管理体系,而不是成为积极主动的建构者和创造者。"②

(三)教师自我管理的封闭化

自我管理是教师管理的重要内容,"教师的自我管理应当是教师在正确认识自我的基础上,通过自我激励,主动向自身提出发展目标,并能自觉地自我规划、实施、控制和调节,从而达到理想发展目标的过程"③。在现实的政策管理和学校管理面前,教师的职业生涯中最重要的两个基础环节——教学质量和专业发展——都面临激烈竞争,这时教师自我管理会发生理性偏差,走向封闭化,主要表现为个人发展目标偏离、专业发展动力缺失和个人专业能力独享。

---

① 蒲蕊,胡伟.对教师管理制度改革的思考[J].教育科学研究,2015(6):40-44.
② 陈振华.中小学教师管理制度建设:问题与改进策略[J].教育研究,2015(9):99-103.
③ 李飞.自我管理——教师可持续发展的有效途径[J].教学与管理,2011(1):19-22.

首先是个人发展目标偏离学校发展目标。在目标追求上，学校应落实立德树人根本任务，发展学生素质，培养全面发展的建设者和接班人，促进社会公平，要推动教育事业健康发展，提升办学效益，创建学校品牌。教师应该充分发挥主体性和创造性，发展自己专业水平的同时发展学生学科素养，进而促使学生人格发展、道德养成。但面对职称评聘制度和绩效工资制度，教师的理性目标是尽快受聘于有人数限制的更高一级职位，占据职称优势，从而造成个人目标与学校目标偏离。

其次是个人发展动力缺失。由于职称编制限制，导致许多普通教师职位竞争屡屡失败后，产生消极心理，形成巨大的职业倦怠感，完全失去自我发展动力，得过且过。这样不仅达不到管理的初衷，反而形成管理难题。

最后是个人专业能力独享。如前面所言，学校对教师的评价体系以考试成绩为核心，它带来的第一个后果是所有教师非常关注成绩，也能提高学校整体成绩。第二个后果是教师个人专业能力的封闭化，不愿共享经验和能力，无法真正形成学习型组织，阻碍全体教师的进一步发展，学校的办学效益发展也容易遇到瓶颈，至少会产生边际递减效应。

二、教师管理发展方向

如何由效率化向现代化发展、由功利化向人性化发展、由封闭化向生态化发展，将是教师管理的研究方向。

（一）政策管理现代化

教育政策现代化是教育现代化的重要组成部分。"教育现代化是指与教育形态的变迁相伴的教育现代性不断增长和实现的过程。"[①]政策管理现代化是指教育政策改革中价值取向、管理目标和管理范式现代性不断增长和实现的过程。用时间维度来说，现代化是一种朝着非传统化方向的演进和变迁。政策管理现代化将以主动性和反思性作为主要特征。

在全球化和信息化指引下急剧变迁的时代背景下，政治、经济、文化和社会高速发展，同时对教育提出更高的要求，人们对教育价值、本质、功能和目标的认识不断变化。当前教育的主要矛盾表现为人民日益增长的更

---

① 褚宏启.教育现代化的本质与评价——我们需要什么样的教育现代化[J].教育研究，2013(11)：4-10.

加公平、更高质量的教育需求与教育的不平衡、不充分之间的矛盾。教育的改革开放已成为共识并且在积极推进中,国家现代化必然包含教育现代化。所以,政策管理改革必须主动配合教育改革的步伐,而不是作为一种回应或适应而存在。

就发展进程来说,政策管理现代化是崭新的事物,出现问题是不可避免的。如教师资格制度、教师评价制度、教师聘任制度和教师绩效工资制度等在实施过程中都引起许多争议和问题。幸运的是,政策制定者体现了理性批判的自觉性,进行反思并力求有效的改进办法。如2015年的《关于深化中小学教师职称制度改革的指导意见》就是一个很好的例子。同时,反思范围还应包括政策的效率性和工具性。

(二)学校管理人性化

学校管理人性化并不是崭新的研究课题,早在20世纪60年代美国心理学家道格拉斯·麦格雷戈(Douglas McGregor)就提出X理论和Y理论,其中Y理论就基于人性化的管理理论。人性化管理已成为管理思想的共识和主流。如我国学者吴天武认为:"人性化管理,是指管理者在实施管理过程中,以人为本,从人的情感和需要出发,从维护人格尊严出发关注人的存在,关注人的生命价值,给人以充分的理解、尊重和信任,管理者和被管理者之间建立起互信、互动的和谐关系,激发其被管理者的成就欲望和'士为知己者死'的情感冲动,共同实现管理目标的一种管理理念。"[①]现在要澄清的两个问题是,人性化管理会减轻教师的工作强度吗?人性化管理能满足教师的所有需求吗?

首先,人性化管理不会减轻工作强度。随着社会的发展,人们对教育的要求越来越高,学校承担的社会责任越来越多,无论哪种管理方式,教师的工作强度、工作压力和工作时间都会只增不减。只是人性化管理注重价值引领和文化熏陶,让教师充分认识自己工作的崇高价值和历史使命,认同学校的办学理论和办学愿景。它能充分调动教师积极性和主动性,使教师形成使命感和自豪感,消除职业倦怠,将教育事业当作自己的毕生追求,形成工作自觉。

其次,人性化管理也无法满足教师的所有需求。这点是显而易见的,只是人性化管理找到了解决问题的方向。一是关注并尽量创造条件满足

[①] 吴天武.人性化管理——教师管理的灵魂[J].教育理论与实践,2004(11):13-16.

教师个性化、多元化的需求,如孩子上学、儿女工作、求医问诊、住房买房等需求,管理者投入时间、精力和情感,帮助教师满足需求,解决问题。这样教师能够忽略工作需求,保持积极性。二是通过理念引导和榜样示范,让教师更加关注未来需求和高级需求,不因眼前的低级需求和实现需求得不到满足而丧失前进的动力。同时提供各种平台和项目,助力教师在专业成长道路走得更快、更远,以形成发展自觉。

(三)自我管理生态化

一旦学校大部分教师的自我管理走向封闭化,就会出现人心涣散、各自为政、专业发展停滞不前和教学质量下滑的局面,学校的可持续发展就变成空中楼阁。因此,管理者应该将教师及其工作、成长环境看成复杂、有机的生态系统,运用整体、关联、动态、协调的理念来优化影响教师教学工作和专业发展的生态因子,引导教师自我管理生态化。生态化是指将"关注共同体、生态系统和整体平衡的基本原则和原理渗透到人类的全部社会实践活动中,使每一种生命形式在生态系统中发挥其正常功能的权利得以实现,实现共同的生存和繁荣"[①]。在学校生态系统中,有重要影响的生态因子是学校文化、教师发展模式和成长共同体。

学校文化是一种行为准则和精神认同。积极、包容和开放的学校文化不仅是学校发展的主要动力,也是教师发展的精神力量。在学校文化的熏陶下,老师会逐渐认同学校的核心价值观,包括办学理念、办学目标、发展途径、教育观、学生观和质量观,进而成为自己的行为准则。在个人目标和学校目标发生矛盾时,教师能从学校发展需要出发,自我调整,维护大局,实现目标生态平衡。

教师发展的理想目标是大一统的师德高尚、人格健全、业务精湛、学术高深、有良好的合作意识与沟通能力的富有战斗力的群体。但在实际环境中,多样化、个性化和特色化的教师队伍才是稳定的生态系统,因此,要根据教师的特点设计面向全体的多样化发展模式。如有领导才华的教师培养方向是管理人员;有研究才华的教师培养方向应该是学术领军人物;课堂教学成效良好的培养方向是当地名师。教师队伍按老、中、青的年龄分类,发展模式应该分别是"激活与带领"、"拔尖与推送"和"培养与发现"。

---

① 朱宛霞.教师生态化发展管理的理论及现实困境解析[J].教学与管理,2015,625(12):70-73.

成长共同体这种发展途径由于成效显著而越来越得到重视。其实在学校传统科层化设置体系中,年级组和教研组也是成长共同体的一种,只是行政色彩深厚而掩盖了其学术成长目标。现今流行的"工作室""工作坊"是种崭新的组织模式,它跨学科、跨校际地将有共同愿景的教师聚集起来,通过共同学习、互相交流、经验分享和专业引领等手段促使成员共同成长。尊重差异、崇尚学术、注重实践是新型共同体的主要特征。学校在调配资源扶持各类成长共同体的同时,也应该设立阶段成长与阶段成果目标,促使共同体健康有序发展。

参考文献

[1]曾云.立德树人:中国古代教育思想嬗变的视角[J].当代教育与文化,2019(1):7-11.

[2]同安县地方志编纂委员会.同安县志[M].北京:中华书局,2000:1051.

[3]同安县地方志编纂委员会.同安县志[M].北京:中华书局,2000:1065.

[4]中共中央文献研究室.建国以来重要文献选编(1921—1949)(第26册)[M].北京:中央文献出版社,2011:766.

[5]毛泽东.关于正确处理人民内部矛盾的问题[M].北京:人民出版社,1957:23.

[6]中共中央档案馆,中共中央文献研究室.中共中央文件选集(1949.10—1966.5)(第29册)[M].北京:人民出版社,2013:37.

[7]杨东平.中国教育公平的理想与现实[M].北京:北京大学出版社,2006:38.

[8]中共中央文献研究室.改革开放三十年重要文献选编(上)[M].北京:中央文献出版社,2008:381.

[9]中共中央文献研究室.十四大以来重要文献选编(上)[M].北京:人民出版社,1996:77.

[10]同安县地方志编纂委员会.同安县志[M].北京:中华书局,2000:1072.

[11]王学俭,王君.新中国成立70周年中国共产党立德树人的历史回顾、基本经验与时代展望[J].新疆师范大学学报(哲学社会科学版),2020(1):27-36.

[12]中共中央文献研究室.十八大以来重要文献选编(上)[M].北京:中央文献出版社,2014:27.

[13]习近平在全国教育大会上强调 坚持中国特色社会主义教育发展道路 培养德智体美劳全面发展的社会主义建设者和接班人[N].人民日报,2018-09-11.

[14]彭寿清.习近平新时代中国特色社会主义教育思想的哲学基础[J].西南大学学报(社会科学版),2018(1):12-21.

[15]中共中央文献研究室.十六大以来重要文献选编(下)[M].北京:中央文献出版社,2008:617.

[16]习近平.决胜全面建成小康社会 夺取新时代中国特色社会主义伟大胜利——

在中国共产党第十九次全国代表大会上的报告[M].北京:人民出版社,2017:70.

[17]武东生,宋怡如,刘巍.立德树人是新时代中国特色社会主义教育发展的根本任务[J].思想理论教育导刊,2019(1):68.

[18]张开,单旭,峰巫阳,等.高考评价体系的研制解读[J].中国考试,2019(12):13-20.

[19]于涵,郑益慧,程力,等.高考评价体系的实践功能探析[J].中国考试,2019(12):1-6.

[20]胡定荣.学生发展核心素养的发展观及其教学变革[J].课程·教材·教法,2017(10):56-62.

[21]周觅.皮亚杰与维果茨基儿童观比较研究[J].教学与管理,2012(9):158-160.

[22]李晓丽.布鲁纳学习理论及其对教学工作的启示[J].教育探索,2015(11):5-8.

[23]顾明远.把爱全部献给了孩子——纪念苏霍姆林斯基诞辰一百周年[J].比较教育研究,2018(11):3-11.

[24]杨光富.美国近年来基础教育政策述评[J].全球教育展望,2019(9):12-21.

[25]李凯.走向核心素养为本的英国基础教育课程改革——一种课程结构视角的评述[J].外国教育研究,2018(9):80-92.

[26]王奕婷,吴刚平.芬兰基于跨学科素养的基础教育课程改革与启示[J].教育理论与实践,2019(2):40-43.

[27]李义茹,彭援援.STEAM课程的发展历程、价值取向与本土化建设[J].现代教育技术,2019(9):115-120.

[28]占小红,温培娴.PISA2018全球素养测试述评[J].比较教育研究,2018(9):95-102.

[29]马克思恩格斯选集:第2卷[M].北京:人民出版社,2012:122.

[30]陈长兴.基于立德树人的办学思想凝练——以"启思明德,悟理达行"为例[J].福建基础教育研究,2019(4):18-20.

[31]王晨光,谢利民.教育目的含义的哲学辨思[J].东北师范大学学报(哲学社会科学版),2008(3):149-156.

[32]郑金洲.教育本质研究十七年[J].理论探讨,1996(3):19-24.

[33]顾明远.再论教育本质和教育价值观——纪念改革开放四十周年[J].教育研究,2018(5):4.

[34]陈桂生.普通教育学纲要[M].上海:华东师范大学出版社,2009:11-12.

[35]陈桂生.教育学究竟是怎么一回事——略议教育学的基本概念[J].教育学报,2018,14(1):3-12.

[36]顾明远.再论教育本质和教育价值观——纪念改革开放四十周年[J].教育研究,2018(5):4.

[37]冯建军.新时期我国教育哲学发展的三个基本问题[J].教育研究,2015(1):11.

[38]周越,徐继红.逻辑起点的概念定义及相关观点诠释[J].内蒙古师范大学学报(哲学社会科学版),2006(9):16-20.

[39]潘懋元.新编高等教育学[M].北京:北京师范大学出版社,1996:12-14.

[40]伍正翔,柳海民.教育规律研究三十年[J].上海教育科研,2008(10):7.

[41]王卫东.教育价值概念的历史考察与理论分析[J].北京师范大学学报(哲学社会科学版),1996(2):33.

[42]刘旭东.论教育价值取向[J].青海师范大学学报(社会科学版),1992(1):94.

[43]杨建朝.教育家办学的精神特质论析[J].教育发展研究,2011(2):19-22.

[44]刘光棋.论办学思想[J].西南师范大学学报(人文社会科学版),2000(3):75-80.

[45]马克思恩格斯全集:第19卷[M].中共中央马克思恩格斯列宁斯大林著作编译局,编译.北京:人民出版社,2013:406.

[46]黄济.教育哲学通论[M].太原:山西教育出版社,2011:414.

[47]高立平.教育价值与教育价值观[J].山东教育科研,2001(6):15-16.

[48]黄济,王策三.现代教育论[M].北京:人民教育出版社,1996:2-36,27.

[49]杨志成,柏维春.教育价值分类研究[J].教育研究,2013(10):18-23.

[50]袁振国.当代教育[M].北京:教育科学出版社,2004:65.

[51]刘旭东.预设与建构——教育价值观演进的思考[J].教育理论与实践,2007(11):3-7.

[52]汪路艳.教育价值观:教育哲学指导教育实践的中介[J].内蒙古师范大学学报(教育科学版),2017(12):30-33.

[53]金生鈜.教育的终极价值与教师的良知[J].教师教育研究,2012(4):1-6.

[54]约翰·杜威.民主主义与教育[M].王承绪,译.北京:人民教育出版社,2001:117.

[55]程晨,薛忠祥.从相关到本身:教育价值取向的应然[J].当代教育论坛,2016(2):45-49.

[56]戚业国,杜瑛.教育价值的多元与教育评价范式的转变[J].华东师范大学学报(教育科学版),2011(6):11-18.

[57]陈长兴.厘清内涵特征　把握学校文化建设方向[J].福建教育学院学报,2020,21(6):115-119.

[58]爱德华·泰勒.原始文化[M].连树声,译.上海:上海文艺出版社,1992:1.

[59]梁启超.什么是文化[N].学灯,1922-12-07.

[60]丁笑生.基于健康人格取向的青少年心理健康教育思考[J].思想教育研究,2016(12):89-91.

[61]李红霞.国外学者关于文化与学校文化的理解与启示[J].外国教育研究,2007(2):17-20.

[62]谢翌.关于学校文化的几个基本问题[J].外国教育研究,2005(4):20-24.

[63]顾明远.论学校文化建设[J].西南师范大学学报(人文社会科学版),2006(9):

67-70.

[64]张东娇.论学校文化的双重属性[J].教育理论研究,2016(2):37-42.

[65]弗雷德·英格利斯.文化[M].韩启群,张鲁宁,樊淑英,译.南京:南京大学出版社,2008:41.

[66]杨志成.学校文化建设的解构与建构[J].中国教育学刊.2014(5):41-44.

[67]顾明远.论学校文化建设[J].西南大学学报(人文社会科学版),2006(5):67-70.

[68]马振清.当前爱国主义被赋予什么样的时代内涵[J].人民论坛,2019(16):130-132.

[69]张岱年.文化与哲学[M].北京:中国人民大学出版社,2006:312.

[70]习近平谈治国理政:第2卷[M].北京:外文出版社,2017:313.

[71]怀特海.思维方式[M].刘放桐,译.北京:商务印书馆,2004:1-37.

[72]联合国教科文组织.反思教育:向"全球共同利益"的理念转变?[M].北京:教育科学出版社,2017:7.

[73]钱学森.论宏观建筑与微观建筑[M].杭州:杭州出版社,2001:56.

[74]宋元人.四书五经(中册)(诗经卷五)[M].北京:中国书店,1987:96.

[75]陈侠.课程论[M].北京:人民教育出版社,1989:12-13.

[76]吴也显.教育论新编[M].北京:教育科学出版社,1991:269.

[77]王策三.教学论稿[M].北京:人民教育出版社,1985:202.

[78]钟启泉.现代课程论[M].上海:上海教育出版社,1989:177.

[79]李秉德.教学论[M].北京:人民教育出版社,1992:129.

[80]靳玉乐.现代课程论[M].重庆:西南师范大学出版社,1995:65.

[81]丛立新.课程论问题[M].北京:教育科学出版社,2000:89.

[82]泰勒.课程与教学的基本原理[M].罗康,张阅,译.北京:中国轻工业出版社,2014:2.

[83]李磊.重读"泰勒原理"[J].浙江教育科学,2018(2):7-10.

[84]泰勒.课程与教学的基本原理[M].罗康,张阅,译.北京:中国轻工业出版社,2014:27.

[85]司庆栋.泰勒原理:内涵与启示[J].考试周刊,2008(30):230-240.

[86]谭伟民,寻明.后现代主义视野下的课程观评析[J].柳州师专学报,2006(9):128-131.

[87]周宗钞,张文军.课程理论的后现代转向[J].教育发展研究,2004(7-8):21-25.

[88]朱玉.后现代主义课程观及其反思[J].课程教育研究,2013(2):2-3.

[89]钟启泉,等.普通高中新课程方案导读[M].华东师范大学出版社,2003:1-23.

[90]杨九诠.中国教育改革大系·学科教学卷[M].武汉:湖北教育出版社,2016:12-28.

[91]刘月霞.如何扎实推进修订后的普通高中课程实施[J].人民教育,2018(5):49-53.

[92]阮元校刻.十三经注疏[M].北京:中华书局,1980:175.

[93]凯洛夫.教育学[M].陈侠,等译.北京:人民教育出版社,1957:130.

[94]徐乐乐.对教学概念及其属性的审视[J].教学与管理,2014(2):1-4.

[95]郭文龙,马丽君.课程与教学关系新论——由古德莱德课程观引发的思考[J].教育探索,2016(3):15-21.

[96]丛立新.教学概念的形成及意义[J].北京师范大学学报(社会科学版),2007(5):5-12.

[97]加涅.教学设计原理[M].皮连生,等译.上海:华东师范大学出版社,1999:1.

[98]简明国际教育百科全书.教学(下)[M].中央教育科学研究所比较教育研究室,译.北京:教育科学出版社,1990:234-235.

[99]顾明远.教育大辞典:第一卷[M].上海:上海教育出版社,1990:57.

[100]王策三."新课程理念""概念重建运动"与学习凯洛夫教育学[J].课程·教材·教法,2008(7):3-21.

[101]吕达.课程史论[M].北京:人民教育出版社,1999:5.

[102]廖哲勋.课程学[M].武汉:华中师范大学出版社,1991:28,2,9.

[103]高文.试论课程与教学的一体化研究[J].外国教育资料,1996(6):13-17.

[104]刘力.课程与教学关系辨[J].杭州教育学院学报,1999(5):16-21.

[105]陈侠.课程论[M].北京:人民教育出版社,1989:序言.

[106]张华.课程与教学整合论[J].教育研究,2000(2):52-58.

[107]陈晓艳.课程与教学:从分离走向整合[J].教育管理,2008(4):4-7.

[108]徐洁.整合:课程与教学关系研究的走向[J].江西教育科研,2002(1-2):14-16.

[109]教育部.基础教育课程改革纲要(试行)[N].中国教育报,2001-07-27.

[110]黄甫全.大课程论初探——兼论课程(论)与教学(论)的关系[J].课程·教材·教法,2000(5):1-7.

[111]张文军,陶阳,屠莉娅,等.一场关于"课程"的复杂的会话——"课程意识、课程建构与课程能力建设国际研讨会"综述[J].教育发展研究,2015(4):80-84.

[112]熊和平.课程与教学的关系:七十年的回顾与展望[J].高等教育研究,2019(6):40-51.

[113]余文森.核心素养导向的教学观重建[J].基础教育课程,2017(11):90-94.

[114]余文森.论核心素养导向的三大教学观[J].当代教育与文化,2019(2):62-66.

[115]大卫·雷·格里芬.后现代科学[M].马季方,译.北京:中央编译出版社,1998:6.

[116]罗少茜.英语课堂教学形成性评价研究.[M].外语教学与研究出版社,2003:121.

[117]顾明远.教育大辞典(增订合编本·下)[Z].上海:上海教育出版社,1998:1806.

[118]杨维东,贾楠.建构主义学习理论述评[J].理论导刊,2011(5):77-80.

[119]韩芳晗.建构主义理论观照下学生观和教育观的重建[J].黑龙江生态工程职业

学院学报,2006(5):80-81.

[120]张世英."后现代主义"对"现代性"的批判与超越[J].北京大学学报(哲学社会科学版),2007(1):43-48.

[121]徐辉,辛治洋.现代外国教育思潮研究[M].北京:人民教育出版社,2008:127.

[122]刘其晴.后现代主义视阈下学生观的反思与重建[J].四川职业技术学院学报,2010(5):73-75.

[123]王治河.当代西方哲学中的"非哲学"[J].社会科学战线,1993(2):56.

[124]联合国教科文组织,国际教育发展委员会.学会生存[M].北京:教育科学出版社,1996:107.

[125]大卫·雷·格里芬.后现代精神[M].王成兵,译.北京:中央编译出版社,1998:3.

[126]郭启华.后现代主义视野中的学生观[D].东北师范大学,2006(5):14.

[127]李臣之.后现代主义课程理论试探[J].教育科学,1999(1):60.

[128]靳玉乐,于泽元.后现代主义课程理论[M].北京:人民教育出版社,2005:40-41.

[129]小威廉姆·E.多尔.后现代课程观[M].王红宇,译.北京:教育科学出版社,2000:238.

[130]保罗·弗莱雷.被压迫者教育学[M].顾建新,等译.上海:华东师范大学出版社,2001:80.

[131]刘复兴.后现代教育思维的特征与启示[J].山东师范大学报(人文社会科学版),2001(4):12.

[132]保尔·朗格朗.终身教育引论[M].周南照,陈树清,等译.北京:中国对外翻译出版公司,1985:87.

[133]涂元玲.论建构主义的学生观[J].当代教育论坛,2004(3):40-41.

[134]叶澜.叶澜自选文集[M].广西:广西师范大学出版社,2001:83.

[135]赵雪霞.学生观综述[J].教书育人,2000(10):6-7.

[136]沈中荣.现代教师观、学生观、师生关系观[J].太原师范专科学校学报,2000(3):2-7.

[137]曹晋.后现代主义教师观述评[J].成功教育,2007(8):104.

[138]二十二子[M].上海:上海古籍出版社,1986:356.

[139]十三经注疏[M].上海:上海古籍出版社,1987:175.

[140]黄宗羲.黄宗羲全集:第十册[M].杭州:浙江古籍出版社,2012:527.

[141]诸子集成:第七册[M].上海:上海书店,1986:124.

[142]诸子集成:第七册[M].上海:上海书店,1986:1422.

[143]朱熹.四书集注[M].长沙:岳麓书院出版社,1983:129.

[144]二十二子[M].上海:上海古籍出版社,1986:355.

[145]陈立.白虎通疏证[M].北京:中华书局,1994:258.

[146]王夫之.船山全书:第四册[M].长沙:岳麓书社,1991:744.

[147]张桂春.简论建构主义教师观[J].教育科学,2006(2):49-52.

[148]钟志贤,徐洪建.建构主义教学思想揽要[J].中国电化教育,2000(2):17-19.

[149]黄永秀,刘君.基于建构主义学习理论的教师观转变[J].科教文汇,2007(7):9.

[150]多尔.后现代课程观[M].王红宇,译.北京:教育科学出版社,2000:227.

[151]白冰.后现代教师观的现实追问与理论反思[J].北京师范大学学报(哲学社会科学版),2009(4):149-156.

[152]罗蒂.哲学和自然之镜[M].北京:生活·读书·新知三联书店,1987:322.

[153]卡尔曼·雅隆马丁·布贝尔.世界著名教育思想家:第一卷[M].北京:中国对外翻译出版公司,1994:111.

[154]中共中央国务院关于全面深化新时代教师队伍建设改革的意见[EB/OL].(2018-01-20)[2020-02-20].http://www.gov.cn/zhengce/2018-01/31/content_5262659.htm.

[155]崔允漷,雷浩.优质学校课程建设的专业规范[J].人民教育,2019(13-14):37-40.

[156]夏小书.习近平的教师观微探[J].绥化学院学报,2017(3):24-28.

[157]叶澜.教师不仅在传递知识,更在从事独特的创造性工作[EB/OL].(2018-09-11)[2020-02-20].https://new.qq.com/omn/20181004/20181004A18E02.html.

[158]托斯坦·胡森.论教育质量[J].华东师范大学学报(教育科学版),1987(3):2-9.

[159]顾明远.教育大辞典[K].上海:上海教育出版社,1999:201-203.

[160]戚业国,陈玉琨.论教育质量观与素质教育[J].中国教育学刊,1997(3):26-29.

[161]朱益明.教育质量的概念分析[J].比较教育研究,1996(5):55-56.

[162]程凤春.教育质量特性的表现形式和内容——教育质量内涵新解[J].教育研究,2005(2):45-67.

[163]王军红,周志刚.教育质量的内涵及特征[J].河北大学学报(哲学社会科学版),2012(9):71-73.

[164]闫震普."教育质量"浅析[J].教育教学论坛,2018(11):68-69.

[165]温从雷,王晓瑜.构建全民教育质量评估体系的蓝图——《2005全球全民教育监测报告》述评[J].开放教育研究,2006(6):93-96.

[166]皮戈齐.全民优质教育的要素[J].张人杰,译.外国中小学教育,2005(5):1-5.

[167]王学男.何谓"教育质量"——"十三五"时期提升教育质量的概念前提[J].河北师范大学学报(教育科学版),2017(11):84-89.

[168]张娜.联合国教科文组织的核心素养研究及其启示[J].教育导刊,2015(7):93-96.

[169]中国教育改革和发展纲要[EB/OL].(1993-02-13)[2020-03-01].http://www.moe.gov.cn/jyb_sjzl/moe_177/tnull_2484.html.

[170]中共中央文献研究室.十六大以来重要文献选编(中)[M].北京:人民出版社,2006:640.

[171]关于推进中小学教育质量综合评价改革的意见[EB/OL].(2013-06-08)[2020-

03-01].http://www.moe.gov.cn/srcsite/A26/s7054/201306/t20130608_153185.html.

[172]习近平.坚持中国特色社会主义教育发展道路培养德智体美劳全面发展的社会主义建设者和接班人[EB/OL].(2018-09-10)[2020-03-02].http://www.moe.gov.cn/jyb_xwfb/s6052/moe_838/201809/t20180910_348145.html.

[173]温恒福.确立现代教学质量观追求正确的教育质量[J].基础研究参考,2012(12):3-6.

[174]中共中央关于制定国民经济和社会发展十年规划和"八五"计划的建议[EB/OL].(1990-12-30)[2020-03-02].http://www.people.com.cn/GB/shizheng/252/4465/4466/20010228/405430.html.

[175]中共中央关于进一步加强和改进学校德育工作的若干意见[EB/OL].(1994-08-31)[2020-03-02].http://www.moe.gov.cn/jyb_sjzl/moe_177/tnull_2479.html.

[176]关于当前积极推进中小学实施素质教育的若干意见[EB/OL].(1997-10-29)[2020-03-02].http://www.chinalawedu.com/falvfagui/fg22598/21092.shtml.

[177]关于深化教育改革全面推进素质教育的决定[EB/OL].(1999-06-13)[2020-03-02].http://old.moe.gov.cn/publicfiles/business/htmlfiles/moe/moe_177/200407/2478.html.

[178]关于基础教育改革与发展的决定[EB/OL].(2001-05-29)[2020-03-02].http://www.gov.cn/gongbao/content/2001/content_60920.htm.

[179]关于进一步推进义务教育均衡发展的若干意见[EB/OL].(2005-05-25)[2020-03-02].http://www.moe.gov.cn/srcsite/A06/s3321/200505/t20050525_81809.html.

[180]国家中长期教育改革和发展规划纲要(2010—2020年)[EB/OL].(2010-07-29)[2020-03-02].http://www.gov.cn/jrzg/2010-07/29/content_1667143.htm.

[181]关于深化教育教学改革全面提高义务教育质量的意见[EB/OL].(2019-06-23)[2020-03-02].http://www.moe.gov.cn/jyb_xxgk/moe_1777/moe_1778/201907/t20190708_389416.html.

[182]田娟,孙振东.改革开放40年我国基础教育质量观的演进与反思——基于国家教育政策文本的分析[J].现代教育管理,2008(11):19-25.

[183]肖俊华.从管理到治理:领导者如何引领单位建设[J].领导科学,2014(3):11-12.

[184]张明,石军.学校治理能力现代化的意义、特征与路径[J].教学与管理,2015(11):4-7.

[185]程红兵.教育治理现代化进程中学校治理体系变革研究——以深圳明德实验学校为例[J].全球教育展望,2017(11):90-103.

[186]庄西真.论学校的治理[J].当代教育科学,2009(14):3-7.

[187]徐桂庭.关于职业学校治理体系与治理能力建设的若干思考[J].中国职业技术教育,2014(21):166-170.

[188]中共中央关于教育体制改革的决定[EB/OL].(1985-05-27)[2020-3-05].ht-

tp://www.moe.gov.cn/jyb_sjzl/moe_177/tnull_2482.html.

[189]关于深化教育教学改革全面提高义务教育质量的意见[EB/OL].(2019-06-23)[2020-03-06]. http://www.moe.gov.cn/jyb_xxgk/moe_1777/moe_1778/201907/t20190708_389416.html.

[190]关于减轻中小学教师负担进一步营造教育教学良好环境的若干意见[EB/OL].(2019-12-15)[2020-03-06]. http://www.moe.gov.cn/jyb_xxgk/moe_1777/moe_1778/201912/t20191215_412081.html.

[191]陈丽,宋洪鹏.北京普通高中校长眼中的现代学校治理体系建设[J].中小学管理,2015(3):21-23.

[192]范勇,王寰安.学校自主权与学生学业成就——基于PISA2015中国四省市数据的实证研究[J].教育与经济,2018(2):57-64.

[193]解洪涛,李洁,陈利伟.参与式治理、社会文化与学校的教育绩效——基于PISA数据的东亚国家学校治理差异研究[J].清华大学教育研究,2015(3):64-73.

[194]刘涛.现代学校治理策略探析[J].中小学校长,2019(12):33-34.

[195]冯晓敏.现代学校治理体系的理念框架与内容建构[J].现代教育管理,2015(8):13-16.

[196]赵敏.学校治理策略从何而来[J].四川教育,2020(1):11-12.

[197]周虹.对我国依法治校建设之思考[J].教育评论,2018(12):66-68.

[198]全面推进依法治校实施纲要[EB/OL].(2012-11-22)[2020-03-08]. http://www.moe.gov.cn/srcsite/A02/s5913/s5933/201212/t20121203_146831.html.

[199]关于深入推进教育管办评分离促进政府职能转变的若干意见[EB/OL].(2015-05-04)[2020-03-08]. http://www.moe.gov.cn/srcsite/A02/s7049/201505/t20150506_189460.html.

[200]依法治教实施纲要(2016—2020年)[EB/OL].(2016-01-07)[2020-03-08]. http://www.moe.gov.cn/srcsite/A02/s5913/s5933/201605/t20160510_242813.html.

[201]顾明远.教育大辞典(增订合编本·下)[M].上海:上海教育出版社,1998:750.

[202]厄威克.管理备要[M].孙耀君,等译.北京:中国社会科学出版社,1994:72.

[203]马俊峰,邓俊英,陈志良.重新解读泰罗科学管理原理[J].学术论坛,2005(10):1-5.

[204]赵德成,王璐环.学校治理结构及其对学生成绩的影响:中国四省(市)与PISA2015高分国家/经济体的比较分析[J].全球教育展望,2019(6):24-37.

[205]拉尔夫·泰勒.课程与教学的基本原理[M].施良方,译.北京:人民教育出版社,1994:119.

[206]斯塔佛尔比姆.方案评价的CIPP模式[M].陈玉琨,译.//瞿堡奎.教育学文集·教育评价.北京:人民教育出版社,1989:301.

[207]内伏.教育评价概念的形成:对文献的分析评论[M].赵永年,译//瞿堡奎,陈玉琨,赵永年.教育学文集·教育评价.北京:人民教育出版社,1989:345.

[208]金娣,王刚.教育评价与测量[M].北京:科学教育出版社,2002:2.

[209]陈玉琨.教育评价学[M].北京:人民教育出版社,1999:62.

[210]李雁冰.课程评价论[M].上海:上海教育出版社,2002:75.

[211]斯塔弗尔比姆.方案评价的CIPP模式[C]//瞿葆奎.教育学文集·教育评价.北京:人民教育出版社,1989:301.

[212]肖远军.CIPP教育评价模式探析[J].教育科学,2003(6):42-45.

[213]张民选.回应、协商与共同建构——"第四代评价理论"评述[J].外国教育资料,1995(3):53-59.

[214]杜瑛.协商与共识:提高评价效用的现实选择——基于第四代评价实践的分析[J].教育发展研究,2010(17):48.

[215]蔡晓良,庄穆.国外教育评价模式演进及启示[J].高教发展与评估,2003(3):37-44.

[216]刘尧.中国教育评价发展历史述评[J].北京工业大学学报社会科学版,2003(3):88-92.

[217]中共中央关于教育体制改革的决定[EB/OL].(1985-05-27)[2020-03-16].http://www.moe.gov.cn/jyb_sjzl/moe_177/tnull_2482.html.

[218]中华人民共和国国家教育委员会令第15号.教育督导暂行规定[EB/OL].(1991-04-26)[2020-03-16].http://www.moe.gov.cn/s78/A02/zfs__left/s5911/moe_621/tnull_3459.html.

[219]刘尧.关于教育评价学理论体系思考[J].北京理工大学学报,2001(3):56-59.

[220]教育部关于积极推进中小学评价与考试制度改革的通知[EB/OL].(2002-12-18)[2020-03-17].http://www.moe.gov.cn/srcsite/A26/s7054/200212/t20021218_78509.html.

[221]教育部关于加强和改进普通高中学生综合素质评价的意见[EB/OL].(2014-12-16)[2020-03-17].http://www.moe.gov.cn/srcsite/A06/s3732/201808/t20180807_344612.html.

[222]中共中央国务院.深化新时代教育评价改革总体方案[EB/OL].http://www.gov.cn/zhengce/2020-10/13/content_5551032.htm.

[223]刘志军.教育评价的反思与建构[J].教育研究,2004(2):59-64.

[224]刘志军,徐彬.教育评价:应然性与实然性的博弈及超越[J].教育研究,2019(5):10-17.

[225]沈沫.基础教育评价要破解"五唯"顽瘴[J].人民教育,2018(23):54-58.

[226]施久铭,邢星,魏倩.教育评价改革的"破"与"立"[J].人民教育,2019(6):21-24.

[227]王蕾.PISA在中国:教育评价新探索[J].比较教育研究,2008(2):7-11.

[228]梶田睿一.教育评价[M].李守福,译.长春:吉林教育出版社,1988:20.

[229]陈玉琨.中国高等教育评价论[M].广州:广东高等教育出版社,1993:23.

[230]陈长兴.教师管理当下的问题及其对策[J].福建基础教育研究,2018(1):13-15.

[231]李建军.试论高校内部决策系统及其优化[J].高等教育研究,2009(8):62-65.

[232]李雯.学校管理从何入手[M].上海:华东师范出版社,2017:119-120.

[233]崔允漷.学校课程发展"中国模式"的建构与实践[J].全球教育展望,2019(10):73-84.

[234]王卫华.普通高中学科核心素养与学生发展核心素养的对接探析[J].课程·教材·教法,2018(6):84-90.

[235]张咏梅,胡进,田一,等.学生发展核心素养应用路径的实证研究——以北京市义务教育阶段学业标准为载体[J].教育科学研究,2018(1):15-24.

[236]李凌艳,陈慧娟,李希贵.基于学生发展的学校自我诊断[J].教育研究,2017(1):124-131.

[237]钟海青,戚业国.学校发展与资源战略[J].清华大学教育研究,2007(1):78-90.

[238]田汉族,王东,蒋建华."超级中学"现象演化的制度逻辑——以衡水中学、毛坦厂中学、黄冈中学为例[J].教育与经济,2016(5):3-11.

[239]潘新民,张燕.学校发展机制:改革还是改进[J].教育科学研究,2018(9):23-25.

[240]姜超,邬志辉."县管校聘"教师人事制度改革的政策前提与风险[J].四川师范大学学报(社会科学版),2015(6):57-62.

[241]徐蕾.教师管理的国际范式转变及其变革启示[J].教育科学研究,2015(4):37-43.

[242]蒲蕊,胡伟.对教师管理制度改革的思考[J].教育科学研究,2015(6):40-44.

[243]陈振华.中小学教师管理制度建设:问题与改进策略[J].教育研究,2015(9):99-103.

[244]李飞.自我管理——教师可持续发展的有效途径[J].教学与管理,2011(1):19-22.

[245]褚宏启.教育现代化的本质与评价——我们需要什么样的教育现代化[J].教育研究,2013(11):4-10.

[246]吴天武.人性化管理——教师管理的灵魂[J].教育理论与实践,2004(11):13-16.

[247]朱宛霞.教师生态化发展管理的理论及现实困境解析[J].教学与管理,2015,625(12):70-73.

后 记

命运于我，何止公平公正，简直宠爱有加。

过往，家庭中父母养育之恩、妻儿天伦之乐、弟妹手足之情；职场上领导爱护提携、同事关心帮助、同行指导点拨，诸多恩赐带我一路前行。

现今，导师专家的扶植指导、学校同事的协助帮衬、同班同学的关照鼓励、领导同行的庇护增援，众多福运促成此书付梓面世。

福建教育学院党委书记、首席专家郭春芳教授，厦门市教育局原副局长任勇老师，同安区教育局原局长叶子青老师的成人之美，是为德高望重之行；导师简占东副教授的悉心指导，是为谦谦君子之道；同事张益群老师、陈笃豪老师、林富强老师、李龙宗老师、李加前老师、王胜兵老师、林永和老师的大力支持，是为乐于助人之德；曾国棉老师、康东鹏校长、汤芳婷小姐的无私援助，是为急公好义之品；福建教育学院杨文新教授、于文安主任、赖一郎编审、林宇教授、林文瑞教授、林倩老师、邱俊珲老师的教导帮助，是为学高身正之范；吴云校长、邵永红校长、王火炬校长、王阳灿校长、张伟斌校长、蔡尊水校长的鼓励指点，是为古道热肠之仁。

众人皆施，无事不成。

是为记。

陈长兴

2020 年 12 月